데이터로 경험을
디자인하라

고객 경험을 극대화하는 DCX 혁신의 비밀

데이터로 경험을 디자인하라

차경진 지음

DCX

**Data driven
Customer
eXperience**

시크릿하우스

추천의 말

✦ 포스트 코비드 시대에 있어서 디지털 트랜스포메이션은 모든 기업이 추구하는 최우선 과제다. 특히 데이터 기반의 경영을 실현하는 일은 이제 기업 운영의 상식처럼 인식되고 있다. 덕분에 기업들은 엄청난 데이터를 확보하기 시작했지만 이걸 어떻게 활용할지에 대해서는 난감하기만 한게 현실이다. 저자는 이러한 현실을 정확히 간파하고 디지털 세대의 이해부터 데이터 기반의 고객 경험 디자인 방법론까지, 다양한 사례와 함께 체계적으로 방향을 제시하고 있다. 더불어 디지털 시대의 성공적인 변화를 만들기 위해 필요한 새로운 스타일의 일하는 사고와 조직 구조의 방향도 제시한다. 내용도 충실하지만 이 책을 추천하는 가장 강력한 이유는 이 모든 변화를 통해 저자가 만들고 싶은 데이터 경영의 새로운 기준이 '좋은 고객 경험의 창조'라는 점이다. 디지털 경제는 팬덤 경제다. 데이터 경영의 본질은 팬덤 창조에 있다. 디지털 원주민 MZ세대의 팬덤을 창조하고 싶은 모든 개인과 기업들에게 내가 이 책을 읽으면서 느낀 '좋은 경험'을 함께 공유하길 강추한다.

_**최재붕** · 성균관대학교 교수, 《포노 사피엔스》 저자

✦ 디지털/혁신/데이터와 연결되는 조직의 리더라면 차경진 교수가 제안하는 'DCX 프레임워크'를 이해해야 미래 경쟁력을 가질 수 있을 것이다. 저자는 고객 경험으로 비즈니스의 가치를 새롭게 정의하고, 데이터에 기반해서 제품과 서비스를 개발하는 조직 문화를 만드는 새로운 방법론을 제시한다. 시민들의 충족되지 않은 욕구들을 찾아서 해결하길 원하는 공공기관, 정부, 정치 조직에도 바로 적용될 것이다. 혁신으로 성공을 바라는 모든 이에게 권한다. 우리 경쟁사는 읽지 않았으면 하는 책이다.

_**김경서** · 바이브컴퍼니 의장

✦　기업 경영의 디지털 전환 현실을 날카롭게 파고들고, 디지털 시대에 가야 할 방향을 알려 주는 책이다. 최근 많은 기업들이 데이터와 디지털 전환을 최우선 경영 과제로 내걸고, 데이터 기반의 고객 이해와 의사결정을 위해 다양한 노력과 시도를 한다. 그러나 데이터를 쌓아 놓으면 언젠가는 혁신적인 가치가 손에 잡힐 것 같지만, 실상 현실은 그렇지 않다.

저자는 이러한 현실을 정확히 간파하고 디지털 세대의 이해부터 데이터 기반의 고객 경험 디자인 방법론까지, 다양한 사례와 함께 체계적으로 방향을 제시하고 있다. 더불어 디지털 시대의 성공적인 변화를 만들기 위해 필요한 새로운 스타일의 일하는 사고와 조직 구조의 방향도 제시한다. 디지털 시대 고객 경험 혁신의 새로운 성공 방정식을 고민하는 경영자와 리더에게 통찰을 주는 지침서가 되어 줄 것이다.

_류재철 · LG전자 H&A사업본부장(사장)

✦　이 책은 데이터를 단순한 정보 참조를 넘어 기업 경영의 통찰력으로 발전시키기 위해 진정으로 주목해야 하는 것이 무엇인지 제시한다. 기존의 디자인씽킹 방법을 넘어선, 디지털 시대에 필요한 제품·서비스 기획의 새로운 방법론을 찾고 있다면 좋은 참고가 될 것이라 확신한다.

기업 현장에 있다 보면 보유한 데이터는 하나인데 조직 내부에서의 역할이나 직급에 따라 보는 관점이 달라 그 가치를 알아보지 못하는 경우를 자주 목격한다. 이런 경우 하나의 관점으로 통일하는 것이 중요한데, 저자는 그 방법을 고객의 '경험'으로 제시하고 있다.

시대를 넘나들어도 바뀌지 않는 프로세스인 '고객이 제품이나 서비스를 처음 만나고 사용하는 일련의 활동들'에 가치를 더할 무엇을 찾고 있는가? 그렇다면 이 책을 강력 추천한다.

_이진욱 · 모멘티 코리아 부사장, 전 삼성전자 임원

✦   사실 국내외 선두 기업들은 지난 수년간 디지털 트랜스포메이션, IoT, 소셜 미디어, 빅데이터, AI 분야에 대한 다양한 투자를 하고 있다. 데이터를 확보하기 위한 IT, 클라우드, 전문가 영입, 전문가 팀 구성, 챗봇 같은 간판 프로젝트 수행 및 앱 개발 등에 엄청난 자원을 투입하고 있다. 여기에 최근에는 기존 구성원들에 대한 디지털 교육이 대세가 되어가고 있다. 그러나 누구에게 무엇을 어느 수준으로 가르쳐야 하는 가는 기업의 HRD에게는 난제로 다가왔다.

DX를 통해 어떤 비즈니스 밸류를 만들 것인가? 그 밸류를 위해 어떤 분석 결과 즉, 인사이트가 필요한지 먼저 생각해야 한다. 다음은 그 인사이트를 도출하기 위해 필요한 데이터는 무엇일까? 우리가 내부 데이터로 가지고 있나? 아니면 소셜 미디어 데이터 같이 외부에 있지만 접근할 수 있는지 식별해야 한다. 그리고 이 데이터를 대상으로 어떤 분석을 해야 하는지 판단해야 한다. 그렇다면 이런 '기획'은 누가 해야 하는가? 분석가가 할 수 있을까? 아니면 비즈니스 밸류를 가장 잘 이해하는 비즈니스 사용자, 즉 현업을 담당하는 임직원이 해야 하는가? 그건 당연히 후자다.

《데이터로 경험을 디자인하라》에서는 데이터, AI, 고객 경험 분야에서 가장 활발히 연구 교육을 하고 있는 차경진 교수가 이에 대한 대답을 너무 훌륭하게 하고 있다. 왜 데이터를 통한 CX 설계가 가능한지, 그걸 어떻게 하는지, 수많은 사례와 방법론을 이용하여 매우 구체적으로 소개한다.

2022년 지금 바로 모든 B2C 기업은 본서를 읽고, 숙지하고, 고객 경험을 어떻게 이해하고 향상시킬 수 있는지 고민하는 하나의 길라잡이로 활용해야 한다. 그리고 본서에서 제안하는 방법론을 실행하고 결과를 검토해야 한다.

_조성준 · 서울대학교 교수, 공공데이터전략위원장,
《세상을 읽는 새로운 언어, 빅데이터》 저자

✦　　컬럼비아경영대학원의 도널드 섹스톤 교수는 고객 가치의 증대와 이를 고객이 인식하게 하는 마케팅의 중요성을 역설하였다. 그런데 고객 가치이론은 고객 경험으로 대치되고 있다. 고객 가치라는 측정하기 어려운 것을 창출한다고 할 것이 아니라, 좀 더 구체적인 고객 경험을 설계하라는 것이다. 그런데 그 고객 경험을 어떻게 설계할 것인가? 무엇(what)을 하라는 것은 알겠는데, 어떻게(how) 하냔 말이다.

지난 십수 년간 디자인씽킹 방법론이 실리콘밸리 한복판의 스탠퍼드대학과 여기서 창업한 기업 IDEO에서 발전·전파되어 왔고, 이후 좀 더 증거 기반의 린스타트업 방법론이 나타났다. 기술력이나 개인의 창의에 의존하는 것이 아니라 시장에서 빨리 테스트하여 고객이 원하는 것을 발견하는 것이 중요해졌다. 그중 하나가 이 책에도 소개되는 A/B테스트이다. 천재에 의존하지 말고, 머리를 쓰지 말고, 그냥 대안 A와 B를 고객에게 내놓고 그 데이터를 수집·관찰하여 고객 경험이 더 좋은 것으로 선택하라는 것이다.

저자는 한양대 DCX연구실을 만들어 데이터에 기반한 고객 경험 설계 방법론을 연구하고 교육하고 있다. 이 책은 그 노력의 첫 번째 독서 경험이다. MZ세대에 대한 각종 자료와 인사이트는 이 책의 전채 요리이다. 저자 스스로가 MZ이면서, 한국에선 희소하고 귀중한 학문적 배경을 가졌으며, 20대부터 교수를 시작한 영재 학자가 내놓은 다양한 DCX 방법론은 이 책의 알라카르트이다. 그렇다면 이 책이 선사하는 디저트 경험은 무엇인가? 먼저 알려드리면 스포일러가 되어 자제하련다. 그것은 독자 자신이 직접 경험해야 할 '고객 경험'일 것이다.

_**이경전** · 경희대학교 교수

고객에게 어떤 새로운 가치와 경험을 줄 것인가

지금은 경험의 시대다. 이제 사람들은 '물건'을 구매하기보다 '의미'를 구매하기 시작했다. 인류 역사상 물질적으로 가장 풍요로운 시대, 선택할 수 있는 상품과 서비스가 넘쳐나는 세상이다. 필요해서 하게 되는 소비는 최소화되고, 의미와 경험을 위해 하는 소비가 점점 늘어나고 있다.

고객들이 잊지 못할 순간을 경험하도록 만들려면 먼저 그들의 니즈를 찾아내야 하고, 그러기 위해서는 그들을 이해해야 한다. 고객들은 어떤 맥락context에서 우리 제품과 서비스를 이용하는지, 그들은 어떤 라이프를 가지고 있으며 그 안에 어떤 잠재니즈unmet needs(아직 표면으로 드러나지 않고 충족되지 않은 고객의 잠재 욕구)가 숨어있는지 등 끊임없이 고객을 관찰하고 공감해야만 고객들에게 새로운 의미적 가치를 설계해 줄 수 있다.

그런데 고객을 이해하고 공감하기 위해서는 물리적 관찰로는 한계에 부딪힌다. 고객을 섀도잉shadowing(그림자처럼 따라다니며 관찰)하고 인터뷰한다 해도 그들의 속마음과 고객 자신도 깨닫지 못하고 있는 익숙해져 버린 불편함까지 알아내는 것은 매우 어려운 일이다. 특히나 고객들은 더 이상 예전처럼 비슷한 맥락과 비슷한 상황에서 우리의 제품과 서비스를 사용하지 않는다. 그보다는 저마다 다 다른 이유와 맥락에서 우리 제품을 선택하고 사용하는 경우가 점점 더 많아진다. 우리는 그 다양한 맥락과 니즈를 어떻게 파악할 수 있을까?

바로 이럴 때, 다양한 고객을 더 깊이 이해하기 위해서 '데이터'가 필요하다. 데이터 기반 고객 경험DCX, Data driven Customer eXperience은 기존의 디자인씽킹 같은 방법과는 다르다. 관찰자의 감에 따라 달라지는 인사이트가 아니라, 데이터가 더해짐으로써 좀 더 객관적으로 인사이트의 다양성과 폭이 넓어질 수 있다.

또한 데이터 기반 고객 경험은 개인화된 경험 설계가 가능하다. 스타벅스 앱에서 결제 카드 자동 충전을 하면 모든 고객이 일괄적으로 아메리카노 쿠폰을 받는 것이 아니라, 개개인의 주문 이력에 따라 내가 방문하는 시간대에 자주 주문했던 '바닐라라테 덜 달게 쿠폰'을 받는 것처럼 말이다. 또는 월요일 아침마다 남편이 출근한 뒤, 주말에

밀렸던 아기 빨래를 하기 위해 아기 빨래 모드에 살균기능을 추가하고 헹굼 버튼을 눌렀던 내 행동을 세탁기의 AI가 이해해서 그 시간에 세탁기 전원을 켜면 미리 세탁 세팅을 해놓을 수도 있다.

하지만 현실에서는 대부분의 기업이 내부에 쌓이고 있는 고객의 행동 데이터를 제대로 활용하지 못하고 있다. 물론 데이터 엔지니어와 데이터 분석가를 구하기 힘들기도 하다. 하지만 이보다 더 큰 문제는 막상 데이터를 쌓고 분석을 해봐도 고객 관점에서 혁신적으로 인사이트를 찾아내기란 생각보다 쉽지 않은 일이라는 점이다.

디지털 시대에 우리 고객은 스마트폰과 태블릿, PC 등으로 언제 어디서든 디지털 세계와 연결되어 있다. 코로나19 팬데믹을 겪으면서 고객들이 디지털에서 보내는 시간은 더 길어졌다. 디지털 세계에서 보이는 고객의 행동은 우리가 지금까지 알고 있던 것과는 다르다.

우리는 고객들의 마음을 그들이 디지털에 남긴 데이터를 통해 읽어내야 하는데, 지금까진 'How'에 대한 명확한 해답을 주는 프레임과 구체적인 분석 방법론이 부재했다. 그러다 보니 필자가 기업 자문을 할 때 보통 가장 먼저 "우리가 가지고 있는 고객 데이터는 이것인데, 이걸로 만들어 낼 수 있는 고객 경험은 무엇이 있을까요?"라는 질문부터 받는다. 이 질문은 틀렸다. 주고자 하는 명확한 고객 가치와 경험 설계가 없고, 목적성 없이 수집된 데이터에서 시작하는 고객 경험 프로젝트는 성공하기가 매우 힘들다.

데이터에서 시작하면 고객이 주로 어떤 행동을 보이는지 'What'에 대한 분석은 해낼 수가 있다. 하지만 고객이 어떤 맥락에서 그런 행동을 보이는지 'Why'에 대한 해답은 찾을 수 없다. 그렇기 때문에 고객 데이터를 무작정 모으기보다는 고객 가치 설정이 먼저 이루어져야 한다. '우리는 고객에게 어떤 새로운 가치와 경험을 줄 것인가?'라는 질문을 먼저 던진 후, 그 가치를 주기 위해 필요한 데이터는 무엇이고, 그 데이터가 존재하지 않다면 우리가 새롭게 센싱sensing(현상을 감지하는 것)하고 수집 또는 결합해야 하는 데이터를 정의해야 할 것이다.

이 책은 디지털 세계에서 고객의 마음을 읽고, 그들의 사랑을 얻을 수 있는 경험을 만들어가는 방법에 대한 책이다. 디지털 세대들이 디지털 세계에 남기는 데이터를 통해서 그들의 마음을 읽어내는 구체적인 방법과 프로젝트 사례를 소개하고, 데이터로 찾은 인사이트를 기반으로 디지털 고객을 위한 경험 설계 프레임워크를 제시한다. 또한 디지털 세대에 대해 잘 모르는 경영자들에게, 그리고 제품·서비스의 기능 중심적 사고에 머물러 있는 기존 조직에게 데이터를 통해 고객을 위한 새로운 가치 프로세스를 만들어 내는 방법을 설명한다.

필자는 이 책을 집필하기 위해 지난 몇 년간의 리서치 결과와 다년

간의 산학협력 프로젝트를 기반으로 한 실무 중심의 콘텐츠와 사례들을 이용했다. 본론에 들어가기에 앞서 책을 집필하면서 느끼고 생각했던 바를 독자들과 나누고자 한다.

혁신적인 CX를 고민하는 상품기획팀과 CX팀들에게

요즘 기업들이 이사회 차원에서 고객 경험CX, Customer Experience을 최우선으로 생각하고 있고, CX를 담당하는 리더들은 이를 이사회 또는 CEO에게 직접 보고해야 하는 사안으로 여길 정도다. 바야흐로 CX는 경영진의 최고 관심사가 되었다. 고객 경험이 기업을 차별화하는 핵심 요소로 부각되고 있지만, 팬데믹으로 인해 디지털 채널의 트랜잭션transaction의 양과 복잡성의 증가로 CX 조직들은 기존의 업무 방식으로는 디지털 세계에서 새로운 경험을 만드는데 어려움을 겪고 있다.

지난 수십 년간 상품기획팀에서 일하던 방식은 고객을 이해하고 고객의 니즈를 알기 위해서 마켓 리서치 기관을 활용해 설문조사를 하고, 제품에 대한 리뷰 중심으로 소셜 리스닝social listening을 하는 방식이었다. 이 상품에 대해서 고객이 어떻게 느끼는지, 해당 가설이 맞는지 테스트해 보고, 출시한 제품에 대한 고객의 반응을 파악할 때는 이런 데이터들이 유용했다. 그러나 고객 경험 디자인은 기존의 상품기획팀에서 만지던 데이터에서 나올 수 있는 것이 아니다.

기업에서 상품 기획을 할 때 새로운 제품 서비스에 대해 미리 수많은 가설을 세우고, 이를 설문조사나 소셜 리뷰 데이터에서 확인하는 것이 일반적이다. 하지만 고객에게 새로운 의미적 가치를 주기 위한 우리의 직관을 사용하는 데 이런 가설들이 오히려 방해가 될 수 있다. 고객에게 새로운 의미를 주는 혁신적인 상품을 만들기 위해 반드시 필요한 고객 경험은 우리 상품에 대한 고객의 리뷰 데이터를 본다고 알 수 있는 것이 아니라, 바로 고객의 라이프를 관찰하는 데서 나온다. 성공한 혁신적인 고객 경험들은 우리 머릿속에 있는 수많은 가설과 제품의 기능 개선에서 나오는 것이 아니라, 고객의 생각과 라이프에서 시작되었다. 하지만 고객의 라이프를 관찰하면서 이들의 생각을 읽어내는 일은 여간 어려운 일이 아니다.

이 책은 우리 시장과 관련해서 어떤 다양한 고객들이 존재하는지, 사용자를 직접 따라다니지 않아도 그들이 무엇을 원하는지, 어떤 잠재니즈가 있는지를 데이터로부터 찾아가는 방법에 대해 다룬다.

그동안 CX 담당자들은 아마도 데이터가 주는 객관성과 직관이 주는 창의성 사이에서 갈등하는 상황이 있었을 것이다. 때로는 데이터가 우리의 창의성을 제한하기도 하고, 한편으로는 직관과 영감이 중요한 기존의 디자인 혁신 방법론으로는 해당 아이디어의 시장성을 확인할 수도, 의사결정자를 설득할 수도 없기 때문이다.

　지난 몇 년 동안 기업에서는 제품 서비스 혁신을 위한 방법론으로 디자인씽킹 프로세스가 유행했다. 디자인씽킹은 한때 고객 관점에서 페르소나를 설정해서 고객에 공감하고, 고객 여정 맵을 통해 고객의 맥락과 페인 포인트pain point를 찾는 도구로써 검증된 혁신적인 도구라고 평가받아 왔다. 하지만 고객의 감정을 이해하고, 상품과 관련해서 기존의 맥락이 아니라 새로운 이유를 제시하거나 의미 있는 가치를 주는 고객 경험을 만들고자 할 때, 디자인씽킹은 고객의 구매 여정을 개선할 수는 있지만 새로운 가치 제시에는 효과적이지 못했다. 또한 디자인씽킹에서 말하는 페르소나와 도출된 페인 포인트가 관찰이나 영감, 직관에서 도출되다 보니 해당 페르소나의 시장성이나 불편함의 강도는 주관적일 수밖에 없다. 설계된 고객 경험이 구현되기 위한 의사결정 과정에서, 해당 니즈의 시장성이나 투자 가치를 판단해야 하는 의사결정자들에게 설득력이 다소 약한 방법이라고 느껴질 수 있다.

　CX 담당자들은 이러한 디자인씽킹 프로세스의 약점을 보완할 수 있는 해답의 실마리를 이 책에서 찾을 수 있을 것이다. 필자는 디자인씽킹의 창의성은 살리면서, 데이터로서 다양성과 설득력을 높이는 방법을 이 책에서 제시하고자 한다. 이를 적절하게 학습하고 활용한다면, 새로운 의미적 가치를 주는 고객 경험을 설계하기 위해 없어서는 안 될 핵심 자산인 '고객을 공감하기 위해 데이터를 읽는 능력', 그리고 '고객의 마음을 읽기 위한 AI 사용법'을 얻을 수 있을 것이다.

만약 당신이 진심으로 혁신적인 고객 경험을 설계하고 싶다면, 데이터 전문가나 AI 전문가가 아니더라도 고객을 공감하기 위해 데이터를 들여다보고 분석할 줄 알아야 한다. 또한 그 안에서 고객의 새로운 맥락과 의미적 가치를 발견하는 것에 두려움을 버려야 한다. 고객 경험 혁신은 우리가 만들고 있는 상품이나 서비스의 차별화가 아닌, 새로운 맥락에서 차별화를 위해 변화하고 발전해야 가능하다. 아직 많은 CX팀이 기존과의 차별화를 만들어 내는 작업에만 몰두하며, 고객에게 새로운 의미적 가치를 주는 새로운 방법론에 대해서는 관심을 두고 있지 못하고 있는 듯하다. 이 책에서는 그런 CX 담당자들을 위해 데이터로 고객에게 의미적 가치를 주는 고객 경험을 디자인하는 새로운 프로세스를 제시할 것이다.

고객을 위해 데이터를 모으고,
분석하고 있는 데이터 과학자들에게

이 책은 딥러닝deep learning기반 감성 분석이나 새로운 클러스터링 clustering(군집화) 기법과 같은, 고객 데이터 분석 기술 알고리즘을 알려주는 기술 전문서가 아니다. 그보다는 데이터 분석가들이 어떤 고객 데이터가 중요하고, 어떤 관점에서 분석해야 할지를 가이드하는 프레임을 제시한다. 많은 데이터 분석가들이 데이터에서 보이는 트렌드와 인사이트를 찾아내면 된다고 여기지, 그다음 단계인 경험 디자인에는 별로 관심이 없거나 중요하지 않게 생각한다. 이 책은 바로 그러한 데이터 주도 전문가들을 위해 쓰였다고 해도 과언이 아니다. 고객 데이터를 만지는 데이터 과학자들은 고객이 남긴 데이터 속에 숨겨진 새로운 의미적 가치를 발견할 수 있어야 하기 때문이다.

같은 고객 데이터를 가지고도 데이터 분석가가 어떤 관점을 가지고 있느냐에 따라 분석 방법이 달라지고, 도출되는 인사이트도 완전히 달라진다. 또한 고객이 가지고 있는 다양한 문제 중에 어떤 잠재 니즈를 해결하고 싶은지에 따라 봐야 하는 데이터도 다르고, 앞으로 센싱해야 하는 데이터의 종류도 다르다. 고객에 대한 새로운 관점 없이 그저 여느 데이터 엔지니어처럼 고객 데이터를 모으고 센싱하고 있다면, 그 데이터로 혁신적인 가치를 도출하기란 매우 어려운 일이 될 것이다.

흔히들 데이터를 일단 열심히 모으고 수집한 데이터로 열심히 분석하다 보면 새로운 가치가 나올 것이라고 한다. 그러나 이러한 막연한 믿음은 그동안 수많은 빅데이터 프로젝트의 걸림돌이 되어왔다. 고객을 이해하기 위해 쓸 수 있는 데이터가 다양한 형태로 대량으로 존재하더라도, 실제 데이터로부터 나오는 인사이트가 어떤 의사결정과 기획 프로세스에 활용되는지 현업 담당자가 데이터 과학자에게 자세히 이야기해주지 않으면 데이터 과학자는 적당히 상상해서 분석하는 수밖에 없다.

우리는 가장 먼저 데이터 분석의 본질적인 목적이 무엇이고, 데이터에서 찾은 맥락 인사이트가 실제로 경험 디자인에 어떻게 재료로 쓰이는지부터 알아야 한다. 고객 경험을 디자인하는 프로세스와 경험 디자인에 대한 전문성 없이 분석한 데이터는 고객에 대한 그저 그런 단편적인 분석에 그칠 수 있다. 이 책에서는 경험이 무엇이고, 경험을 어떻게 디자인해야 하는지, 이런 경험을 위해서 고객의 어떤 데이터를 들여다봐야 하고, 어떤 관점에서 분석해내야 하는지 가이드라인을 제시할 것이다.

데이터로 고객 경험을 디자인하는 것이
어렵다고 생각하는 리더들에게

우리 기업의 데이터가 충분하지 못하기 때문에 데이터 기반 고객 경험이 어려운 것이 아니다. 양과 종류는 다르지만, 데이터는 어느 기업에나 어떤 형태로든 존재한다. 다만 고객의 어떤 가치를 달성하기 위해, 데이터를 어떻게 분석하고 활용해야 할지 고민과 시도가 적다는 게 문제다. 어떤 내부 데이터들끼리 연결하고, 어떤 외부 데이터와 협업해서 분석해야 고객 가치 혁신에 도움을 줄 수 있을지를 볼 수 있는 눈을 키워야 한다.

물론 그 눈은 한 번에 만들어지지 않는다. 데이터 리터러시data literacy(데이터를 읽고 쓰는 능력) 역량에서 시작해서, 데이터로 작은 실험이라도 해보고, 그 속에서 고객의 문제를 찾아 새로운 경험으로 만들어 내는 작은 시도들이 모여야만 '볼 줄 아는 눈'이 만들어진다.

✦ ✦ ✦

많은 기업들이 고객 경험에 데이터를 활용하지 못하는 근본적인 이유는 고객의 문제, 즉 고객의 다양한 맥락과 잠재니즈를 찾는 데에서 출발하지 않기 때문이다. 그저 갖고 있는 데이터와 그 데이터를 처리하는 클라우드 분석 기술, 그리고 인공지능에서 출발하려고 하기 때문이다.

엄청나게 대단한 인공지능 기술이 경험을 디자인해주는 것이 아니다. 데이터와 기술은 경험 디자인을 위한 다양한 재료를 만들어 줄 뿐이다. 그보다는 고객의 맥락을 이해하기 위해 이 재료들을 어떻게 준비해 놓을 것인지가 중요하다. 또한 이 재료들로 나온 아이디어를 활용해서 어떻게 디지털 고객들에게 특별하게 연결된 느낌을 줄 수 있을 것인지, 그러기 위해 어떻게 입체적으로 고객의 문제를 바라볼 것인지가 더 중요한 문제다.

이 책에서는 똑같은 데이터를 가지고도 관점에 따라 달라지는 인사이트에 대한 이야기를 할 것이다. 또한 해당 인사이트를 디지털 고객 경험과 어떻게 연결시킬 수 있을지 살펴보고자 한다.

차례

1 어떻게 데이터로 고객의 마음을 읽을까

1장. 디지털 세대는 의미에 끌린다

2 DCX 설계를 위한 프레임워크

5장. 스텝2 고객의 라이프 분석하기

: 데이터로 고객의 맥락을 분석해보자

6장.

스텝3 4D-CX를 활용해
디지털 경험을 세이핑하기

: 데이터로 발견된 기회를 가치 있는 경험으로 설계해보자

7장. 스텝4 디지털 시대 변화 이끌기

: 지속가능한 디지털 가치 루프를 만들자

1

어떻게 데이터로
고객의 마음을 읽을까

디지털 세대는
의미에 끌린다

DCX

**Data driven
Customer
eXperience**

디지털 세대를
품어라

최근 디지털 세대를 MZ세대로 인식하며 이들을 주목하기 시작했고, 그보다 더 어린 알파세대alpha generation를 디지털 세대라고 부르기도 한다. 필자는 MZ세대의 끝에 있는 서른아홉 살을 겪으며 연구실의 많은 Z세대 학생들과 함께 MZ세대의 데이터를 연구해 왔다. 하지만 M세대(밀레니얼세대)와 Z세대는 'MZ세대'라고 하나로 묶을 만큼 공통적인 가치관과 디지털 행동을 보이지 않았다. 게다가 Z세대와 알파세대는 그 간극이 더더욱 크다는 것을 몸소 느꼈다.

이 책에서 주목하는 세대는 PC 환경에서 나고 자란 M세대, 모바일 환경에 익숙한 90년대생 Z세대, 그리고 스마트폰으로 공부하고 글씨를 읽기 시작한 알파세대를 포함해 디지털 세계에 살고 있는 모든 세대이다.

　오프라인 세계에서는 비슷한 환경에서 자랐지만, 온라인 세계에서는 또 다른 모습과 행동을 하는 디지털 세대에 대한 이야기를 해보고자 한다. 필자 또한 오프라인에서 존재하는 교수로서의 모습은 다소 얌전하고, 회의 시간에는 조용히 선배 교수님들의 이야기를 듣고 발언을 아끼는 캐릭터이다. 하지만 온라인 세계에서의 필자는 해당 글이나 또는 제품의 좋고 싫음을 명확하게 적극적으로 표현하는 존재다. 교수님들과 카카오톡으로 대화를 할 때도 오프라인과는 다르게 내 감정을 이모티콘을 사용해 적극적으로 표현한다. 또한 내가 옳다고 생각하는 일에 대해 오프라인에서는 잘 나서지 않지만, 온라인에서는 적극적으로 의견을 표현하기도 한다.

　이렇듯 비록 나이로 보면 Z 또는 Y세대가 아니라고 하더라도 디지털 세상 속에서 우리는 디지털 세대이며, 우리가 앞으로 알아가야 할 디지털 세계에서 우리 고객의 모습은 오프라인에서 알던 것과는 분명 다르다.

　먼저 디지털 세대 중에서도 가장 어리고, 디지털 특징을 강하게 보이는 알파세대부터 이야기해보자. Y세대, Z세대에 이어 21세기인 2010년도 이후에 태어나고, 어릴 때부터 온전히 디지털화된 알파세대에 대한 서적이 많다. 알파세대의 새로운 가치관과 행동을 이해하여 다른 세대보다 독특한 소비 성향이 강한 이들을 위한 제품과 서비스 기획이 중요해지고 있다.

데이터로 경험을 디자인하라

이들은 태어난 직후 유아기 시절부터 스마트폰과 유튜브 등 디지털 환경에 노출되어 자란 디지털 네이티브들이다. 필자도 두 아들을 키우면서 이들이 얼마나 디지털에 친근한지를 매번 느낀다. 네 살짜리 아이가 아직 한글을 읽지 못하는데도 아이폰을 잘 조작하는 것을 본다. 따로 알려주지 않았는데도 혼자 엄마의 스마트폰으로 유튜브에 들어가서 제일 좋아하는 카봇 영상을 골라서 틀고, 싫증이 나면 캐리TV 장난감친구들 채널로 돌리고 아빠에게 전화도 건다. 그도 그럴 것이 Y세대인 부모들이 모두 디지털을 사용하기 때문에, 새로 태어난 알파세대에게는 이러한 일상이 당연한 것이다. 알파세대는 현존하는 가장 어린 세대이지만, 앞으로 나이를 초월한 브랜드 영

자료 1-1 알파세대 개념은 마크 맥크린들의 맥크린들연구소에서 처음 만들었다.

출처: mccrindle.com.au

향력과 구매력을 가질 것이라고 한다. 이들은 소셜 미디어 환경을 주도하고 대중문화에 영향을 미칠 것이며, 곧 성인이 되어 영향력은 더욱 커질 것이다.

어릴 때부터 디지털 환경 속에서 카톡 같은 인스턴스 메신저로 언제나 자신이 원하는 때에 상대방과 의사소통을 즉시 주고받은 디지털 세대는 신속한 반응을 추구하며 즉각적인 피드백에도 매우 능숙하다. 또한 인스타그램 같은 SNS 공간에서도 적극적으로 자신이 먹는 것, 노는 것, 입는 것 등에 대한 사진을 올리고 자신을 드러낸다. 의견을 주고받는 것에 주저하지 않는 적극적인 주인공으로 디지털 세계에서 행동하는 액터actor(움직이는 자)인 것이다. 이들은 넓은 디지털 활동 반경을 가지고 있으며, 소비 활동에도 인스타그램과 같은 디지털 정보를 적극 활용한다. 더불어 디지털 네트워크에서 나오는 정보를 적극적으로 받아들이는 수용자인 동시에 정보 제공자 역할도 한다. 디지털 환경에서 제품에 대한 자신의 의사를 적극적으로 표현하고, 기업이 내세우는 광고를 그대로 믿지 않는다. 오히려 본인과 비슷한 고객이 남긴 리뷰를 신뢰하고 그 안에서 생각을 활발히 나눈다.

이런 디지털 세대를 품으려면 약 3~4년 전 만해도 유튜브와 SNS 등의 영상 콘텐츠를 잘 만들면 됐었다. 그동안 많은 회사들이 이커머스 마켓에서 영상 콘텐츠와 쇼핑을 접목한 라이브커머스를 선보이기 시작했다. 교보증권 리서치센터에 따르면, 국내 라이브커머스 시장의 규모가 2021년 4,000억 원대였던 것에 비해 2022년엔 6조 2,000억 원, 2023년에는 10조 원까지 성장할 것으로 예측된다. 네이버, 카카오, 쿠팡, 배달의민족 등 국내 주요 이커머스 기업 모두가 라이브커머스 시장에 뛰어들고 있다.

라이브커머스란 모바일 쇼핑 앱으로 판매자가 실시간으로 상품을 소개하면 구매자가 실시간으로 댓글을 달면서 다른 고객들과 소통하며 물건을 구매하는 것이다. 기존 모바일 구매 시 고객이 제품 구매를 위해 고려할 수 있는 사항이 상품의 '이미지'뿐이었다면, 라이브커머스로는 판매자와 실시간 소통을 하며 영상으로 생생하게 제품을 보고 들을 수 있게 된 것이다. 유명 유튜버, 인플루언서와 라이브커머스 방송을 함께 진행하기도 한다. 구독자 170만 명을 지니고 있는 유튜버 입짧은햇님과 진행한 위메프의 소상공인 상품 홍보 라이브커머스는 90분 만에 3억 원의 매출을 올렸다. 90분 동안 판매된 제품 수량은 6만 5,000개로, 1분당 722개, 1초당 12개 이상 팔린 결과였다. 입짧은햇님은 90분간 직접 해당 식품을 조리해 먹는 모습과 어떻게 먹으면 맛이 있는지 'JMT(매우 맛있음을 뜻하는 신조어) 조합'을 알려주었는데, 이는 자연스레 내가 좋아하는 유튜버가 홍보하는 제품을 구매하려는 요즘 세대들의 소비동기를 건드린 것이다.

이렇게 디지털 세대의 소비동기는 제품에 대한 설명과 정보의 무미건조한 나열보다 친숙한 친구의 인스타그램, 자주 보는 먹방 채널의 유튜버를 통한 간접 경험이 큰 영향을 미친다. 그렇기 때문에 디지털 세대를 위한 고객 경험을 설계하려면 무엇보다 그들이 디지털 세계에서 시간을 보내는 곳, 노는 곳에 대한 접근이 우선시 되어야 한다. 필자의 한양대 DCX연구실이 디지털 세대를 파악하고 경험 디자인을 하기 위해서 상품 리뷰 데이터를 크롤링crawling(웹페이지를 그대로 가져와서 필요한 데이터만 추출해 내는 데이터 수집 방법)하는 것이 아니라, 그들이 노는 곳인 인스타그램이나 유튜브 그리고 각종 커뮤니티 플랫폼의 데이터를 수집하는 이유도 바로 이 때문이다.

디지털 세대는 본인이 보고, 만지고, 먹은 모든 것을 감성 있는 사진으로 남기는 세대이다. 이들에게는 자신이 인스타그램에 남긴 사진에 반응하는 하트의 개수가 그날 하루의 기분을 좌우하는 지표다. 필자도 CES 2022를 다녀와서 인상 깊었던 부스, 반가웠던 대표님을 응원하던 순간, 기자분들과 함께 돌아다녔던 순간, 학과 교수님들과 즐겁게 웃던 순간의 기념사진들을 페이스북에 남겼다. 몇몇 분들이 팬데믹 때문에 CES를 포기하셨는데 내 포스팅을 보시고 '좋아요'를 눌러주고 "스케치가 좋다, 공유해줘서 고맙다"며 댓글을 남겨주셨다. 자가격리 열흘 동안 집에 격리되어 있으면서 우울했던 마음이 페이스북과 함께 디지털 행복 지수가 올라가는 것을 느꼈다.

이같이 디지털 세대에게는 온라인에서의 기쁨이 삶의 많은 부분을 차지한다. 이런 현상은 코로나19 팬데믹으로 가속화되었고 그 중요성이 커지고 있다. 하루의 멋진 순간을 인스타그램에 남기는 일이 중요한 디지털 세대를 잡기 위해 많은 관광지, 카페들이 사진 찍기 좋은 공간을 디자인하기 시작했다. 사진 찍기 좋은 공간은 곧 인스타그램에서의 하트 홍보로 이어져 더 많은 디지털 세계 속의 손님을 오프라인 장소로 오게 하는 데 중요한 역할을 하고 있다.

한번은 호텔업계 분들에게 디지털 세대를 위한 고객 경험 설계를 강의한 적이 있었다. 강의를 마치고 모 호텔의 대표님과 식사를 하는데, 코로나19가 장기화되면서 해외여행을 못 가는 대신 호캉스를 즐기려고 하는 사람들 때문에 전 객실이 만실이 되는 일이 많아지고 있다는 말씀을 하셨다. 또 한겨울에도 야외 수영장에서 비키니를 입고 열심히 사진을 찍고 있는 젊은 사람들을 보고 신기했다는 이야기를 해주셨다. 팬데믹 시대에 럭셔리 호텔의 객실을 채우고 있는 대부분의 손님은 럭셔리한 호캉스 인생샷을 남기길 원하는 디지털 세대인 것이다. 그들이 호텔 경험에서 중요하게 생각하는 것은 해외여행을 못 가서 가족끼리 호캉스를 즐기는 손님이 원하는 것과는 또 다른 맥락context이었다.

디지털 세대에게 있어 호텔 숙박 소비 기준은 호텔 디럭스룸의 공간이 아니라, 그 안에서 남길 수 있는 추억과 인생샷이다. 기존의 호텔업이 중요하게 생각해야 하는 부분은 호텔 객실의 크기와 인테리어, 청결, 매트리스의 편안함, 어메니티의 향기였다. 그러나 그런 것들은 다른 호텔에서도 기본으로 제공할 수 있는 가치가 되어버렸다. 즉, 디지털 세대에게는 기존의 기능적 서비스로는 충분한 경쟁력이 되지 못한다는 말이다. 여기서 디지털 세대의 지갑을 더 열고 싶다면, 디지털 세대의 사랑을 얻을 수 있는 혁신적인 '의미'적 가치를 설계해야 한다.

필자는 프로젝트나 논문 마감이 다가올 때, 혹은 새로운 환경에서 작업에 몰두하고 싶을 때 가끔 '호텔에 들어가 일을 다 끝내고 나올까?' 생각한다. 이 책을 쓰기 시작할 때도 제주도나 강릉에 가서 한 달 동안 지내며 글을 쓸 수 있는 곳을 열심히 찾았다. 그런데 막상 호텔을 예약하려고 해도 작업할 책상은 크지 않고, 침대만 크고 좋아서 업무에는 별로 효과적이지 못하다고 느꼈다. 만약 책상도 크고 전망도 좋고 프린터나 큰 모니터들이 아주 잘 갖춰져 있는 '회의와 작업이 잘 되는 디럭스룸'이 있다면 어떨까? 실제로 그런 룸이 있다면 그 가치가 크기 때문에, 호텔 가격은 필자에게 그리 중요하지 않을 것이다.

디지털 세대에게도 의미가 중요하다. 실제로 그들은 인생샷을 만들기 위해 호텔을 예약하기도 하지만, 졸업 파티나 생일 파티를 위해 혹은 유튜브 촬영을 위해 호텔을 찾는다. 그리고 디지털 세계에서 해당 의미적 가치를 극대화해주는 호텔을 지금도 찾고 있다.

오프라인 세계에 있는 기존의 기능적 가치와 관련된 자원은 기본으로 점검하고, 디지털 세계와의 연결 지점을 신중하게 고민해야 한다. 디지털 세대에게 맞는 스토리와 경험을 만들어 내는 과정이 결코 쉬운 일은 아니다. 이들을 위한 경험 디자인은 일단 이들을 이해하는 것에서부터 시작해야 한다.

디지털 세대는
우리가 알던
고객과 다르다

언어는 의사소통을 하는 수단이자, 생각을 표현하는 방식이다. 디지털 세대를 이해하기 위해서는 그들이 사용하는 언어를 주의 깊게 살펴볼 필요가 있다. 그들의 언어와 디지털 행동을 통해 그들의 디지털 일상을 엿보고 가치를 이해할 수 있기 때문이다.

디지털 세대는 글을 길게 적지 않는다. 긴 글보다 짧은 글로 소통하고, 짧은 글은 소위 '짤'로 대체되기도 한다. 인스타그램이나 트위터에 업로드되는 Z세대의 게시글을 살펴보면 그들이 얼마나 짤을 좋아하는지 알 수 있다.

디지털 세대 중에서도 Z세대와 알파세대는 사용하는 용어부터 다

자료 1-2 인스타그램과 트위터 등에서 Z세대의 게시글을 살펴보면 긴 글보다는 이미지 위주의 짧은 글로 소통하는 모습을 주로 볼 수 있다. 각종 짤로 자신의 기분과 상황을 설명하거나 유행을 공유한다.

출처: 인스타그램 계정 @nunu.ssi, @mbti_infp_100, 트위터 계정 @bakjaesingo(왼쪽부터)

르다. 짧은 글 안에는 더 짧고 함축된 단어들이 있다. 그 중심엔 밈 meme* 이라는 개념이 있다. 밈은 커뮤니티에 올라온 게시글이 될 수도 있고, TV에 등장한 자막이 될 수도 있고, 누군가 엉성하게 그린 그림이 될 수도 있다. 밈이 되는 과정이 명확하게 존재하는 것은 아니기 때문에, 밈의 모든 등장 유래를 명백하게 아는 것은 다소 복잡하다. 디지털 세계에서 밈이 흥미로운 점은 누군가에게 열심히 밈의 유래를 설명하는 순간 그 밈은 죽은 밈이 된다는 것이다. 디지털 세대들은 밈이 최초에 등장해서 어떻게 주목 받고 어디서 더 유행의 급물살을 타게 됐는지 자연스럽게 알고 흥미를 느낀다. 밈에는 해당 밈이

---

* 인터넷 밈Internet meme, 줄여서 밈meme이라고 쓴다. 진화생물학자 리처드 도킨스의 저서 《이기적 유전자》에서 1976년에 처음 사용된 고전 사회학 용어였는데, 2010년대로 들어서며 인터넷상에서 보이는 일종의 소통 형태를 일컫는 말로 사용된다. 어떤 작품이나 문화 요소가 인터넷 사용자들에 의해 2차 창작, 패러디되어 커뮤니티와 SNS로 퍼져나간 것으로, 현재는 더 포괄적인 의미로 인터넷에서 유행하고 있는 많은 것들을 밈이라 보기도 한다.

데이터로 경험을 디자인하라

자료 1-3 Z세대가 자주 사용하는 밈 중 하나인 '터벅터벅 나의 일상'.

출처: 트위터 계정 @hemging(왼쪽), 네이버 검색 결과(오른쪽)

유행하게 된 전후 사정이 있다. 하나의 밈에는 그러한 상황적 맥락이 모두 포함돼있는 것이고, 디지털 세대가 밈을 공유하는 건 단순히 이미지 하나를 공유하는 의미가 아니게 된다. 자연스럽게 밈을 이해하느냐, 배워서 밈을 이해하느냐에 따라 밈이 갖는 의미는 확연히 달라진다. 따라서, 디지털 세대 입장에서는 밈을 배우고자하는 사람 다수가 나타나면 다른 새로운 밈으로 옮겨타는 것이다. 그렇기에 디지털 세대의 언어는 수명이 짧은 신조어와 은어가 많고 새로운 단어들이 계속해서 생겨나고 있다.

필자가 수행했던 한 프로젝트에서 Z세대의 일상 디스플레이 경험을 잘 드러낼 수 있는 키워드를 탐색하기 위해 Z세대가 일상에서 사용하는 단어들을 마인드맵으로 정리해본 적이 있다. 이렇게 맥락 속에서 밝혀낸 키워드는 키워드 기반, 맥락 기반 소셜 리스닝social listening을 할 때 매우 유용하게 사용될 수 있다.

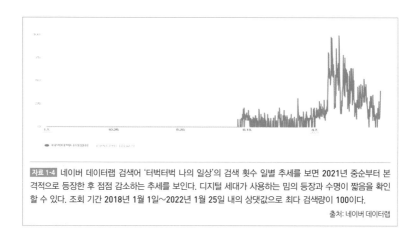

자료 1-4 네이버 데이터랩 검색어 '터벅터벅 나의 일상'의 검색 횟수 일별 추세를 보면 2021년 중순부터 본격적으로 등장한 후 점점 감소하는 추세를 보인다. 디지털 세대가 사용하는 밈의 등장과 수명이 짧음을 확인할 수 있다. 조회 기간 2018년 1월 1일~2022년 1월 25일 내의 상댓값으로 최다 검색량이 100이다.

출처: 네이버 데이터랩

    Z세대가 공부할 때, 게임을 할 때, 창의 활동을 할 때 등 각각의 맥락에 그들의 핵심 언어를 키워드로 뽑았다. 놀라운 사실은 도출된 단어 중 필자가 이해할 수 있는 단어가 단 20~30% 밖에 되지 않았다는 점이었다. 그도 그럴 것이 Z세대의 키워드는 주로 밈에서 시작하는데, 특정 접두사와 접미사를 사용하여 많은 신조어들이 들어있었다. 예를 들어 접두사 '갓-'을 붙여 '갓+인생'을 나타내는 '갓생', '갓+아기'를 나타내는 '갓기', '갓+게임'을 붙여 '갓겜'등의 용어를 사용한다.

    이 중 '갓생'만 해도 아주 많은 뜻을 담고 있는데, 어느 맥락에서 '갓생'이라는 말을 쓰는지도 제각기 다르다. '갓생살기'라고 한다면 운동에서, 일정 계획을 세우는 맥락에서, 공부를 하는 맥락에서, 챌린지를 시도하는 등의 맥락에서 모두 통용될 수 있다. '갓생살기'라는 한 단어도 맥락에 따라 이해해야 하는 것이다. 공부하는 맥락에

데이터로 경험을 디자인하라

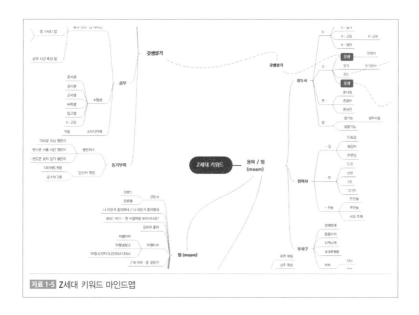

자료 1-5 Z세대 키워드 마인드맵

서 '갓생살기'는 온라인 캠스터디를 의미하는 '캠스', 공부 시간을 측정하는 앱을 말하는 '열품타', 수험생을 지칭하는 'K-고딩' 등과 함께 쓰이고, 운동하는 맥락에서 '갓생살기'는 '바디 프로필', 운동 앱 '런데이'와 함께 등장하는 식이다.

'연예인, 유튜브라이브, 버블, 브이앱, 많관부' 등의 키워드들을 통해 Z세대가 연예인 '덕질'을 할 때의 맥락에서 Z세대들이 자신이 좋아하는 연예인이 활동하는 모습을 팬이 페이스/보이스 합성 앱을 통해 직접 제작하고 싶어 하는 니즈를 찾기도 했고, 연예인과 팬들이 실시간 커뮤니케이션이 가능한 서비스에 대한 잠재니즈unmet needs (아직 표면으로 드러나지 않고 충족되지 않은 고객의 잠재 욕구) 또한 찾을 수 있었다. '아이패드, 굿노트, 다꾸(다이어리 꾸미기), 폴꾸(폴라로이드 꾸미기), 커스터마이징'과 같은 키워드를 통해 커스터마이징(맞춤 제작)에 대한 맥락에서 Z세대들이 커스터마이징을 할 수 있는 덕질용 디바이스를 원한다는 잠재니즈를 도출할 수 있었다.

이 밖에도 이들은 독특하고 다양한 니즈를 가지고 있다. 때로는 혼밥, 혼영, 혼행, 혼공 등 지극히 개인적인 성향을 갖고 있지만, 이와 동시에 본인의 일상과 감성을 남들에게 보여주고, 공감받고 싶고, 다른 사람의 사진과 글을 보면서 정보를 얻고자 하는 사회적인 성향도 갖는다. 또한 Z세대는 다른 사람이 공유한 경험, 진정성 있는 후기를 그 어떤 광고보다 절대적으로 믿는 경향 또한 갖고 있었다.

만약 Z세대의 마음을 사는 경험을 설계하고 싶다면 Z세대가 공부하는 맥락, 게임을 하는 맥락, 친구를 만나는 맥락 등 각각의 맥락에서 서로 소통하기 위해 사용하는 단어들이 무엇인지 알아야 한다. 이를 통해 그들이 디지털 세계에서 이전 세대와 다른 어떤 라이프를 가지고 있는지 디지털 세계에서 센싱sensing(현상을 감지하는 것)해낼 수 있다.

디지털 세대를 고객에서 팬덤으로 만들고 싶다면, 우리는 그들의 마음을 알아주는 진짜 경험을 만들어내야 한다. 좋은 경험 디자인은 고객을 먼저 공감하고 이해하는 것으로부터 나온다. 디지털 세대를 이해하기 위해, 공감하기 위해 디지털 세계에 데이터로 남겨진 그들의 흔적부터 모아보자. 그것이 첫 시작이 될 것이다.

힙한 디지털 세대를
위한 경험

사람은 모두 다르다. 그리고 디
지털 세대에서는 그 다름의 정도가 더 뚜렷하게 드러난다. 기성세대
는 연령이나 살아온 환경에 따라 어느 정도의 비슷한 취향인 '대중성'
을 가지고 있다. 그러나 디지털 세대에게는 대중성보다 '나만의 개성'
이 더 중요하다. 그래서 남들이 다 하는 거면 오히려 하고 싶지 않아
하고, 새로운 것에 도전하는 일을 더 즐긴다. 이들 안에는 각기 다른
'나만의 가치관'이 대중성보다 더 강하게 존재하는 것이다.

Z세대에게 "어느 직장에 가고 싶어?"라고 물어보면 당연히 '대기
업'을 말할 것 같지만, 이들은 돈과 안정성보다는 본인의 가치관과 생
각을 공유하는 회사를 찾는다. 각 세대는 그 시대의 희소한 가치에
반응하게 되어있다. 기성세대는 부동산 버블을 겪으며 '내 집'을, IMF

를 겪으면서 '안정된 직장'이라는 가치를 매우 중요한 문제로 본다.

반면 Z세대와 알파세대는 어려서부터 기성세대와 동일한 문제를 겪지 않았다. 그들은 돈과 안정성보다는 자신의 '가치관'이 선택의 근간이 된다. 예를 들어 자신의 가치관이 '놀기 위해 일한다'라면 '잘 놀아야 잘 일한다'라는 철학을 가진 리더와 일하고 싶어하고, '바닷가 앞에서 글을 쓰거나 작업하는 일을 하면서 살고 싶다'라고 하면 전 세계 어디에서나 메타버스 오피스에서 일할 수 있는 직방과 같은 기업을 선택한다. 그들에게는 대기업에 가는 것보다 이것이 더 나은 선택지인 것이다.

Z세대를 대상으로 가고 싶은 기업의 우선순위를 조사한 결과가 있다. 취업 플랫폼 잡코리아와 알바몬이 대학생 1,616명을 대상으로 '가장 취업하고 싶은 기업'을 조사했는데, 1위 카카오(17.9%), 2위 네이버(15.1%), 3위 CJ제일제당(12.8%), 다음으로 4위 삼성전자(12.5%), 5위 한국전력공사(9.5%)라는 결과가 나왔다. 이전의 취준생들은 가장 취업하고 싶은 기업으로 '삼현슥엘(삼성, 현대, SK, LG)'를 꼽았었다면, Z세대는 기존 대기업이 아닌 IT 기업 '네카라쿠배당토직야(네이버, 카카오, 라인, 쿠팡, 배달의민족, 당근마켓, 토스, 직방, 야놀자)'를 꼽는다.

Z세대가 이런 기업에 취업하고 싶은 이유는 원하는 일을 할 수 있다는 기대감뿐만 아니라, 복지제도와 근무 환경이 좋을 것 같아서라고 한다. 이들은 돈보다는 자신의 가치관에 맞는 회사를 찾는다. 기존의 대기업은 야근이 많고 수직적인 구조이지만 신흥 IT 기업들은

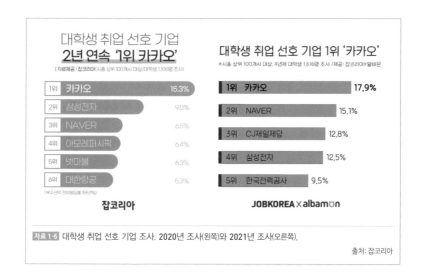

자료 1-6 대학생 취업 선호 기업 조사. 2020년 조사(왼쪽)와 2021년 조사(오른쪽).

출처: 잡코리아

수평적인 구조, 출퇴근 시간에 구애받지 않는 탄력적인 근무 시간, 연차를 자유롭게 사용할 수 있는 것 등이 워라밸을 중요한 가치로 생각하는 이들에게 매우 중요한 요소로 평가받고 있다.

요즘 디지털 세상 속에서 좀 놀 줄 아는 인재들은 다음과 같은 기준으로 직장을 선택한다고 한다. 첫 번째는 실리콘 밸리나 원격으로 일할 수 있는 외국기업(요즘 한국 토종 학위자들이 해외 취업이 잘된다), 두 번째는 내 아이디어를 펼칠 수 있는 벤처 창업(요즘 젊은 CEO들이 창업한 회사가 투자를 잘 받는다), 세 번째는 네이버, 카카오, 라인, 쿠팡, 배달의민족을 지칭하는 '네카라쿠배'(스톡옵션과 성과급이 확실한 곳), 네번째는 삼성, 현대, SK, LG와 같은 대기업(그래도 대기업이니까), 다섯 번째는 '당토(당근마켓, 토스)'와 '직야(직방, 야놀자)'다.

이런 현상은 단순히 Z세대에게 국한된 게 아니라 젊은 M세대에서도 찾아볼 수 있다. 최근 들어 네 번째 카테고리와 같은 좋은 대기업에 근무하는 직장인들도 세 번째와 두 번째 카테고리로, 그리고 첫 번째 카테고리로 이동하고 있다. 앞으로 점점 더 기존 1순위에 해당하는 우수 인력들이 첫 번째, 두 번째, 세 번째 카테고리를 선택함에 따라 우수 인재 풀에서 빠져나가고, 1순위가 아닌 3, 4순위에 해당하는 인력들이 대기업에 선발될 것이다. 게다가 대기업의 기존 인력 중에서도 우수한 인력들이 벤처 창업이나 디지털 기업으로 대거 이동하고 있다. 이 같은 현상이 지속될 경우, 앞으로 대기업의 경쟁력은 매우 취약해질 수밖에 없을 것이다.

기업 입장에서 우수한 디지털 세대 인력을 확보하고 싶다면 어떻게 해야 할까? 정답은 너무 당연하다. 우리가 연애를 잘하고 오래 지속하려면 상대방을 이해하고, 상대방의 가치를 공유하며, 그가 원하는 것을 미리 해주면 된다. 마찬가지로 우리 기업에서 일하고 싶도록 우수한 인재들의 일과 관련된 니즈와 잠재 욕구를 찾아내 '일하고 싶은 회사'의 경험으로 해결해 줘야 하는 것이다.

고객도 마찬가지다. 디지털 세대가 가치관과 세계관을 같이하는 직장을 선택하는 것처럼, 제품 서비스를 선택할 때도 의미와 가치가 있는 것을 선택하고 있다. 이들에게 의미 있게 느껴지고, 가치 있게 느껴지려면 이들의 맥락을 공감해야 한다. 물론 불특정 다수이며 특

데이터로 경험을 디자인하라

히 하나하나 독특한 개성을 가진 디지털 세대를 이해한다는 것이 결코 쉬운 일은 아니다. 게다가 그들은 중요하게 생각하는 것이 각자다 다르기 때문에, 각자를 위한 개인화된 경험을 주는 것은 더더욱 쉽지 않은 일이다.

그나마 다행인 것은 디지털 세대는 기존 세대와 달리 자신의 생각과 관심, 행동을 디지털 세계에 사진으로, 댓글로, 이모티콘으로 모바일앱상의 디지털 세상에 로그 기록으로 남기고 있다는 점이다. 우리는 이들을 디지털 세계의 '데이터 생산자'로 바라보고, 그들의 흔적 데이터를 모아 분석하고 인사이트를 뽑아야 한다. 그래서 디지털 세대 스스로도 확실히 정의하지 못하는 그들의 마음을 공감하고, 그들이 각각의 맥락에서 보이는 욕구와 니즈를 해소하는 경험을 하게 해주는 것, 이것이 바로 데이터 기반 고객 경험을 디자인하는 기본 프레임이라고 할 수 있다.

이때 디지털에 남긴 흔적을 모은 데이터를 가지고 통계 기법과 AI 기술을 활용할 수 있다. 예를 들면 디지털 세대의 소셜 데이터를 웹에서 가져와서 AI 기술로 고객들을 세분화하거나, 각각의 세그먼트 segment(고객군)에서 공통적으로 보이는 잠재니즈는 무엇이 있는지를 찾아낼 수 있다(고객 공감하기).

수많은 세그먼트 중에서 어떤 세그먼트가 더 기회 요소를 크게 가진 타깃군인지 LDA Latent Dirichlet Allocation(잠재 디리클레 할당)와 같은 기법을 통해 토픽의 중요도를 계산한다. 또한 딥러닝 기반 감성 분석을 통해 불만의 강도를 계산해내거나(타깃군 선별), 여러 페르소나에서 보이는 고객의 불만 중에서 공통적으로 보이는 맥락을 발굴해서 각각의 맥락에서 줄 수 있는 디지털 경험 차원을 계산해(경험 디자인) 낼 수도 있다.

무엇보다 AI가 가장 잘하는 일은 고객의 히스토리 데이터를 가지고 개인화된 추천을 만들어 주는 것이다. 마치 아마존과 넷플릭스가 사용자별 개인화된 큐레이션 기법으로 메인 페이지의 콘텐츠를 각각 다르게 구성하는 것처럼, 끊임없이 달라지는 디지털 세대의 관심사, 행동과 감정을 데이터로 분석해 이들이 하고 싶고, 보고 싶고, 경험하고 싶은 개인화된 서비스를 제공하는 것이다.

이는 기존에 우리가 해왔던 지역별, 연령별, 소득별로 고객을 나누고 타깃팅 하던 STP 전략과는 다르다. 같은 지역에 사는 또래라도 디지털 세대에서 보이는 그들의 맥락과 가치관은 너무 다양하게 나타나고 있기 때문에, 이들을 알기 위해서는 전통적인 마켓 리서치 방법으로는 한계가 있을 수 밖에 없는 것이다.

디지털 세대에게
'의미'라는 동기 부여

주위 디지털 세대들을 보면 소
위 '애플빠'가 많다. 아이폰으로 시작해서 30만 원이 넘는 에어팟 프
로를 사고, 그러다 애플워치를 사고, 그러다 아이패드를 사더니 여기
에 호환되는 애플펜슬까지 구입한다. 아이폰에 저장한 사진과 서류
들로 노트북에서도 연결된 작업을 하고 싶어 맥북을 사고, 10만 원
이 넘는 매직 마우스와 매직 키보드, 매직 트랙패드까지 구매하게 된
다. 필자가 대학에서 강의할 때 보면 학생들의 모든 디지털 디바이
스, 특히 포터블 디바이스(휴대용 기기)는 대부분 애플이었다.

무엇이 이들을 이토록 충성심 강한 애플의 팬으로 만들었을까? 단
순히 호환성과 같은 제품의 기능, 또는 애플이 주는 감성적인 디자인
때문만은 아니다. 그랬다면 카메라 성능이 아주 좋은 삼성이나 선명

한 디스플레이로 유명한 LG도 그만큼 엄청난 팬을 형성했어야 했다. 물론 편리함과 디자인이 주는 감성때문이기도 하지만, 애플을 쓴다는 것에는 애플이 스티브 잡스 때부터 가지고 있었던 '혁신의 가치를 공유'한다는 의미가 숨어 있다. 애플의 팬덤은 혁신이라는 가치를 함께 공유하는 '신념의 공동체'와 같아서, 그 의미 때문에 애플 제품을 들고 일하는 사람은 혁신의 가치를 공유하는 사람이라고 인식하고, 왠지 모르게 다른 사람보다 더 혁신적인 아이디어를 가지고 있을 거라는 기대를 하게 된다.

디지털 고객을 새로운 플랫폼으로 끌어들여 제품과 서비스를 이용하게 만들려면 강한 동기가 있어야 하고, 이 동기를 불어 넣기 위해서는 '의미'가 중요하다. 어떻게 의미를 부여하느냐에 따라 디지털 고객의 참여 동기에 큰 변화가 생기게 되고, 이는 기업이 설계하는 고객 경험의 경쟁력을 크게 좌우할 것이다. 특히 앞으로 다가오는 Z세대와 알파세대는 이 '의미'를 중요하게 생각한다.

앞서 이야기했던 것처럼 기성세대가 젊었던 시절에는 물건이 귀했기 때문에 필요성과 유용성 같은 기능적 가치로 소비동기가 충족되었다. 반면 현재의 디지털 시대에는 물건과 서비스가 넘쳐나고 의미가 희소하다. 결국 어느 시대든 사람들은 그 시대에 부족한 것에 목말라하기 마련이다. 물건이 과도하게 많고 의미가 고갈된 사회에서 디지털 세대가 금전적인 이득이나 물질적인 것을 갈구하지 않는 것은 당연한 일이다. '가심비'라는 표현은 의미에 대한 Z세대의 태도를 잘 나타낸다. 일반적으로 제품을 잘 샀는지 여부를 판단하기 위해 사용되는 용어는 가격 대비 효용을 나타내는 '가성비'이다. 이는 Z세대도 예외는 아니다. 디지털 세계에서 물건을 찾거나 가격을 비교하는 것에 익숙한 Z세대가 오히려 기성세대보다 더 가성비에 민감하다고 볼 수 있다. 그러나 Z세대는 자신에게 무언가 의미 있는 것을 소비할 때에는 가성비를 고려하지 않고 높은 비용을 과감하게 지불한다. Z세대는 자신의 마음을 울리는 '의미'에 비용을 지불할 용의가 있는 것이다.

가령 한 연예인이 무대에서 사용했던 액세서리를 구매하는 상황을 가정해보자. 연예인을 잘 모르는 사람에게 이 제품은 그저 '방송을 탄 치장품'이지만, 이 연예인을 좋아하는 Z세대에게 이 제품은 '나와 연예인을 일체화시켜주는 매개체'로서의 의미를 가진다. 혹자는 아이패드라는 제품이 그저 비싼데 예쁜 포터블 디바이스로 보이지만, Z세대에게는 연예인 짤 영상 편집이나 인스타그램에 공유할 연예인 사진 편집을 더 잘하기 위한 창작의 도구, 즉 연예인 덕질을 더 잘할 수 있는 필수템의 의미를 가진다. 이런 시대에 내 제품, 내 서비스에 의미를 부여하지 못하고 오로지 가성비를 내걸고서 고객을 끌려는 것은 먹히지 않는다.

디지털 세계에서
팰리세이드의 의미

    최근 현대자동차에는 4~5개월 대기를 해야 살 수 있는 인기 차종이 등장했다. 바로 대형 SUV 팰리세이드이다. 2018년 12월 출시부터 3년여 지난 지금까지도 꾸준히 잘 팔리며 인기를 유지하고 있다. 출시 당시 국내 누적 계약 물량이 9만 6천여 대였고, 밀려 있는 주문량도 3만 5천여 대로 어마어마한 인기를 자랑했다. 코로나19가 한창이던 2021년 초에도 국내에서만 1만 4,084대를 팔아 국산 SUV 가운데 판매량 1위, 전 차종 4위를 기록했다. 2021년 6월, 출시 1,000일(2021년 9월 5일)을 앞두고 누적 판매량 30만 대를 돌파하며 반짝인기 차종이 아닌, 스테디셀러로서도 입지를 다져가고 있다.

    그런데 사실 알고 보면 팰리세이드는 연비와 주차 면적 등의 기능적인 면에서는 도심에서 타기에는 조금 아쉬울 수도 있다. 기본적으로 우리나라는 주차 면적이 좁은 데다가 차 크기도 부담스럽게 크고, 기름값도 많이 들어 대형차는 점점 더 인기가 없는 추세였다. 그렇다고 팰리세이드가 가성비가 좋은 차도 아니다. 그런데도 팰리세이드가 디지털 세계에서 소문을 탄 이유는 이 차가 가지고 있는 기능적 가치 때문이 아닌, '의미'적 경험 가치 때문이다.

    디지털 세계에서 팰리세이드는 최근 젊은 세대에서 유행하기 시작한 '차박(차에서 숙박하는 캠핑)'을 하기에 아주 최적화된 차로 알려져 있다. 디지털 세대들이 인스타그램에 팰리세이드로 꾸민 차박 공간을 자랑하기 시작하고, 차박 커뮤니티에서는 팰리세이드에 관한 정보들이 공유되기 시작했다. 팰리세이드는 뒷좌석을 눕히면 4인 가족이 에어매트리스를 깔고 편히 잘 수 있을 만큼 충분한 면적을 가지고 있으며, 고급 옵션에서는 뒷자석에서 각자 유튜브나 영화를 볼 수 있도록 스크린 두 개가 장착되어 있다. 음료수를 위한 쿨러와 워머 기능, 트렁크에는 전구나 히터를 켤 수 있는 220V 인버터와 USB 충전 포트까지 갖추고 있다. 즉, 고객은 '차박에 유용한 차'라는 맥락적 가치, 팰리세이드가 가지고 있는 '의미'에 돈을 지불하는 것이다.

만약 자동차가 이동과 연비 등의 '기능'적 가치로만 고객에게 어필된다면, 고객들은 이동할 수 있고 유지비와 연비 등을 최소화할 수 있는 카 셰어링 서비스나 자율 주행차 등의 대체 서비스로 흡수될 것이다. 그렇게 되면 자동차 회사들은 존속하지 못하거나 혹은 적어도 가성비 가치를 극대화하기 위해 아주 극심한 가격 경쟁에 빠질 수밖

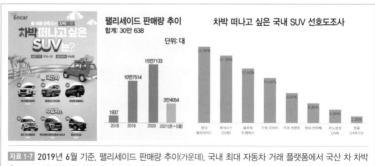

자료 1-7 2019년 6월 기준, 팰리세이드 판매량 추이(가운데), 국내 최대 자동차 거래 플랫폼에서 국산 차 차박용 SUV 모델 선호도 1위를 차지했다(오른쪽).

출처: 현대자동차(왼쪽과 가운데), 엔카닷컴(오른쪽)

에 없다. 반면 이동 수단의 기능적 가치와 더불어 '의미'도 제공하는 자동차는 상황이 다르다. 포르셰를 구입하는 사람은 단순히 이동 수단을 구입하는 것이 아니라, 포르셰라는 브랜드에 따르는 역사와 스토리 그리고 상징이라는 '의미'를 위해 수억 원을 지불하는 것이다. 포르셰를 비롯해 연일 경매로 낙찰되는 예술 작품과 NFT로 거래되는 작품 등 오늘날 전 세계에서 고가로 거래되는 모든 것은 그 안에 의미와 스토리를 지니고 있다.

앞으로의 디지털 시대에서는 그저 도움이 되는 필요한 물건과 서비스를 만들어 내는 것이 무의미해진다. 재화는 이미 너무 넘쳐나기 때문에 점점 중요해지지 않을 것이고, 고객들은 의미와 스토리를 창출해내는 고객 경험을 주는 제품과 서비스에 열광하게 될 것이다.

Z세대에게 끌림이 된
플리츠마마

최근 디지털 세대가 열광하는 제품으로 플리츠마마가 있다. 플리츠마마는 아코디언 모양으로 접는 니트 백과 함께 레깅스, 맨투맨, 조거 세트 등을 선보이는 국내 패션 브랜드이다.

플리츠마마가 다른 패션 브랜드보다 특별한 이유는 국내의 버려진 페트병을 재활용해 패션 제품을 제작하기 때문인데, 대표 제품인 니트 숄더백을 만드는데 페페트병 16개 정도가 쓰인다고 한다. 플리츠마마의 고객들도 이 브랜드가 가지는 '의미'에 돈을 지불한다. 심오하고 무거운 환경 보호가 아닌, 좀 더 가볍지만 재미있고 힙한 마음으로 환경을 대하는 플리츠마마의 경영 철학이 Z세대에게는 끌림이 되었던 것이다.

얼마 전 학회에서 기념품으로 플리츠마마 가방을 받았다. 가방이 가볍고 책을 넣어 다니기에 좋은 듯해서 들고 다녔는데, 학생들이 그 가방을 알아보며 필자에게 "교수님, 개념소비를 하셨군요!"라고 했다. 개념소비란 스스로 의미 있다고 판단하는 소비 생활에 투자를 아끼지 않는 소비 행태이다. 똑같은 가방을 구매하더라도 가격과 품질이 최우선이 아닌, 상품을 만드는 과정도 고민하는 것이다. 결과로서의 상품뿐만 아니라 상품을 만들 때 환경, 동물, 인권 등의 윤리가 지켜졌는지 아닌

지를 고려한다. 이상 기온 현상과 죽어가는 지구에 대한 경각심이 높아지면서, 가격이 조금 비싸더라도 친환경 제품이나 동물 복지 제품이면 기꺼이 지갑을 여는 형태가 나타나고 있는 것이다.

즉, 디지털 세대에게 '제주도에 쌓이고 있는

SUSTAINABILITY
지속 가능한 라이프스타일

RECYCLE
리사이클

자료 1-8 플리츠마마 홈페이지에서 소개하는 브랜드 스토리.
출처: pleatsmama.com

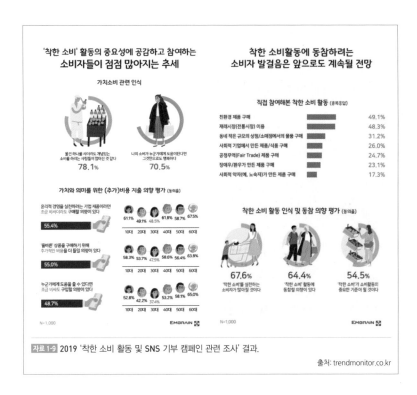

자료 1-9 2019 '착한 소비 활동 및 SNS 기부 캠페인 관련 조사' 결과.

출처: trendmonitor.co.kr

미세 플라스틱으로 만든' 플리츠마마 가방은 단지 디자인이나 실용성으로 소구되는 것이 아니라, 개념소비의 의미로 먹히는 아이템이 되었다. 이들은 자신이 구매를 통해 함께한 개념소비라는 가치를 인스타그램에 공유하고 자랑하면서 그 의미적 가치의 동참을 이끌어 내기도 한다.

실제 시장조사 전문기업 마크로밀 엠브레인의 〈트렌드모니터〉가 2019년 만 16~64세 남녀 1,000명을 대상으로 '착한 소비 활동 관련 인식조사'를 실시한 결과, '개념소비/가치소비'에 공감하고 참여하는

데이터로 경험을 디자인하라

소비자들이 많아지고 있다는 것에 78.1%가 공감한 것으로 나타났다. 소비를 할 때 타인에게 도움을 줄 수 있다는 점에 행복감과 뿌듯함을 느끼는 소비자도 70.5%에 달했다. 또한, 응답자의 64.4%가 환경에 도움을 주고, 누군가에게 도움을 준다면 제품가격이 조금 더 비싸도 가치소비를 할 의향이 있는 것으로 응답했다.

이처럼 소비 활동에서 '가치'를 찾고자 하는 소비 트렌드가 점점 강해지고 있는 가운데, 착한 소비 활동에 동참하려는 디지털 세대의 소비 행동은 앞으로도 계속해서 이어질 것이다.

고객의 맥락으로
제품에 의미를
설계하다

의미를 설계하기 위해서는 제품
과 서비스에 집중하기보다는 '고객의 맥락'에 집중해야 한다.

1998년, 이탈리아의 조명 전문 기업 아르테미데는 메타모르포시
라는 조명을 출시했다. 메타모르포시는 기존 제품과는 완전히 다른
의미를 제공했다. 조명의 원래 의미는 '불을 밝히는 용도'다. 그러나
메타모르포시는 사용자의 기분과 니즈에 따라 여러 가지 조명색과
톤을 바꿀 수 있도록 했다. 이후 아르테미데는 '사람의 기분을 더 좋
게 만들고 더 사교적으로 만든다'는 새로운 가치를 갖게 되었다. 단
지 불을 밝히는 용도였던 기존 조명의 가치가 사람의 기분을 좋게 만
드는 새로운 가치로 변화하여, 결국 시장의 패러다임까지 뒤바꾼 혁
신적인 제품으로 인정받게 된 것이다.

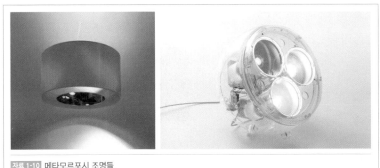

P&G 페브리즈는 냄새를 없애준다는 기능 중심의 마케팅으로 존재감이 없는 상품으로 부진하다가, 하버드비즈니스스쿨 교수팀과의 연구 협업으로 제품에 새로운 의미를 더해 전 세계에서 가장 성공한 상품 중 하나가 되었다. 고객의 청소 맥락에서 청소를 마친 후에 뭔가 축하를 하는 기분으로 페브리즈를 뿌려 집안을 더 '향기롭게' 한다는 의미를 더한 것이다. 단순히 냄새를 없애는 기능으로는 고객의 마음을 사지 못한다. 페브리즈가 나쁜 냄새를 제거한다는 건 여전히 존재하는 하나의 기능이지만, 고객의 청소 맥락에서 찾아낸 '청소 후 기분을 좋게 만드는 향'의 의미로 고객들에게 경험적 가치를 제공한 것이다.

이와 비슷한 사례는 또 있다. 우리는 단순히 탄산음료를 마시기 위해 코카콜라를 사기도 하지만, 코카콜라의 한정판 패키지에 적혀있는 '사랑해', '고마워' 문구를 사진 찍어서 친구에게 보내거나, 인스타

그램에 공유하기 위해 코
카콜라를 구입하기도 한
다. 코카콜라가 갈증을 해
소해주는 탄산음료 제품
들과 경쟁하기 위해 'Share
a Coke' 패키지를 선보인
것이 아니다. 코카콜라는

자료 1-11 코카콜라 한정판 'Share a Coke' 패키지.
출처: 코카콜라코리아

고객에게 새로운 경험과 의미를 전달하는 새로운 시장을 만들어 낸
것이다.

스타벅스의 고객 경험 설계

우리가 잘 알고 있는 스타벅스의 사례를 살펴보자. 스타벅스는 커
피를 파는 커피 전문점이다. 커피숍이 흔치 않은 시절에는 제품의 본
질, 즉 커피의 '맛'이 고객의 마음을 움직이기에 충분했다. 하지만 지
금은 다르다.

2020년, 스타벅스와 관련된 한 기사가 사람들을 놀라게 했다. 고
객 한 명이 여의도에 있는 한 스타벅스 지점에서 커피 300잔을 주문
하고 17개의 서머레디백만 들고 갔다는 소식이었다. 스타벅스는 당
시 음료 17잔을 구매하면 증정품인 서머레디백을 나눠주는 행사를
진행했는데, 그 고객은 서머레디백을 갖기 위해서 300잔의 커피를

데이터로 경험을 디자인하라

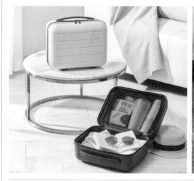

구매한 뒤 증정품인 서머레디백만 들고 간 것이다.

이 사건 이후로 스타벅스에는 아침 6시만 되면 사람들이 줄을 서기 시작했다. 7시 개점 시간에 맞춰서 미리 줄을 서야만 각 매장에 딱 10개씩 들어오는 서머레디백을 득템할 수 있었기 때문이다. 서머레디백을 얻기 위해 17잔의 커피와 3개의 스페셜 음료를 마시는 불필요한 소비와 더불어 아침 일찍 일어나 줄을 서는 노력까지 하게 만든 것이다.

바야흐로 스타벅스는 '스타벅스 굿즈 전성시대'를 만들었다. 과거 사은품에 불과했던 굿즈가 이제는 당당히 주인공이 되고 있다. 맥도날드 키즈 메뉴인 해피밀에서 장난감이 주인공이듯이 스타벅스의 신년 다이어리나 한정판 캠핑 가방을 얻기 위해 사람들은 17잔의 스타벅스 커피를 마신다. 당근마켓에서는 스타벅스 굿즈로 교환할 수 있는 프리퀀시 스티커 7장이 10,000원에 팔리고 있다. 그만큼 굿즈를 수집하고 싶은 마음이 젊은 세대 사이에서는 크다는 것이다. 굿즈 열풍에서 발견할 수 있는 사실은 '커피를 사는 새로운 맥락'을 스타벅스가 고객 경험으로 만들어 냈다는 사실이다.

굿즈처럼 다른 목적을 가지고 스타벅스 커피를 사는 고객들을 이해하지 못한다면, 우리는 여전히 좋은 커피 원두를 구하는 데만 심혈을 기울일 것이다. 그리고 그렇게 당연하기만 한 사업의 본질에만 집중하다 보면 그 어떠한 고객 경험 혁신도, 새로운 비즈니스 기회도 열리지 않을 것이다.

고객들이 열광하는 굿즈를 만들어내기까지 스타벅스 성공 스토리 기사를 읽은 적이 있다. 스타벅스 상품기획팀이 MD 개발에 있어 가장 중요하게 생각하는 부분은 소비자 니즈와 트렌드이고, 그들이 꼽는 굿즈 완판 비결은 '고객'이다. 그들은 고객의 입장에서 생각하는 것을 가장 중요하게 생각한다. '스타벅스 리뷰'라는 자체 디지털 설문조사를 통해 고객 니즈를 수집하는데, 한 달에 한 번꼴로 진행되는 설문으로 평균 10만 명 정도의 고객 의견을 수집한다. 이렇게 수집한 고객 의견을 반영해 탄생한 MD의 대표적 사례가 바로 '제주 특화 MD'이다. 제주 스타벅스에서만 만날 수 있는 특별한 MD를 만들어 달라는 고객 요구에 맞춰 관련 상품을 출시한 것이다.

2018년 3월 처음 선보인 제주 특화 MD는 출시 첫해 제주 지역 MD 매출을 매장당 약 60% 증가시켰으며, 그다음 해에는 매장당 평균 150% 수준으로 매출을 향상시켰다. 그리고 제주를 찾은 관광객

데이터로 경험을 디자인하라

에게 스타벅스는 여행 코스 중 필수 목적지로 당당히 자리매김하게 되었다.

이렇게 스타벅스 상품기획팀은 고객이 원하는 굿즈 기획을 위해 고객들이 주말에는 뭘 하는지, 어떤 콘텐츠를 소비하고, 어떤 관심사들이 있는지 동분서주로 뛰어다녔다고 한다. 그러다 우리 고객들이 차박에 열광하는 트렌드가 보이면, 직접 주말에 차박을 하러 가는 것이다. 차박을 경험하는 과정에서 발견하는 예쁜 아이템, 예를 들면 예쁜 캠핑 보조 가방이 보이면 이 가방을 만든 회사에 연락한다. 가방에 스타벅스 로고를 넣어 스타벅스 캠핑 굿즈로 출시하기 위해서다. 스타벅스에서 인기 있는 과자와 레몬맛 사탕도 모두 스타벅스가 직접 생산하지 않는다. 과자와 사탕 모두 원래 있던 괜찮은 상품들이었고, 이를 스타벅스 상품기획팀이 고객 관점에서 발굴해낸 것이다.

필자는 오늘도 스타벅스 점포 문을 나서는 순간, 스타벅스가 내 돈

5만 원을 가져가는 것을 경험했다. 덤으로 주는 무료 음료 쿠폰(1+1 Bogo 쿠폰)을 받기 위해 스타벅스 앱에 5만 원 자동 결제를 미리 설정했기 때문이었다. 스스로 설정해놓긴 했지만 순간 기분이 약간 상해서, 스타벅스 앱에 충전된 카드들과 카카오톡 선물함에 있는 스타벅스 기프티콘의 액수를 더해봤다. 스타벅스가 필자에게서 미리 가져간 돈의 총액은 13만 5,000원이었다.

요즘 교수 사회에서도 스타벅스 카드는 좋은 답례품으로 통한다. 필자가 활동하고 있는 한 학회에서 연말에 편집위원장님이 편집위원들에게 올 한해도 수고했다며 스타벅스 카드를 문자로 선물해주니 기분이 매우 좋았다. 예전에는 생일이 되면 카톡으로 축하 인사만 가득 받았는데, 이제는 스타벅스 기프티콘을 선물로 함께 받는다. 함께 출장을 갔었던 교수님을 공항까지 픽업해드렸을 때도 감사의 의미로 따뜻한 메시지와 함께 스타벅스 기프티콘을 받은 적이 있다. 필자도 아침 강의를 할 때 스타벅스 카드를 준비해갈 때가 있다. 어색한 분위기를 깨고 청중의 참여를 유도하는데 이만한 동기 부여가 없다. 이렇게 우리 삶의 다양한 맥락에서 스타벅스 기프티콘은 카카오톡 선물하기 아이템 중에서도 가장 인기 있고, 가장 받고 싶어하는 보편적인 선물의 의미를 가지게 되었다.

스타벅스의 고객 경험 설계는 굿즈와 기프티콘 의미 설계에 그치지 않는다. 스타벅스는 매장을 방문하는 고객들을 수백 개의 페르소나로 정의해서 이들을 위한 공간을 설계했다. 예를 들면 수다족, 카공족, 나홀로족 등을 위해 편안한 의자 배치와 노트북 콘센트 등을 설치했다.

단순히 커피를 마시기 위해 매장을 방문하는 것이 아니라 수다를 떨기 위해, 혼자 있어도 이상하지 않고 바깥 풍경을 보며 쉬기 위해, 집중해서 공부하기 위해 등등 서로 다른 의미로 매장을 방문하는 고객들에게 맥락에 맞는 음악, 의자, 불빛 등의 공간을 설계해내는 것, 그것이 바로 고객 경험이다. 이런 고객 경험은 스타벅스 고객 한 명한 명을 한번 구매하고 끝나는 소비자가 아니라 팬으로 만들었고, 이는 곧 지속적인 재방문과 구매 그리고 굿즈와 이모티콘 선물을 통해 다른 고객까지 끌어당기는 힘이 되었다.

스타벅스가 사업의 본질을 들여다보는 '의미 디자인^{Meaning Design}' 과정은 스타벅스의 로고 변천사를 통해서도 파악할 수 있다. 과거 스타벅스 로고에는 COFFEE라는 단어가 선명하게 보이지만, 현재 로고에서는 COFFEE가 사라진 모습이다. 즉, 스타벅스가 설계하는 고객 경험은 커피 맛에만 집중하는 것이 아니라는 의지가 보인다. 커피보다는 스타벅스 고객들의 맥락에서 펼쳐지는 새로운 비즈니스 기회

자료 1-14 스타벅스 로고 변천사.

출처: 스타벅스

를 발굴하고 그 영역을 고객 관점에서 더 확장하겠다는 것이다.

이렇게 고객 중심의 의미 디자인 사례가 여럿 등장하며 산업 간의 경계를 넘나드는 과감한 다각화가 추진되기도 한다. 그리고 그 과정에서 회사의 이름마저 바꾸는 경우도 늘고 있다. 2020년 1월, 던킨 도너츠는 브랜드명을 던킨으로 변경했다. 생각해보면 소위 잘나가는 회사인 구글, 카카오, 애플 등에는 회사명 안에 사업이나 산업명이 들어있지 않다. '도너츠'라는 본업에 충실한 전략을 세웠던 게 과거의 방식이라면, 광범위한 고객 중심의 다각화를 꾀하는 게 요즘 방식인 것이다.

지금은 디지털 기술의 발전과 디지털 세계에서 고객의 연결된 경험 니즈가 강화되면서 '고객 중심의 다각화'가 본격적으로 이루어지고 있다. 가장 유명한 사례는 아마존이다. 온라인 서점으로 시작했지만 이후 고객 중심에서 시작한 다양한 아이디어로 아마존고(무인 점포), 아마존케어(원격 의료 프로그램), 아마존파머시(온라인 약 배송 서비

자료 1-15 사업 다각화가 이뤄진 아마존의 로고들.

출처: 아마존

데이터로 경험을 디자인하라

스), 아마존대시(음성인식과 센서로 빠르게 주문 가능한 쇼핑 서비스), 프라임 워드로브(집에서 옷을 입어보고 구매하는 피팅 룸 서비스), 아마존프레시(신선식품 무인화 매장), 알렉사(인공지능 플랫폼)까지 다각화하고 있다. 아마존닷컴을 통해 쌓을 수 있었던 수많은 고객 데이터로 새로운 '의미'를 주는 경험을 설계하고, 사업의 본질을 다각화 해 나가고 있는 것이다.

제품과 서비스에 어떻게 의미를 더할 수 있을까?

　　　　　　　　　　　　　　고객들이 제품과 서비스를 선택할 때 기준이 달라지고 있다. 선택할 수 있는 상품과 서비스가 넘쳐나는 이 시대에 필요해서 하는 소비는 최소화되고, 의미와 경험을 위해 하는 소비가 점점 늘어나고 있다.

　사람들이 냉장고를 사는 본질적인 이유는 무엇인가? 바로 음식을 신선하게 오래도록 저장하는 것이다. 그런데 그 본질적인 필요가 점점 중요해지지 않고 있다. 필자는 매일 아침 마켓컬리 샛별배송과 쿠팡 로켓프레시로 신선한 야채를 배달받아 원액기로 갈아 마시고 출근한다. 이렇게 신선한 식자재를 아침에 손쉽게 받아볼 수 있는데, 냉장고의 '보관'이라는 기능이 소비의 동기를 언제까지 일으킬 수 있을까? 과거에는 필자도 일주일에 한 번씩 아이들을 다 데리고 마트에 가서 일주일 동안 먹을 식자재를 한꺼번에 구매했다. 오프라인 마트에서 대량 구매해서 냉장고에 차곡차곡 정리하는 일은 주말에 꼭 해야 하는 중요한 일이었다. 그러나 이런 '일'에 쏟아붓는 에너지가 시간 대비 고된 과업처럼 느껴졌다.

하지만 마켓컬리와 쿠팡 로켓프레시 같은 대안이 등장하면서 그 시간에 재미나 의미 면에서 가족과 함께하는 더 가치 있는 일을 찾게 됐다. 수도권의 부동산 가격이 이렇게 비싼데, 과연 언제까지 우리 집 면적의 상당 부분을 엄청나게 큰 냉장고가 차지하게 할 것인가?

필자가 모 기업과 함께 수행했던 산학과제에서 바로 이 문제를 풀고자 프로젝트를 수행한 적이 있다. 즉, 냉장고의 새로운 의미를 발굴하고 고객 경험을 설계하는 프로젝트였다. 사람들이 냉장고를 인식할 때 재료를 보관하는 '필요'의 소비를 넘어서 어떤 '의미'적 경험을 줘야 할까? 만약 고객에게 이 냉장고를 구입한다는 의미를 "우리 아이에게 성장 발달 상태에 맞는 최상의 이유식을 스타일링 해주겠다"라거나, 혹은 "나의 당뇨병을 더 잘 관리하고 건강을 챙기겠다"는 의미, 또는 "내가 다이어트를 제대로 하겠다"라는 의미를 경험하게 설계한다면 해당 니즈가 있는 고객들은 돈을 더 지불하고서라도 이 냉장고를 선택하지 않을까?

모든 제품에는 의미가 있다. 모든 제품은 사회적으로 인정된 정체성을 구현한다. 그렇기 때문에 기존 의미의 변화가 일어났을 때, 고객들은 이를 혁신적인 경험으로 느낄 수 있다.

경영학자 클레이튼 크리스텐슨Clayton Christensen의 혁신 이론에서는 소비자가 제품에서 얻고자 하는 것을 이해하고 의미를 발견하는 일의 중요성에 대해 이야기한다. 기능과 성능 중심의 실용적인 측면뿐만 아니라 상징, 정체성 그리고 감정을 포함한 의미적인 측면이 더 중요해지고 있다는 것이다. 의미를 디자인하는 자가 시장에서 이길 수밖에 없는 것이다.

하지만 의미 디자인을 하자고 하면 보통은 프리미엄 시장의 하이엔드 마켓, 가격 할인, 실용성에만 관심을 두는 경향이 있다. 고객이 단순히 가격과 제품의 화려함을 추구한다고 생각한다면 당신은 아직 고객을 모르는 것이다. 이 세상의 모든 고객은, 특히 우리가 만나는 디지털 고객은 더욱 의미 있는 것을 쫓는다. 의미 있는 경험을 소비하는 그들에게 가격은 별로 중요하지 않다.

제품과 서비스의 '의미 디자인'

고객 경험 혁신을 말할 때 흔히들 기술부터 거론한다. 기업들은 최근 메타버스가 핫하니까 메타버스로 고객 경험 혁신을 어떻게 하면 될까부터 고민하고 있다. 하지만 진정한 고객 경험 혁신은 첨단기술 확보와 같은 기술 중심에서 나오는 것이 아니다. 혁신은 고객의 삶을 면밀히 살펴보고, 그들의 라이프에서 잠재니즈를 캐치해 내는 역량에서 시작된다. 어떤 새로운 가치를 줄 것인지, 우리 제품에 어떤 의미를 줄 것인지 의미 디자인에서 시작해서, 그 새로운 가치를 주기 위해 우리의 가치 창출 과정과 일하는 방식은 어떻게 바뀌어야 할지를 고민해야 한다. 그 혁신의 과정에서 빅데이터, AI, 클라우드, IoT, AR, XR과 같은 디지털 기술은 그저 거들뿐이다.

먼저 상품의 '의미 디자인Meaning Design'부터 해보자. 의미 디자인을 이야기할 때 가장 많이 나오는 사례가 바로 양초다. 양초가 우리에게 주는 가치는 '불을 밝히는 것'이었다. 세월이 지나며 전기의 시대가 오면서 양초의 가치는 더 이상 중요하지 않게 느껴졌다. 그런데 양초라는 제품에 새로운 의미를 더해서 성공한 회사가 나타났다. 바로 양키캔들이다.

필자도 가족들과 기억에 남는 크리스마스 추억을 만들기 위해 양키캔들 매장에 가서 미디엄 사이즈 양초 세 개를 구입하며 5만 원이라는 거금을 지출한 적이 있다. 과연 양초 한 개의 원가가 얼마일까? 일반적으로 마트에서 볼 수 있는 초 한 개의 원가가 200원 이하라고 한다. 마트에서 양초 여섯 개에 4,500원 정도니까 개당 가격은 대략 750원 정도이다.

양키캔들은 새로운 의미 디자인으로 20배 정도의 가격을 소비자에게 요구하는 것인데, 이미 팬이 되어버린 고객은 기꺼이 그 가격을 지불하고서라도 양키캔들을 경험하고자 한다. 바로 양키캔들이 양초에 새롭게 설계한 '향기'와 '분위기'라는 의미 때문이다. 기존의 초는 불을 밝히는 용도에 불과했지만, 양키캔들의 초는 우리 가족이 기억에 남는 크리스마스를 보내기 위한 향과 분위기를 만들어주는 의미인 것이다. 필자가 양키캔들 코튼향을 선물 받았을 때 '연구실을 공부하기 좋은 향과 분위기로 만들 수 있겠구나'라고 연상하게 하는 힘이 양키캔들에는 있는 것이다.

의미 디자인이 이루어지고 난 다음에는 새로운 가치를 만들어내기 위한 '가치 창출 프로세스Value Creation Process'가 필요하다. 기존의 상품 기획 방법이나 데이터 분석 프로세스는 모두 기능적 가치에 맞추어져 있기 때문에 새로운 경험적 가치를 위해서는 고객을 이해하는 방법과 기획, 마케팅하는 프로세스까지 모두 재설계되어야 한다. 앞에서 언급한 냉장고의 가치가 새롭게 푸드 스타일러의 의미로 디자인되었다면, 기존의 냉장고 냉각 기능에 집중돼 있는 R&D 인력도 푸

자료 1-16 제품과 서비스의 의미 디자인 프레임워크.

데이터로 경험을 디자인하라

드 스타일러의 가치를 만들어낼 수 있는 구조로 바뀌어야 하는 것이다. 조직의 구조뿐만이 아니다. 냉각 기능이라는 품질 데이터에 집중되어있는 역량을 고객에게 맞춤형 푸드 스타일러의 가치를 줄 수 있도록 고객의 푸드 스타일 정보, 건강 정보 등을 센싱하는 방향으로 데이터 센싱 전략 또한 바뀌어야 한다.

하지만, 조직은 하루아침에 바뀌지 않는다. 특히 거대한 공룡 조직의 모습을 갖고 있는 대기업은 기존의 '일하던 방식을 바꾸는 것 Operation Re-Architecting'을 더 어려워한다. 기업이 기존 제품과 서비스에 새로운 의미를 디자인하고, 그 의미에 맞게 데이터를 센싱하고, 조직의 문화와 구조를 데이터와 고객 중심으로 수많은 데이터 실험들과 함께 더 애자일agile하게 움직이는 것, 그것이 바로 디지털 시대에 기업이 갖춰야 할 가장 중요한 역량이 될 것이다. 이 부분에 대해서는 마지막 7장에서 자세히 살펴보겠다.

당신의 제품에는
소비자 말고
팬이 있는가?

        아직도 대학에는 고객을 철저히 소비자로 바라보고, 소비자 관점에서 가르치는 '소비자 행동'이라는 과목이 존재한다. 기업이 고객을 돈을 쓰는 소비자로 보면, 소비자의 관심은 결국 가격이 된다. 이런 관점에서 형성된 시장에서는 기능이 주는 경제적 가치가 가장 중요해지는 것이다. 같은 기능이라면 이왕이면 싼 걸 찾는다는 말이다. 과거 시장에서는 기능 대비 가격 경쟁력이 매우 중요한 문제였다.

    중국과 인도라는 값싼 노동력이 나타나기 전에는 우리나라도 전반적인 산업이 가격 경쟁력으로 충분히 메리트가 있는 제품이었다. 지금은 어떠한가? LG전자나 삼성전자의 공기청정기는 100만 원이 넘는 돈을 주고 사야 하지만, 샤오미에서 나오는 공기청정기는 대략 25

만 원이 안 되는 돈으로 살 수 있다. 과거에는 샤오미의 공기청정기 품질이 우리나라 가전제품보다 훨씬 못 미쳤지만, 이제는 기능과 효율로만 제품을 바라본다면 차라리 샤오미를 3~4대 사서 방마다 놔두는 것이 공기 청정이라는 기능 면에서는 훨씬 효율적이라고 할 수 있다. 가격 경쟁력 시장에서 우리 기업이 설 자리가 점점 더 사라지고 있는 것이다.

반대로 고객을 돈을 쓰는 '소비자'가 아니라 '팬'으로 바라보면 경쟁 구도는 어떻게 달라질까? 팬은 돈을 쓰는 주체가 아니라 '에너지와 시간을 쓰는' 주체이며, 이들은 가성비보다는 이 제품을 사는 의미와 가치에 더 관심이 있다.

공기청정기를 산다는 의미가 '우리 집에 둘 공기 청정 능력이 뛰어난 디바이스를 산다'가 아니라 '우리 집에 일어나는 각종 상황에 따라 알아서 공기를 관리해준다'라면 어떨까? 고등어 요리를 할 때 공기청정기의 부스터 기능을 켜는 것을 깜박하고 나중에서야 탁한 공기를 느끼고 부랴부랴 공기청정기를 세게 돌린 경험은 없는가? 장마철에 창고에 있는 제습기를 굳이 깨끗하게 닦는 수고를 하지 않아도 알아서 제습 기능이 켜지고, 거기에 더해 우리 아이가 지금 감기에 걸렸는지까지 고려해서 이에 맞는 공기 질을 관리해 준다면 어떨까?

이같이 '모세기관지염이 있는 우리 아이를 위해 알아서 켜지고 꺼지는 공기청정기'와 같은 의미가 고객에게 가치 있게 느껴진다면, 고객은 본인이 필요한 맥락에 대한 데이터를 더 적극적으로 알려주고

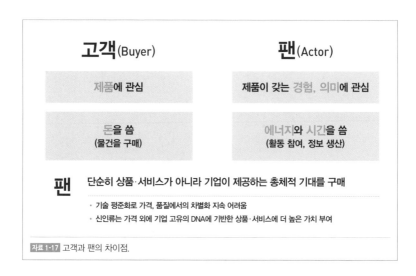

자료 1-17 고객과 팬의 차이점.

그 의미적 가치가 극대화될 수 있도록 에너지와 시간을 쓰게 된다. 예를 들어 오븐이나 쿡탑의 기기의 작동 데이터를 공기청정기에 연결시키거나, 아이가 감기에 걸렸는지 혹은 호흡기 질환이 있는지를 모바일앱을 통해 적극적으로 공기청정기에 알릴 수도 있을 것이다.

공기청정기를 사는 고객을 단순히 돈을 지불하고 끝나는 관계로만 보지 않고, 구매 이후에도 적극적으로 에너지와 시간을 써서 제품이 가지는 의미를 더 극대화 시키는 팬으로 만들어내야 한다. 고객을 팬으로 만들기 위해서는 명확한 의미를 던져줘야 하고, 가치를 함께 만드는 참여의 프레임을 디지털 세계에 만들어줘야 한다. 그리고 그렇게 만들어진 고객은 자신과 우리 집의 맥락을 가장 잘 알고 있는 제품 서비스를 떠날 수 없게 된다.

우리는 고객이 우리 제품과 서비스의 팬덤이 될 수밖에 없는 명확

데이터로 경험을 디자인하라

한 의미를 전달해야 할 것이다. 그 의미는 이 제품을 이용할수록 우리 아이가 살게 될 지구를 위한 나무 한 그루를 심는다는 거시적인 의미일 수도 있고, 이 공기청정기를 산다는 것은 호흡기가 약한 우리 아이를 케어 해준다는 의미일 수도 있다. 그 의미를 고객에게 명확히 인지시키는 것이 중요하다.

이에 더하여, 디지털 세대를 제품과 서비스의 적극적인 팬덤이 되게 하는 힘은 이어서 소개할 '고객에 의한 가치' 속에 숨어있다.

고객을 위한
가치가 아닌,
고객에 의한 가치

BTS는 각종 세계 무대에서 음악적 성과를 인정받으며 성공 신화를 쓰고 있다. 2019년 미국 〈타임〉에서 선정한 '세계에서 가장 영향력 있는 100인'이며, 2021년 5월 24일 미국 3대 음악 시상식 중 하나인 빌보드 뮤직 어워즈BBMA에서는 〈다이너마이트Dynamite〉로 톱 듀오/그룹, 톱 송 세일즈 아티스트, 톱 소셜 아티스트, 그리고 최초로 톱 셀링 송까지 수상하며 4관왕을 달성했다. 또한 2021년 11월에는 아시아 최초로 아메리칸 뮤직 어워즈AMA에서 대상인 '올해의 가수상Artist of the Year'을 포함해 3관왕에 오르는 등 엄청난 인기를 휩쓸고 있다.

이들은 세계적인 영향력을 인정받아 2020년 '미래 세대와 문화를 위한 대통령 특별사절' 자격으로 문재인 대통령과 제76차 UN총회에서 지속가능발전목표 고위급회의SDG Moment에 참석하기도 했는데, 해당 연설에서 코로나19로 고통을 겪는 10~20대에게 "로스트 제너레이션lost generation이 아니라 웰컴 제너레이션welcome generation이 되자"는 희망적인 메시지를 전달하기도 했다. BTS는 단순히 가수로서의 정체성을 넘어 미래 세대의 목소리를 대변해 UN총회에서 연설을 하고, 국적과 인종을 초월한 희망과 꿈을 전 세계 많은 아미army (BTS 공식 팬클럽)들에게 전달하고 있는 것이다.

전 세계적인 인기를 얻고 있는 BTS의 성공이 과연 그들이 엄청나게 잘생기고, 21세기 비틀스라고 언급될 만큼 음악성이 엄청나게 대단해서일까? BTS의 눈부신 성공 옆에는 이같은 활약을 함께 만들어낸 아미가 있다. 군대를 의미하는 아미는 BTS 팬클럽 이름인데, 여기에 중요한 의미가 숨어있다. BTS의 그룹명이 '방탄소년단'으로 총알을 막아낸다는 뜻이다. BTS가 젊은 세대의 고난 및 사회적 편견과 억압을 막아내어 당당히 자신들의 음악과 가치를 지켜내겠다는 거라면, 아미는 방탄복과 군대는 항상 함께하니 방탄소년단과 팬클럽도 항상 함께 한다라는 의미인 것이다.

각국에 포진해있는 아미는 BTS의 가치를 더 높이기 위해 디지털 세계에서 매우 조직적으로 움직인다. 영국 웸블리 스타디움 공연과 LA 공연에 앞서 각 나라의 아미들은 일찌감치 'BTS 아미 지침서'를 만들어 디지털 세계에 배포하였다. 굿즈 제작, 홍보, 당일 질서 유지 등의 조직적이고 매우 성숙한 팬 문화를 함께 보여준다. 이는 최고의

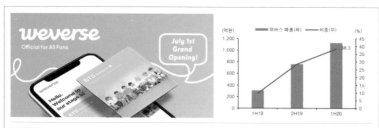

자료 1-18 BTS의 소속사 하이브는 아티스트와 팬들이 소통할 수 있는 전용 플랫폼 위버스(Weverse)를 만들었다. BTS 외에도 30여 개 이상의 그룹과 아티스트가 팬들과의 소통을 위해 들어와 있다. 위버스 플랫폼의 매출은 계속 증가하고 있다.

출처: 하이브, 유안타증권 리서치센터

가수만 서는 스타디움에 그들이 사랑하는 스타가 서게 된 만큼 그 가치를 더 높게 만들어 나가겠다는 취지이다.

아미가 만들어가는 BTS 가치는 BTS의 브이라이브$^{V Live}$ 방송을 보면 더 선명하게 볼 수 있다. BTS는 새로운 콘셉트를 아미와 상의하는데 이번 앨범의 복고풍 콘셉트가 아미가 느끼기엔 어떤지, 멤버의 이번 머리 색깔이 어떤지까지 물어보고 대화한다. 이렇게 브이라이브를 통해 아미와 소통하고, 아미의 의견들이 모여 BTS의 다음 앨범을 만들어가는 것이다.

기존의 연예인이라는 상품을 만드는 구조는 소속사에서 알아서 잘 기획해서 팬들에게 선보인 뒤 전략이 먹히면 뜨고, 아니면 잊혀지는 것이었다. 그러나 BTS의 가치는 정반대로 팬들이 만들어냈다. 디지털 세계 안에서는 지금 이 순간에도 전 세계 아미들에 의해 BTS의 가치가 점점 더 커져가고 있는데, 예를 들면 아미는 디지털 세계에서 적극적으로 BTS 유튜브 조회수를 올리고 각종 시상식에 투표한다.

데이터로 경험을 디자인하라

그들이 행동하고 참여할수록 BTS의 가치가 커지는 것을 느끼고, 이같은 성공의 경험들은 다시금 BTS가 UN연설에서 보여줬던 세상에 던지는 '의미'로 연결되는 등 그들만의 연결된 세계관을 완성해나가고 있다.

존 시나, 매슈 매코너헤이, 에마 스톤, 존 레전드, 메이지 윌리엄스, 셀리나 고메즈와 같은 할리우드 배우들이 빌보드를 휩쓴 BTS의 아미라고 밝히고 있다. 이렇게 할리우드 스타들이 아미 인증을 하는 이유는 BTS가 세상에 외치고 있는 메시지에 함께 하면서, 본인들의 연예인으로서의 가치 또한 아미에 의해 함께 성장하기를 바라는 의미가 그 속에 있다고 할 수 있다.

사람들이 테슬라를 사는 이유가 전기차 필요에 따른 소비라기보다는 테슬라 또는 일론 머스크가 추구하는 가치관과 미래상에 동의하기 때문인 것처럼, 아미가 대가 없이 BTS를 위해 적극적으로 앨범을 사고 SNS 활동을 하는 이유는 자신과 BTS의 성장을 동일시하기 때문이라고 할 수 있을 것이다.

고객에 의해 가치있는 상품을 발굴하는 프롬

디지털 세계에서 고객에 의한 가치 형성은 연예인과 팬과의 관계에서만 보여지는 것은 물론 아니다. 아미가 BTS를 통해 다른 아미를 만나고 그 안에서 소통하며 BTS를 중심으로 서로의 가치관을 공유해나가는 것처럼, 디지털 고객은 특정 제품을 중심으로 공감할 수 있는 타인을 만나길 원한다. 해당 제품이나 서비스를 향유하는 것으로 자신의 가치관을 증명하며, 이에 그치지 않고 다른 사람과 공유하며 라이프 스타일을 완성해나가는 것이다.

한번은 강의를 통해 만난 대표님이 경영하는 중소기업을 자문한 적이 있었는데, 감사의 의미로 딸기를 보내주신 적이 있다. 사이즈도 크고 한 알 한 알 예쁘게 포장된 딸기를 한입 베어 무는 순간, '내가 지금까지 먹은 딸기는 딸기가 아니구나'라고 느낄 정도로 굉장히 맛있었다. 한 알 한 알 소중히 포장된 모습 덕분인지 잊지 못할 딸기의 맛 덕분인지 아주 기억에 남는 딸기였는데, 이 딸기가 또 먹고 싶어서 상자에 적힌 사이트를 찾아 들어갔다. 오가닉미디어랩의 프롬From이라는 사이트였다. 프롬에는 내가 경험한 딸기처럼 어느 곳에서도 쉽게 팔지 않는 국내 각 원산지에서 생산되는 최고의 상품들이 진열돼 있었다. '와 대박인데? 여기 상품 MD는 미친 실력을 가지고 있나보다'라고 생각했다. 반전은 알고 보니 이 상품을 발굴해내는 사람이 직원이 아니라 '고객'이었다는 것이다. 이 사이트에는 '발굴 중'이라는 섹션이 있었는데, 정말 괜찮은 상품을 만난 고객이 '발굴 중'이라는 섹션에 물건을 찍어서 올리면 상품 MD가 생산지에 가서 검증하고 계약해오는 구조였다.

그 후 필자도 제주도에 가서 인생 한라봉을 만났을 때 자연스럽게 그 사이트가 생각났다. 바쁜 일정 중에도 한라봉 사진을 찍어 '발굴

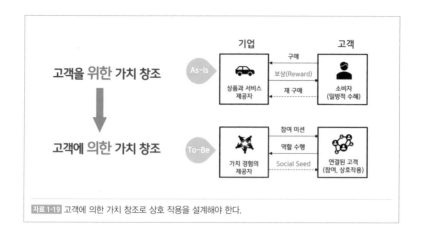

고객에 의한 가치 창조로 상호 작용을 설계해야 한다.

중' 섹션에 올렸다. 그 플랫폼에 기여하고 싶었던 이유는 바로 '나를 위해서'였다. 지금 먹은 한라봉이 너무 맛있어서 서울로 돌아가서도 계속 먹고 싶은데, 매번 생산자에게 직접 연락해서 주문하기란 번거로운 일이기 때문이었다. 만약에 그 한라봉이 사이트에 올라온다면 원래 좋아했던 다른 제품들과 함께 편리하게 주문할 수 있기 때문에 나를 위한 일로 느껴졌던 것이다.

발굴 중 섹션에 올라온 제품을 상품 MD만 판단하는 것은 아니다. 프롬의 고객들이 먼저 매우 적극적으로 반응한다. 생각보다 제품이 안 좋으면 '싫어요'에 투표하고, 반대로 프롬에서 만나길 원하면 '찬성'에 투표하여 최종적으로 프롬 사이트에 올라오는 상품의 결정에 영향력을 끼치는 것이다. 이러한 고객들의 참여에는 별로인 제품으로 '우리' 사이트의 가치를 떨어뜨리고 싶지 않다는 마음이 숨어 있기도 하다. 프롬은 계속 좋은 제품만 만날 수 있다는 가치를 극대화 시켜서, 여기서 주문할 땐 상품의 신뢰도에 대해서는 고민하지 않도록 '좋은 상품들만 만나고 싶은 우리들만의 검증된 사이트'를 만들어 나간다.

이처럼 단순히 고객과 생산자를 연결하는 플랫폼으로서의 기능만 하는 것이 아니라, 우리의 고객을 좋은 상품을 발굴하고 평가하는 존재로 플랫폼에 적극적으로 참여시킴으로써 프롬의 가치는 더 커지게 된 것이다. 이것이 바로 '고객에 의한 가치'이다. 마치 아미가 BTS를 키워낸 것처럼, 고객이 프롬의 가치를 만들어 낸 것이다.

고객의 참여로 더해져 가는 무신사와 에어비앤비의 가치

무신사는 패션이라는 확실한 주제와 취향을 공유하는 하나의 공동체다. 무신사에서는 상품을 구매하는 소비자가 단순히 구매자의 역할로 남지 않는다. 리뷰를 통해 적극적으로 상품의 품질과 디테일을 홍보하고 알린다.

고객들이 상품을 구매하고 리뷰를 남기는 것이 특별할 게 없는 일로 보일 수도 있겠다. 그러나 무신사의 리뷰 시스템에는 색다른 점이 있다. 바로 소비자가 구매 후 업로드 할 수 있는 리뷰의 유형을 다양하게 만들어, 제품의 가치 창조에 고객이 일조하게 만든 것이다.

무신사의 리뷰는 해당 상품을 다른 제품과 함께 스타일링하여 전

데이터로 경험을 디자인하라

신사진을 찍어 올리는 스타일 리뷰, 소매나 옷감 등 상품 디테일만 찍어 올리는 상품 사진 리뷰, 사진 없이 구매한 제품에 대한 후기 글만 올리는 일반 리뷰까지 총 3종류가 있다. 스타일을 자랑하고 싶은 사람도, 사진까지는 올리고 싶지 않은 사람도 일단 무신사 플랫폼 안에 어떤 식으로든 참여하게 만드는 것이다. 가장 적극적인 참여인 스타일 리뷰는 상대적으로 리워드를 크게 준다. 그뿐만 아니라 소비자가 구매 후 작성한 리뷰에 다른 소비자가 댓글을 달 수 있도록 되어 있다. 디지털 플랫폼 내에서 고객의 개입을 적극적으로 유도하는 것이다.

무신사는 브랜드별로 후기를 모아 제공하고 있는데, 이는 리뷰 페

자료 1-20 고객에 의한 가치를 만들어낸 무신사.

출처: 무신사스토어

이지에서 브랜드의 팬들이 모이게 만든다. 팬이 아니더라도 제품에 관심이 있는 잠재 고객이 모여 서로 그 브랜드 제품에 대해 이야기하고, 나와 같은 브랜드를 입는 사람들은 주로 어떻게 코디하는지 정보도 얻어간다. 실제로 무신사의 브랜드별 리뷰를 보면 후드티를 구매하고 작성한 리뷰에 함께 스타일링한 바지 정보를 묻는 댓글이 달린다. 무신사에서는 여러 브랜드가 모여있는 플랫폼임에도 불구하고 각 브랜드의 팬들이 모일 수 있는 공동체로서 기능할 수 있는 공간을 만들었고, 이는 고객들이 해당 플랫폼에 더 오래 머무르는 효과를 가져올 수 있었다.

에어비앤비 역시 먼저 서비스를 이용한 고객의 적극적인 참여가 다음 고객의 선택을 불러와서 성공한 사례이다. 고객이 이전 사용자의 생생한 평가를 들었기 때문에 '이용할 만한 믿음'이 생긴 것이 핵심이었다.

에어비앤비가 만들어낸 고객에 의한 가치는 집을 빌리는 게스트와 집을 빌려주는 호스트가 서로 믿고 집을 빌려줘도 된다는 확신을 만들어주는 '상호 평점 방식'으로 구현됐다. 집이라는 재화를 공유하는 것에는 상대적으로 거부감이 들 수밖에 없는데, 이는 집을 빌려주는 사람도 빌리는 사람도 똑같이 느끼는 거부감이다.

에어비앤비의 상호 평점 방식은 게스트만 호스트를 평가하는 것이 아니라, 호스트도 게스트를 평가하는 것이 핵심이다. 호스트가 정한 규칙을 지키지 않고 퇴실하거나, 안 좋은 모습을 보여줬으면 호스트도 게스트에게 낮은 별점을 준다. 평점은 에어비앤비 안에서 관리되며, 게스트 입장에서는 평점이 높을수록 상대적으로 좋은 컨디션의 집을 소유한 호스트의 선택을 받을 수 있게 된다. 호스트 입장에서도 자신의 집에 대한 매력도가 상승하는 것을 가시적으로 느끼게 된다. 게스트와 호스트가 적극적인 참여를 통해 에어비앤비라는 플랫폼의 가치를 더해가고 있는 것이다.

기업은 흔히 이렇게 말한다. "우리가 고객을 위해 이렇게 엄청난 가치들을 만들어 두었으니, 이제 얼른 선택해 달라"는 것이다. 요즘 많은 기업들이 '고객 가치 혁신실'이라는 부서를 만들고, 고객 가치를 만들어내기 위해 고군분투한다. 그런데 고객은 정말 기업이 자신을 위한 가치를 준비했다고 생각할까? 만약 그렇게 생각한다면 기업의 큰 착각이다.

고객은 애초에 기업이 자신에게 꼭 맞는 가치를 제공할 것이라고 기대하지 않는다. 그렇기에 기업이 열심히 하는 홍보에도 관심이 없다. 특히 디지털 세대가 관심을 갖는 건 자신이 직접 가치를 만들어 낼 때이다. 단순한 소비자가 아니라 협력자로서 함께 제품을 성장시키고, 다른 사람과 연결되어 더 큰 가치를 만들어내는 것에 더 관심 있어 한다. 우리는 디지털 고객에게 우리 제품에 대한 개입의 기회를 주고 창조의 역할을 부여해야 한다.

디지털 시대의 고객은 디지털 세계에서 매우 주도적으로 행동하고, 스스로 가치를 만들어내는 주체임을 잊지 말자. 그들은 만들어 놓은 가치를 단순히 골라 수용하는 것보다, 직접 참여하고 기여해서 '의미'를 만들어갈 때 더 큰 만족감과 동기 부여를 느낀다.

2장

데이터에 숨겨진
고객 경험의 비밀

DCX

**Data driven
Customer
eXperience**

'의미'적 가치에 주목하는
경험의 시대

《매스 커스터마이제이션 혁명》의
저자 조지프 파인B. Joseph Pine II 교수는 [자료 2-1]과 같이 경제적 가치
와 소비의 진화를 설명한다. 시대에 따라 경제적 가치는 진보해왔다.
인류에게 첫 경제적 가치로 인지된 것은 원자재commodity로, 광물이나
농산물, 동식물처럼 자연에서 구할 수 있는 것이었다. 그러다 자연
에서 구한 원자재를 가지고 경제적 가치를 갖는 상품goods을 만들었
고, 원자재는 상품을 위한 원재료로서 기능했다. 이러한 산업사회가
50~60년간 지속되다가, 상품 역시 그 자체로 가치를 지닌다고 여겨
지던 시절을 지나 가격이 경쟁 가치를 가지게 됐다. 그 이후 아주 오
랫동안 가격 경쟁력이 중요한 시대를 지나왔다. 이후 상품은 점점 맞
춤화customization되어 왔는데, 개인의 요구에 맞춰 상품이 제공되면서

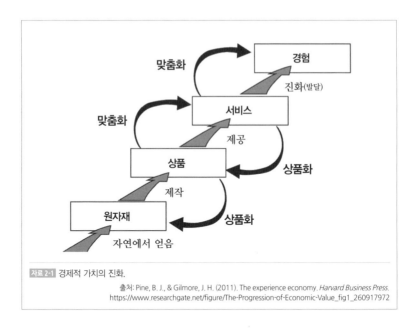

자료 2-1 경제적 가치의 진화.

출처: Pine, B. J., & Gilmore, J. H. (2011). The experience economy. *Harvard Business Press*.
https://www.researchgate.net/figure/The-Progression-of-Economic-Value_fig1_260917972

제품보다도 서비스service가 더 큰 경제적 가치를 갖게 되었다.

한때는 서비스가 제품의 가치를 높여주는 요소였지만, 이제는 서비스도 우리에게 당연한 것이 되어버렸다. 배달 서비스, 필터 교체 서비스, 정수기 케어 서비스 등 제품과 함께 제공되는 서비스는 이제 우리에게 너무나도 당연한 존재가 됐다. 이제 서비스도 새로운 경제적 가치의 단계로 옮겨갈 때가 된 것이다. 서비스 역시 개인 맞춤화가 필요해졌고, 이에 더하여 각 고객의 맥락에 맞게 모든 서비스들이 하나의 분명한 '의미'를 주는 총체적인 경험experience의 시대가 온 것이다.

내가 정수기를 구매하는 기준이 단순히 필터 교체가 편리해서가

데이터로 경험을 디자인하라

아니라, '물을 잘 안 마시는 우리 가족이 물을 더 많이 마실 수 있도록 도와주는, 우리 가족을 물과 함께 더 건강하게 만들어주는' 의미라면 어떨까? 그 의미에 맞게 정수기는 디지털 세계에서 우리 가족이 물을 얼마나 마셨는지 시각적으로 보여줄 수 있을 것이다. 또한 '이전 달보다 물 2리터 더 마시기 가족 미션'을 완료하면 미네랄 필터 교체 리워드를 주고, 아이가 물을 스스로 마실 수 있도록 아이의 키에 맞춰서 아이 버튼을 아래쪽에 추가해서 넣고, 아이가 버튼을 누를 때마다 아이가 좋아하는 칭찬 멜로디를 들려줄 수도 있을 것이다. 더 나아가 그냥 여느 정수기처럼 3개월마다 필터 교체를 하는 것이 아니라, 우리 가족이 마시는 물의 양에 맞춰서 필터 교체 서비스가 된다면 어떨까?

고객은 '깨끗한 물'이라는 정수기의 당연한 가치를 경험으로 느끼지 않는다. 우리 가족이, 그리고 우리 아이가 물을 잘 안 먹어서 걱정인데 이 잠재니즈를 해결해 주는 정수기라면 고객은 그 제품의 팬이 될 수 있다. 고객이 제공한 정보를 활용해서, 고객이 필요한 것을 고객이 말하기 전에 알아봐 주고, 고객이 느끼는 가려운 부분을 긁어주고, 총체적인 제품과 서비스를 제공한다면 그것이 바로 고객에게 잊지 못할 경험이 된다. 바로 이 '경험'이 경제의 중심이 되는 시대는 이제 시작이다.

필자가 CX Customer Experience (고객 경험) 프로젝트 자문을 할 때면 기업이 '경험'을 일반적인 서비스 기획과 비슷하게 바라보고 접근하는 모습을 자주 보게 된다. 그러나 상품 기획과 경험 디자인은 분명 다르다. 무엇보다 경험은 하나의 서비스를 추가로 기획한다고 해서 만들어지는 것이 아니다.

애플은 하드웨어, 소프트웨어, 플랫폼을 비롯한 여러 기술과 서비스 그리고 UX^{User Experience}(사용자 경험)를 통해 애플만의 총체적인 고객 경험을 만들어낸다. 고객에게 일관된 경험을 주기 위한 UX의 통일과 애플의 어느 기기에서도 일관된 콘텐츠를 사용할 수 있도록 한 아이클라우드는 특유의 단순하지만 편리함과 애플만의 경험을 준다. 이런 경험은 다른 제조사들이 기능 추가나 서비스 추가를 한다고 해서 모방할 수 있는 것이 아니다.

애플은 눈에 잘 띄지 않는 작은 차이로 이런 경험을 차별화하고 있다. 예를 들면 애플의 매직 트랙패드가 가지고 있는 애플만의 '터치감'과, 1년 전 오늘 여행에서 찍은 사진들을 모아서 음악과 함께 '1년 전 오늘'이라는 추억 영상을 매일 자동으로 만들어주는 '감성'이다. 이런 것들이 모여 높은 고객 충성도와 더 나아가 어느 제조사에도 볼 수 없는 애플빠와 같은 '팬덤' 형성으로 이어질 수 있었다. 좋은 경험은 고객의 맥락에서 찾아낸 잠재니즈에서 시작해서 서비스 전반에서 '새로운 의미'를 제공하는 총체적인 맥락적 설계에서부터 나온다.

데이터로 경험을 디자인하라

고객의 소비동기 5단계 빅 패턴

1장에서 우리는 스타벅스에 가는 사람들의 다양한 맥락에 대해 살펴본 바 있다. 스타벅스에 가는 사람들은 단순히 커피를 마시기 위해 매장을 방문하는 것이 아니었다. 만약 스타벅스가 커피숍의 가장 본질적이고 기능적 가치인 '커피'에만 집중했으면 좋은 원두와 좋은 커피 머신을 구하는 데 시간과 노력을 집중했을 테고, 그럼 지금과 같은 팬덤도 형성되지 않았을 것이다.

좀 더 구체적으로 살펴보면, 고객의 소비동기는 총 5단계의 빅 패턴을 갖는다고 할 수 있다. 커피의 맛처럼 고객에게 당연하게 느껴지는 기능적 가치가 충족되면, 고객의 다음 소비동기는 품질이다. 품질은 브랜드에서 느껴지는 신뢰일 수도 있고, 실제 커피 맛에서 느껴지는 산미와 고소한 맛의 차이일 수도 있다. 품질이 만족 되면 그다음 선택 기준은 프리미엄의 가치 또는 경제적 이익이다. 예를 들면 멋진

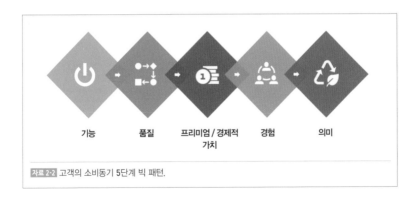

| 기능 | 품질 | 프리미엄 / 경제적
가치 | 경험 | 의미 |

자료 2-2 고객의 소비동기 5단계 빅 패턴.

바리스타가 스토리텔링 해주는 고급스러운 드립커피가 프리미엄의 가치일 수도 있고, 품질에서 비슷하다면 더 저렴한 곳을 선택하는 경제적 가치가 그다음 선택의 기준이 될 수 있다.

TV를 예로 들어보자. TV의 기능적 가치는 방송이 선명하게 잘 나오는 것이다. 단순히 본질적인 기능만 제공하는 TV는 가격으로 승부를 봐야 한다. 고객들은 기능적으로 봤을 때 화면의 크기, 화질, 스마트 기능 여부, 음성지원 여부, 멀티채널 기능 여부 등을 비교해보고 스펙spec 대비 가장 가격이 좋은 제품을 고르게 되어있다. 그리고 가성비가 가장 좋은 제품을 사면 만족을 얻는 구조이다. 이런 가성비 시장은 이제 우리 기업이 설 자리가 없다. 중국과 동남아 지역에서 값싼 노동력으로 똑같은 스펙과 기능을 가진 더 저렴한 TV를 얼마든지 만들 수 있기 때문이다.

현재까지 우리나라 TV 시장은 품질로 승부를 보고 있다. 마치 예전에 소니를 사면 고장도 안 나고 최고의 품질을 만날 수 있다고 믿었던 것처럼, 이제 우리나라 제품이 가격은 좀 비싸도 디스플레이 시장에서 단연 1등 품질로 인정받고 있다. 그러나 품질로 밀어붙이는 가전 시장은 과연 앞으로 얼마나 지속될 수 있을까? 벌써부터 중국 기업이 비슷한 품질 수준과 더 저렴한 가격으로 이미 우리 기업의 위치를 위협하고 있다.

지금의 품질 대비 경제적 이익을 주는 시장에서 우리 기업들은 기술력으로 더 큰 디스플레이에 더 선명한 화질을 동일한 가격으로 만날 수 있게 하고 있다. 예전에 천만 원 가까이 하던 85인치 TV가 요즘에는 270만 원 대인 것을 보면, 경제적 이익을 주는 시장을 만들어 낸 것이라고 볼 수 있다. 이와 동시에 화이트프레임TV, 롤러블TV, 투명TV와 같은 기존의 TV와는 다른 프리미엄 시장도 계속해서 만들어내고 있다. 그렇다면 그다음은 뭘까? 앞으로 다가오는 Z세대는 TV를 살 필요성을 느끼지 않는다. 이제까지는 TV가 주는 의미가 방송을 보는 디스플레이였다면, 이제는 새로운 경험과 의미적 가치를 주는 TV를 만들어 내야 할 때가 아닐까? 예를 들면 방송을 보는 TV가 아니라 '라이프 온 스크린life on screen'의 개념을 담아주는 것이다. 평소에는 갤러리처럼 음악과 함께 멋진 사진을 띄워서 항상 켜놓다가, 요리를 하고 싶다고 하면 내장돼있는 AI가 고객이 평소 즐겨보던 유튜브 요리 채널을 보여주는 식으로 우리 고객의 라이프 맥락 기반으로 새로운 경험과 의미를 제공하는 것이다.

실제로 삼성전자에서는 세로 방향을 기본으로 하는 '더세로The Sero TV'를 선보였다. 평소에는 세로 방향으로 현재 날짜와 시간, 사진을 보여주다가 영화를 감상할 때는 자동으로 가로 방향으로 디스플레이가 회전하여 가로TV가 된다. 단순히 방송 시청을 위한 TV를 넘어 인테리어 오브제나 사진 액자로서의 공간 변화라는 새로운 의미를 준 것이다. 요즘은 유튜브 딩고뮤직의 '세로 라이브'나 아이돌 '직캠'처럼 모바일 화면 비율에 맞춰 즐길 수 있는 세로 콘텐츠가 많이 나오고 있는데, 이 TV는 이러한 고객의 소비 콘텐츠 변화도 담아내고 있다. 더세로TV의 핵심 기능 중 하나가 제품 어느 곳에나 스마트폰을 가볍게 부딪히면 자동으로 미러링이 되는 탭 뷰^{tap view} 기능이다. 바로 모바일과 TV의 경계를 무너뜨린 건데, 이로 인해 또다시 다양한 맥락적 의미가 만들어지고 있는 것이다.

새로운 의미를 부여한 또 다른 시도가 바로 LG전자의 '스탠바이미'다. 스마트TV인 스탠바이미는 선풍적인 인기를 끌었는데, 라이브 쇼핑에 상품이 열리기만 하면 1분 만에 품절이 되는 경우도 있었다. 스탠바이미는 '팔로우 미 스크린^{follow me screen}'이라는 새로운 의미를 주는 디스플레이다. 기존에는 우리가 TV 앞에서 같은 자리에 앉아 시청하는 형태였다면, 스탠바이미는 주인을 따라다니는 개념이다. 이 제품은 집에서 옷 스타일링 라이브 방송을 하는 디지털 세대에게 맥락적 경험을 선사하고, 병원에서 기다리는 손님들에게 병원 시술에 대한 맞춤형 설명서를 제공하는 상담 디스플레이의 역할을 하는

자료 2-3 삼성전자 더세로TV(왼쪽)와 LG전자 스탠바이미(오른쪽).

출처: 삼성전자, LG전자

데이터로 경험을 디자인하라

등 아직 완벽하지는 않지만 다양한 맥락에서 새로운 스크린의 경험을 만들어가고 있다.

필자는 스탠바이미를 가지고 고관여자들과 워크숍을 진행할 때 각 팀별 아이디어 발상과 토론에 스탠바이미 스크린을 도입해 퍼실리테이터 효과를 주려고 계획하고 있다. 이렇게 스탠바이미는 앞으로도 다양한 맥락에서의 잠재니즈를 해결하고 새로운 의미를 부여하는 디스플레이로 성장할 것으로 보인다.

그렇다면 우리 기업의 제품과 서비스는 현재 어떤 가치에 머물러 있는지 점검해볼 필요가 있다. 우리 제품은 아직 기능적 가치를 선사하는 것에 머물러 있는가? 이제 기능적 가치에서 더 나아가 품질로 승부를 보고 있나? 아니면 이미 경제적 가치나 프리미엄 가치를 준비하고 있나? 후발주자들이 우리 제품의 품질을 손색없이 재현하고 가격 경쟁력이나 프리미엄 가치까지 똑같이 재현해내고 있나? 그렇다면 이제 경험 설계로 옮겨갈 때이다. 더 나아가 우리가 데이터에서 찾은 맥락들의 매핑mapping(각각의 페르소나에서 보이는 맥락과 다른 맥락을 대응할 때, 연관되는 인사이트를 도출하는 것)으로 탄생한 경험이 고객에게 선명한 '의미'로 다가간다면 그 의미는 그 어떤 후발주자들도 재현해내지 못할 것이다.

디지털 시대
경험의 본질은 무엇인가?

　　　　　　　　　　　　　그렇다면 경험은 무엇인가? 경험의 본질은 무엇인가? 경험은 '시간이 지나도 기억에 남고, 다시 해보고 싶고, 사람들에게 이야기하고 싶은 가치를 지닌 것'이다. 당신은 그런 경험을 해본 적이 있는가?

　2016년, 호주 브리즈번 주택가에 피자를 배달하는 로봇이 나타났다. 세계 최초의 피자 배달 로봇이 공개된 것이다. 군용 로봇을 개조해서 도미노피자의 GPS 자료를 탑재한 피자 배달 로봇은 네 바퀴로 시속 20킬로미터의 속도를 낼 수 있으며, 인도와 자전거 도로 등으로 이동하고 레이저 센서를 이용해 장애물을 피해 간다. 당시 호주 사람들은 느닷없이 거리를 활보하고 다니는 로봇이 궁금해서 도미노 피자를 주문하기 시작했는데, 집 주소를 입력하지 않아도 GPS 정보

자료 2-4 도미노피자의 배달 로봇.

출처: 도미노피자

가 전송되기 때문에 해변에서도 피자를 주문할 수 있었다. 해변에 로봇이 도착하는 순간, 오븐에서 방금 꺼낸 듯한 따뜻한 피자와 냉장고에서 이제 막 꺼낸 콜라를 받을 수 있었다. 그리고 이 경험을 SNS에 올려 친구들에게 적극적으로 알리고 자랑하기 시작했다.

도미노피자는 2008년 당시 주가가 3.8달러까지 떨어질 정도로 피자 브랜드 선호도는 최하위였으며, 거의 망해가는 회사였다. 디지털 세계에서 고객들이 이야기하는 도미노피자는 "마분지 씹는 맛이 난다, 냉동 피자가 더 낫다"라고 할 정도로 부정적인 평가가 일색이었다. 이랬던 도미노피자의 주가가 2021년 430달러까지 치솟았는데, 이는 디지털 세계에서 성과가 손에 꼽히는 구글을 앞지르는 엄청난 결과이다.

도미노피자가 가장 먼저 시도한 것은 주문배달 방식의 디지털화이다. 이들은 이 주문 앱을 '제로 클릭Zero Click'이라고 불렀는데, 제로 클릭은 고객이 앱을 실행하는 순간 아무것도 입력하지 않아도 알아서 주문이 되는 구조이다.
심지어 결제정보도 입
력하지 않아도 된다. 피
자를 먹고 싶으면 그저
앱을 실행시키기만 하
면 되는 것이다. 고객의
과거 주문 데이터를 기
반하여 그 시간에 자주

자료 2-5 도미노의 주문 앱, 제로 클릭.

출처: 도미노피자

주문하던 피자가 자동 주문되는 형식이다. 앱을 실수로 실행한 경우
를 대비하여 앱을 실행하고 주문이 들어가기 전까지 10초 동안 기다
려주는데, 다른 걸 먹고 싶다면 이때 버튼을 클릭해서 주문을 수정할
수 있다.

피자헛은 1990년대 피자 문화를 이끌어 낸 주역이었다. 그러나 시
대의 흐름에 따라 다양하게 바뀌는 고객의 니즈를 채워주지 못했고,
회사의 성장 또한 정체되어 결국 2020년 7월 파산보호를 신청하기에
이르렀다. 반면 도미노피자는 고객을 끌어들이기 위해 고객 경험에
집중했다. 잘 나가는 메뉴를 개발하거나 자꾸 변화되어 가는 고객의
입맛을 잡기 위해 피자의 '맛'에 올인한 것이 아니다. 그들은 특별한
고객 경험을 통한 성장의 기회를 디지털 기술에서 찾았다.

도미노피자가 성공한 것은 대단한 맛을 구현했기 때문도, 엄청난
기술 혁신을 보여주었기 때문도 아니다. 그저 우리 고객들은 언제,
왜 피자를 먹는가에 대한 질문과 함께 피자를 주문하는 사람들의 맥

데이터로 경험을 디자인하라

락을 이해하는 것에서부터 혁신을 시작했다. 사람들이 왜 배달 피자를 주문할까? 가족과 친구와 함께 영화나 스포츠 경기를 보거나, 또는 소소한 모임을 위해 손쉽게 주문해서 원하는 시간에 음식이 준비되는 것이 더 중요한 의미이다. 도미노피자는 이 가치를 고객에게 전달하는 경험으로 만들어냈을 뿐이다. 도미노피자가 선보인 제로 클릭 서비스와 배달 로봇 기술은 이 가치를 극대화하기 위해 선택적으로 활용할 수 있는 기술적인 도구에 불과하다고 할 수 있다.

고객 경험이란 고객의 맥락에서 시작해 그 문제를 디지털 기술을 활용하여 경험으로 만들어내는 혁신이라고 할 수 있다. 우리가 경험 디자인으로 새롭게 가치를 옮겨가지 못하면, '피자' 하면 당연했던 피자 브랜드의 현재가 불편한 과거가 되어버리고, 아직 혁신하지 못한 브랜드는 그렇게 과거로 도태된다. 특히 디지털 시대에 고객 경험 혁신은 디지털 기술로 인해 더 개인화되고, 더 연결된 선명한 경험으로 만들어지고 있다. 지금 시작하지 않으면 경쟁사가 먼저 시작할 것이고, 우리 제품의 현재 위치는 명예로운 과거로 사라지는 처지가 될 수 있다.

디지털 시대에 고객을 끌기 위해선 디지털 세계의 경험을 혁신적으로 설계해야 하며, 이는 시장에서 살아남을 수 있는 아주 강력한 무기가 될 것이다. 우리는 경쟁사가 어떤 기능을 선보이는지 보고 제품의 차별화를 하는 것에 집중할 게 아니라, 고객이 무엇을 원하는지, 고객이 어떤 맥락을 가지고 있으며, 그 맥락 속에는 어떤 잠재니즈를 가지고 있는지부터 찾아내야 한다.

    많은 기업들이 디지털마케팅에 힘을 쏟고 쿠폰과 메시지 광고 등으로 고객의 마음을 사려고 노력 중이다. 사실 고객을 기업에 록인 lock-in(묶어두기) 해두는 효과가 큰 것은 많은 회사들이 시도 중인 쿠폰 이벤트보다 고객 경험을 통한 유도이다. 고객의 마음속을 공감하며 얻어낸 경험의 힘은 생각보다 강력하다. 경험은 한번 쓰고 버리는 쿠폰보다 고객의 머릿속에 더 깊게 인지된다. 고객이 제품이나 서비스를 만나는 시간을 얼마나 즐겁고 행복하게 만들 것인지 가치를 주는 것은 고객을 다시 재방문하게 만드는 원동력이 된다. 뿐만 아니라 디지털 세계에서 자신의 경험을 공유하게 만들고, 이에 더하여 구전 효과까지 가져올 것이다.

이제는 새로운 경험 가치 시장에서 승부할 때다

적어도 경험은 기능이 아니다. 그렇기 때문에 기능 디자인과 경험 디자인은 다르다. 자동차의 엔진 성능이 좋아졌다고 해서 우리가 그것을 경험이라고 이야기하는가? 자동차를 경험 디자인 해보자고 시작하면 자동차 제조사 R&D분들은 보통 엔진의 성능, 가격, 통풍시트 기능, 김 서림 방지, 소프트 도어의 편의 기능 등을 먼저 이야기한다. 새로운 기능 추가와 성능 개선은 고객에게 편의성은 준다. 하지만 고객의 기억에 남고 사람들에게 이야기하고 싶은 경험이 되지는 못한다. 그렇다면 히트하고 잘 팔리는 자동차를 위해서는 어떤 경험 디자인이 들어가야 할까?

필자는 자동차와 관련해서 사람들에게 계속 이야기하고 싶은 경험이 있다. 다시 경험해도 좋을 기억이다. 2020년 연말에 자동차를 한 대 구매했는데 이때 우산, 컵, 스티커, 달력, 골프 가방 등의 굿즈도 함께 받았다. 예상하지 못했던 선물이라 그런지 기쁘게 받아 달력과 컵은 연구실에 두고, 스티커는 노트북에 붙이고 다녔다. 그 뒤로 연구실을 방문하는 손님들에게 차를 대접할 때, 노트북을 꺼낼 때마다 "차 바꾸셨어요? 어때요?"란 질문을 받기 시작했다.

처음에는 어떤 말을 할지 망설였지만 이내 머릿속에서 '사람들에게 말하고 싶은 경험'이 떠올라 이야기를 시작했다. 강연 등으로 지방에 갈 때 보통 KTX를 타지만, 한번은 창원까지 차를 가지고 내려간 적이 있다. 5시간이 넘는 길을 운전하며 반자율주행 모드를 설정해봤는데, 피로도가 훨씬 덜한 느낌을 받았다. 그렇게 가다 보니 운전도 안 하는데 멍하니 있는 시간이 아깝다는 생각이 들었다. 출장 일정으로 취소하려 했던 연구실 회의를 그냥 하는 게 어떨까 하고 아이패드를 거치대에 걸고 줌으로 학생들의 발표를 들었다. 집중도 잘 되고 시간을 효율적으로 쓰는 것 같아 뿌듯함까지 들었다. 이렇게 차 안에서 반자율주행 모드와 함께 했던 회의 경험은 차량 굿즈를 보고 질문한 사람들에게 몇 번이고 말하고 싶은 이야깃거리가 되었다. 그 뒤로 몇몇 지인분들이 자율주행 모드로 운전을 하면서 회의에 참석하는 장면을 볼 수 있었다. 하지만 대부분 카메라를 어디에 둘지 몰라서, 공유 화면이 너무 작아서, 핸드폰을 둘 곳이 마땅치 않아서 등 불편함이 있었고 아직 완벽한 경험은 아니었다.

자동차 회사에게는 이러한 맥락이 곧 고객의 잠재니즈가 되고, 좋은 기회의 영역이 될 수 있다. 단순히 이동 수단으로서의 승차감, 안정감, 연비와 같은 기능적인 의미에서 벗어나 '회의를 잘 할 수 있게 하는 자동차'를 구매한다는 의미를 주는 것은 어떨까? 차 안에서 얼굴이 온전히 잘 나오는 각도를 가진 카메라가 장착되어 있고, 시야가 확보된 스크린이 장착되어 운전 시야 확보와 동시에 회의 공유 자료를 편하게 볼 수 있고, 자동차 소음이 덜 들어가도록 회의용 마이크가 설치되어 있는 자동차라면 시간이 금인 수많은 기업의 리더들에게 그야말로 '먹히는' 경험이 될 수 있다.

또한 이런 경험을 가진 고객들은 차가 가진 새로운 의미적 가치를 기반으로 해당 브랜드에 강한 애착 관계와 더불어 감정적인 충성도를 갖게 할 수 있다. 심리학자 리프 반 보벤과Leaf Van Boven 토머스 길로비치Thomas Gilovich의 2003년 연구에 따르면, 단순히 물건을 구매하는 물질 소비를 할 때에 비해 경험 소비를 할 때 더 큰 만족도를 느낀다고 한다. 즉, 멋진 자동차를 구매할 때 얻어지는 기쁨은 한때에 불과하다면, 멋진 회의 경험을 지속적으로 하면서 얻어지는 만족도는 더 오래가고 더 큰 행복을 주는 것이다.

사람들은 자신이 느끼는 가치와 행복을 위해서 더 많은 지불을 하게 되어있다. 우리는 언제까지 기능적 만족도를 주는 시장에서 가격 경쟁력만 내세울 것인가? 이제는 새로운 경험 가치 시장에서 잊지 못할 기억으로 승부를 할 때다.

기업과 고객 경험 혁신 프로젝트로 회의를 하다 보면 아직도 많은 담당자들이 고객 경험 기획을 상품 기획과 혼동하는 모습을 자주 본다. 고객 관점에서부터 시작하는 고객 경험 설계는 그저 제품 관점에서 경쟁사의 스펙 대비 새로운 기능적 가치를 제공하는 상품 기획과는 완전히 다른 접근이다.

필자가 몸담고 있는 한양대 DCX연구실에서는 경험 디자인을 위한 데이터를 수집하고 분석할 때 여느 소셜 리스닝 솔루션들처럼 명사만 보지 않는다. 명사 중심의 분석은 어떤 기능이 많이 언급되는지, 어떤 스펙을 아쉬워 하는지 등에 대한 인사이트는 얻을 수 있지만 고객의 맥락을 파악하기에는 부족하다. 고객의 소셜 데이터를 분석할 때에는 고객의 행동과 감정을 읽어 낼 수 있는 동사와 형용사가 더 중요한 분석 재료가 된다. 각각의 맥락에서 고객은 어떤 행동을 하는지 그리고 그 상황을 어떻게 느끼는지를 알아야 해당 맥락에서의 경험을 설계할 수 있다.

기능 설계와 경험 설계의 차이를 노트북의 예를 들어 생각해보자. '우리 노트북에 배터리를 80Wh를 넣을까? 72Wh를 넣을까?' 고민하는 것은 상품 기획에서 고민하는 기능 중심의 사고이다. 노트북의 사양이 어떻게 돼야 사람들에게 매력적으로 다가가는 좋은 상품이 될까 고민하는 것은 과거의 접근 방법이다. 단적인 예로 스마트폰에 들어가는 카메라의 화소가 경쟁이 되던 시절이 있었다. 그렇지만 이제 사람들은 카메라 화질의 진화에는 관심이 없다. 스마트폰의 카메라 스펙은 이미 충분히 충족이 된 소비가치인 것이다.

데이터로 경험을 디자인하라

경험 중심의 사고는 '충전 없이 배터리를 길게 써야 하는 상황은 어떤 경우일까?', '배터리를 자주 충전해야 하는 사람은 어떤 사람들일까? 주로 영상 시청이 많은 사람들일까?' 등의 고민을 하는 것이다. 기능 중심적 사고가 '제품'에 대한 고민이었다면, 경험 중심적 사고는 제품과 함께 하는 '인간'에 대한 고민이다. 왜 좋은 배터리가 들어가야 하는지, 어떤 상황에 처해있기 때문에 충전 없이 오래 버티기 위해서 좋은 배터리가 들어가야 하는지 사고해야 한다. 제품이 어느 맥락에서 어떤 고객들에게 소구되는지 고객과 맥락을 살펴봐야 한다. 새로운 의미를 주는 노트북의 가치는 고객의 맥락을 분석해보는 데서 나온다.

필자의 지인 중 한 분은 풍경 사진을 공기와 바람이 느껴지게 잘 찍는다. 사진을 보면서 "전문 DSLR 카메라로 찍으셨나 봐요?" 하고

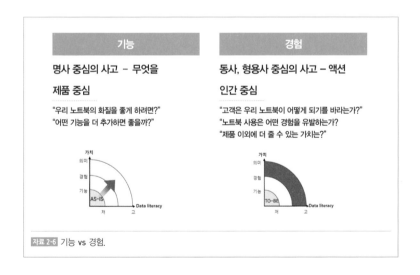

자료 2-6 기능 vs 경험.

여쭤보니 "그동안 핸드폰이 혁명적 발전을 했어요. 골프치면서 무거운 DSLR 카메라를 들고 다닐 순 없지요"라고 하셨다.

요즘은 자전거를 타면서, 운동을 하면서, 드라이브를 하면서 스냅샷을 빠르고 멋지게 찍고 싶은 고객의 잠재니즈가 있다. 풍경을 전문적으로 찍으려면 갤럭시폰을 사야 하고, 인물사진을 사실적이 아니라 감성 있게 찍으려면 아이폰을 사야 한다는데 둘 다 포기하긴 싫다. 그렇다고 핸드폰을 두 개 들고 다닐 수도 없다(필자의 지인 중에는 두 개를 들고 다니는 사람도 있다). 골프를 치거나 자전거를 타면서 날씨나 빛의 밝기에 따라 풍경을 가장 잘 찍을 수 있는 설정을 매번 바꾸는 건 귀찮고, 같이 운동을 하는 일행을 기다리게 하는 일도 여간 미안한 일이 아닐 수 없다. 카메라를 켜면 이미지 인식 기술로 지금 찍으려는 것이 사람인지 풍경인지, 좋은 날씨인지 아닌지, 과거에 고객이 찍은 사진들의 감성 패턴을 이해해서 빠르게 스냅샷을 찍을 수 있게 하는 스마트폰 경험 설계는 어떨까? 필자는 풍경 사진을 찍을 때마다 설정에서 '선명하게'라는 옵션을 매번 누른다. 카메라 버튼과 설정 버튼, 모드 선택까지 버튼을 총 4번 눌러야 하는데, 익숙해져 버린 불편함이지만 어쩔 수 없이 그렇게 여러 버튼을 매번 누르고 있다.

이런 맥락의 이해부터 시작한다면 같은 기술이라도 고객에게 '내 스타일대로 매 순간을 추억으로 만들어주는 스마트폰'과 같은 새로운 의미를 주는 경험 설계도 가능해질 것이다.

기술이 먼저가 아니다

경험을 잘 디자인하려면? 기술이 먼저가 아니다. 기술 혁신이 고객 경험의 혁신으로 당연하게 이어질 것이라고 생각하면 안 된다. 기술을 중심으로 혁신이 전개되다 보면 고객에게 유의미한 가치를 주는 경험을 만들기 어렵다. 새로운 모바일앱, AI, 머신러닝machine learning, VR, AR 등 근래에 익숙하게 등장하는 디지털 전환 기술로 신기한 기능을 보여줄 수 있지만, 그것 자체가 곧장 고객에게 새로운 의미로 다가가지는 못한다.

메타버스 기술이 유행인 지금도 그렇다. 백화점이 디지털 트윈digital twin 기술로 메타버스 세계를 구현해 온라인 행사를 메타버스로 진행한다면 '우리 고객에게 어떤 의미적 가치를 줄까?' 고민해야 한다. 어떤 의미로 고객에게 다가갈지를 우선 생각해야 한다는 말이다.

만약 디지털 세계에서 우리 고객이 메타버스 안의 백화점을 방문할 때 '연인들이 예쁘게 데이트를 잘할 수 있는 쇼핑 공간'으로서의 가치를 만들어주려면 어떻게 해야 할까? 쇼핑을 한다는 일차적 목적 외에도 공간에 새로운 의미를 더해주는 경험 요소를 만들어주는 것이다. 데이트 장소로서의 의미를 더해주는 경험은 현장감 있는 추억을 남기는 사진 키오스크일 수 있고, 남산에 자물쇠를 채우고 오는 것처럼 디지털 세계에서 연인 간의 데이트 흔적을 남기는 용도의 메타버스가 될 수도 있다.

디지털 트윈은 현실세계의 공간이나 기술, 장비, 사물 등을 가상세계에 구현하는 기술이다. 메타버스에 디지털 트윈으로 백화점을 구현하는 것은 수십억, 수백억 원이 드는 엄청난 투자이다. 이렇게 큰 돈이 드는데 디지털 고객이 방문하지 않는다면 엄청난 수고와 노력이 다 물거품이 될 것이다.

디지털 세계에서 고객에게 사랑받는 메타 공간이 되려면 그들에게 줄 수 있는 새로운 의미적 가치와 이를 위한 경험 설계가 선행되어야 한다. 그리고 그다음이 메타버스에 들어가는 실감 콘텐츠, AR과 같은 기술들이다.

과거에 AI를 활용하여 고객의 이동 경로를 파악하는 백화점 프로젝트를 자문한 적이 있다. 고객이 어느 매장을 어떤 순서로 방문하는지 파악해서 잘 나가는 매장과 잘 나가는 제품들의 위치를 바꿔 매출을 극대화하고자 하는 것이 프로젝트의 목표였다. 이 프로젝트는 시작부터 AI 도입이 먼저였고, 백화점을 방문하는 고객들은 대중성을 가지기 때문에 다수의 움직임에 따라 물건의 위치를 바꾸면 많은 고객들이 더 빨리 원하는 것을 찾고 구매할 것이라는 전제가 있었다. 그런데 사실 요즘 고객은 스타일도, 물건을 구매하는 성향도 모두 다르다.

비슷한 AI 기술을 도입하더라도 고객의 이동 경로 파악이 아니라 서로 다른 고객을 이해한다는, 전혀 다른 관점으로 고객에게 접근한다면 결과는 어떻게 달라질까? 인공지능은 고객의 이동 패턴을 찾는 데도 쓰일 수 있지만, 서로 다른 고객을 마이크로하게 구분해서 볼

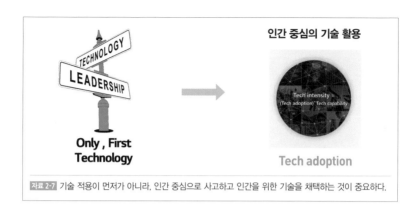

기술 적용이 먼저가 아니라, 인간 중심으로 사고하고 인간을 위한 기술을 채택하는 것이 중요하다.

수 있게 도와줄 수도 있다(seq2seq 모델이라는 것으로 고객을 클러스터링한다). 예를 들면 백화점을 방문하는 고객을 30개의 마이크로 세그먼트로 구분해서 그들의 행동을 관찰하는 것이다. 그리고 고객 각자에게 좀 더 개인화된 특별한 경험을 선사한다면, 단순히 물건의 위치를 바꾸는 것보다 각각의 세그먼트에게 더 깊은 의미적 가치를 주는 경험들로 이어질 수 있다. 나아가 이런 맥락 기반의 개인화된 경험을 하게 된 고객은 백화점에 더 크게 록인되는 효과를 불러올 수 있을 것이다.

입체적 사고의 틀로
경험을 디자인하라

차별화된 경험 디자인은 일부 기능을 추가하거나, 괜찮은 서비스를 추가한다고 만들어지는 것은 아니다. 경험 디자인은 고객의 맥락을 입체적으로 읽어내는 관점과 함께 우리 제품에 가능한 기능과 데이터는 뭐가 있을지, 고객들끼리의 연결은 어떻게 만들어낼지, 플랫폼 간의 연결을 통해 어떻게 입체적으로 설계할지 등 조금 더 시스템적인 접근이 필요하다.

그동안 많은 연구자들과 현업 담당자들이 디지털 세계에서 고객 경험을 입체적으로 설계하라고 했지만, 이것을 어떻게 하라는 구체적인 프레임을 제시하지는 못했다. 필자는 이에 대한 해답으로 세상을 360도 전체적인holistic 관점으로 보는 통합적 접근 방법에서 찾고자 한다.

통합 이론에서는 세상을 바라보는 멀티 관점을 제시하고 있는데, 1가지 문제나 현상에 대해 다양한 각도에서 현상을 살펴볼 수 있게 도와주는 프레임이라고 할 수 있다. 디지털 시대에 발생하는 문제들은 복잡성이 증가하면서 과거와 같이 지나치게 분화되고 파편화된 접근으로는 복잡한 문제를 해결하지 못한다. 다양하게 산발적인 원인으로 발생하고 있고, 한 번에 해결하기 어려운 고객의 문제를 통합화된 접근법을 활용해 접근해보자.

본격적인 시작에 앞서, 기본적으로 통합 이론에서 사람의 뇌는 총 2가지 축을 기준으로 총 4가지 차원dimension으로 세상을 바라보게 되어있다. 통합 이론에서 바라보는 세상은 대극polarity으로 이루어져 있다. 선과 악이 있으면, 여름과 겨울이 있고, 안 보이는 주관적 세계와 보이는 객관적 세계가 있는 것이다.

먼저 [자료 2-8]의 세로축을 살펴보자. 세로축을 기준으로 왼편은 눈에 보이지 않는 세계, 주관적이고 정신적인 세계다. 반대로 세로축의 오른편은 만져볼 수 있고 측정 가능한 객관적인 세계라고 할 수 있다. 예를 들어 '차경진'이라는 고객을 이해하기 위해 세로축을 중심으로 왼쪽에서는 눈에 보이지 않는 정신적인 공간에서 고객의 생각, 성격, 가치관, 신념 등을 알아볼 수 있다. 오른쪽은 눈에 보이고 측정 가능한 차경진의 키, 몸무게, 안경, 머리 색깔, 옷 색깔 등을 알아볼 수 있을 것이다.

다음으로 가로축을 살펴보자. 가로축을 기준으로 위는 개별적인

	내면	외면
개별적	정신적 공간 (I Space)	물리적 공간 (It Space)
집단적	문화적 공간 (We Space)	시스템적 공간 (Its Space)

자료 2-8 4차원 사상한.

또는 개인적인 차원을 뜻하며, 아래는 집단적 또는 복수의 세계를 뜻한다. 쉽게 생각하면 위쪽은 나무를 하나하나 개별적으로 보는 세상이고, 아래쪽은 숲을 보는 것이라 할 수 있다. 예를 들어 차경진이 혼자 있지 않고 다른 교수들과 함께 있는 집단적인 세계에 있을 때 공통적으로 확인할 수 있는 것들이 있다. 왼쪽 내면의 세계인 교수라는 조직에서 팀워크, 신뢰, 공감대 등이 있을 것이고, 외면의 공간에서는 측정할 수 있는 평균 급여, 연평균 논문 실적, 평균 강의 평가 점수 등이 있다.

이 4가지 차원은 항상 존재한다. 앞으로 이 책에서는 이 4가지 차원을 편하게 이야기하기 위해 개별적인 내면의 세계를 '정신적 공간', 측정 가능한 개별적인 외면의 세계를 '물리적 공간', 사람들 간의 내면의 관계를 '문화적 공간', 그리고 눈에 보이는 집단적 세계를 '시스템적 공간'이라고 하겠다. 앞으로 이 4차원 입체적 사고의 틀은 우리

데이터로 경험을 디자인하라

가 360도 입체적 경험 설계를 할 때 중요한 가이드라인이 되어줄 것이다.

이해를 돕기 위해 1가지 예를 들어보겠다. 우리 아이가 공부를 잘하게 만들기 위해 필요한 것이 무엇인가를 고민해보자. 어떤 사람은 가정의 면학 분위기, 집중력, 동기 부여와 같은 정신적인 공간을 이야기하고, 어떤 사람은 부모의 재력, 과외에 들어간 돈과 같은 물리적 공간을 이야기할지 모른다. 또 어떤 사람은 같이 공부하는 스터디 그룹, 공부를 잘하고 열심히 하는 같은 반 친구들, 즉 문화적 세계를 중요하게 생각한다. 그리고 드라마 〈스카이캐슬〉에서 김서형이 연기했던 김 선생님은 아마도 이렇게 말할 것이다. "끈기, 동기가 중요하다구요? 아닙니다. 시스템이 중요합니다. 일단 강남 8학군으로 오셔야지요". 그런데 공부를 잘하게 하는 문제가 이 4가지 공간 중 하나로만 풀 수 있는 문제일까? 아니다. 이 4가지 공간은 유기적으로 상호 영향을 주고받기 때문에, 우리가 뭔가 문제를 해결하고자 할 때는 각각의 공간을 여러 분야에 걸쳐cross disciplinary 입체적으로 풀어야 한다.

죽어도 안 풀리는 우리나라의 부동산 문제만 해도 그렇다. 부동산 가격이 하나의 원인 때문에 올라가는 것이 아니기 때문에, 문제를 입체적으로 바라보고 각각의 요소들이 어떻게 상호 영향을 주고받는지 보면서 정책 의사결정을 해야 한다. 하지만 정책을 결정하는 경제학자들 중 일부는 주로 우상 상한에 해당하는 물리적인 세계에서 수요와 공급 차원에서만 문제를 풀려고 하고, 정부의 부동산 정책에 반응하고 움직이는 국민의 정신적인 세계와 문화적인 세계를 보지 못하고 있는 것같아 안타까울 따름이다.

하나의 편협한 접근 방법으로는 복잡한 문제를 풀 수가 없다. 고객의 마음속 잠재니즈를 풀어서 총체적 경험을 설계해야 하는 우리에게도 마찬가지이다. 이번에는 고객한테 감동을 주는 정말 잘 팔리는 자동차를 기획한다고 가정하고, 풀고자 하는 문제를 4차원의 입체적인 사고로 접근해 보자.

필자가 [자료 2-9]와 같은 문제를 자동차 제조업체의 R&D 인력들에게 풀어보라고 했을 때, 대부분의 직원들은 엔진의 성능, 제로백, 연비, 가격 등의 기능적 가치를 이야기했다. 고객에게 감동을 주는 최고의 자동차는 물리적 공간에서만 나오지 않는다. 생각해보자. 우

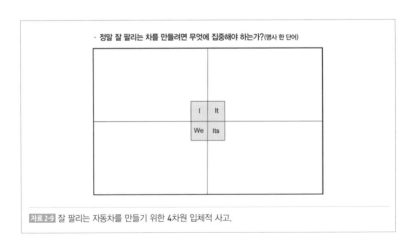

자료 2-9 잘 팔리는 자동차를 만들기 위한 4차원 입체적 사고.

데이터로 경험을 디자인하라

리가 국산 차보다 포르셰를 선호하는 이유는 물리적 공간에 있는 기능적 가치 때문일까? 물리적 기능 대비 가성비로 따지면 오히려 국산 차가 AS나 감가상각 면에서 더 낫다. 하지만 고객에게 기능적 가치가 아니라 경험적 가치를 주기 위해서 고객의 정신적 세계인 하차감, 혹은 문화적인 세계라고 할 수 있는 포르셰 프라이빗 클럽, 더 큰 시스템적인 세계를 위해서 테슬라 전용 배터리스테이션이나 테슬라의 업그레이더블 SW 등을 제공해주면, 이런 사상한의 세계 속에서 고객들이 느끼는 경험들이 서로 유기적으로 영향을 주면서 또 경험하고 싶어지고, 잊지 못할 기억이 되는 것이다.

입체적 사고로 살펴본
카카오뱅크 고객 경험의 비밀

2016년 1월 창립한 카카오뱅크의 총 고객 수는 2021년 9월 기준 1,700만 명을 돌파했다. 거의 대한민국 국민 3명 중 1명이 카카오뱅크를 쓰고 있다. 특히 2021년 들어 40대 이상 중장년층 신규 고객 수가 빠르게 증가 중이다. 카카오뱅크가 이렇게 단시간에 엄청난 고객을 확보하게 된 비결은 어디에 있을까?

우리나라에 카카오뱅크 말고도 인터넷은행 업계에 도전장을 먼저 내민 업체가 있었는데, 바로 케이뱅크다. 2017년 인터뷰에서 케이뱅크 은행장은 "저희들이 카카오를 따라갈 수는 없습니다. 그 숫자와 브랜드 파워를 저희들이 어떻게 하겠습니까. 엄청난 물량을 아무리 지금부터 쏟아 넣는다고 해도 다를 수밖에 없고…"라고 말했다. 출범 6개월 만에 1호 인터넷은행의 자존심을 내려놓고 사실상 카카오뱅크의 선전을 인정한 케이뱅크를 보면서 안타까운 마음이 들었다. 그들이 카카오뱅크에게 밀리는 이유가 진정 고객의 숫자에만 있을까? 카카오뱅크의 성공 비결은 그들이 쌓아온 데이터와 고객, 플랫폼, 각종 서비스들을 바탕으로 상호 유기적으로 설계한 총체적 고객 경험 설계에 있다.

먼저 물리적 공간부터 살펴보자. 케이뱅크와 카카오뱅크는 모두 딱딱하고 천편일률적이었던 기존 은행과 달리 24시간 거래가 가능한 접근성을 갖고, 모든 서비스를 모바일 비대면으로 처리하며, 수수료 면제와 공인인증서 없이도 통장을 만들 수 있는 편리함을 가지고 있다. 물리적 공간에서만 보면 정기예금과 자유적금 등의 상품은 우대 금리까지 포함한 금리를 기준으로 하는 경우 케이뱅크의 금리가 카카오뱅크가 더 높은 적이 많았고, 훨씬 더 다양한 상품 구성을 가지고 있었다.

다음으로 시스템적 공간을 살펴보자. 카카오뱅크는 사실 카카오톡이라는 메신저 플랫폼과 엄청난 연결성을 가지고 있는 것은 부인할 수 없는 사실이다. 이 연결로 인해 카카오톡의 사용자가 카카오뱅크의 잠재 고객이 되었고, 플랫폼 간의 연결을 통해 더 큰 경험을 주고 있다. 케이뱅크의 경우에도 성격은 다르지만 생태계 간의 연결된 경험을 만들어냈는데, 바로 이자 대신에 지니뮤직 음악 감상권을 주는 '뮤직K 정기예금'이나 제휴사의 코드를 입력하면 우대금리를 주는 '코드K 정기예금' 등이 그 시도라고 할 수 있다.

필자가 바라보는 카카오뱅크와 케이뱅크의 디지털 고객 경험의 차이는 사실 이런 외면적인 세계보다는 내면적인 세계에 있다고 본다.

먼저 문화적인 공간이다. 카카오뱅크는 문화적 공간에서 다양한 경험을 만들어냈다. 대표적인 것이 '모임통장', '1/N 정산하기', '뿌리기'로 고객이 사람들과의 문화적 관계에 올 수 있는 다양한 맥락적 경험을 만들어냈다. 사람들이 카카오뱅크에 가입하게 된 계기는 카카오톡 때문이 아니라, 모임통장과 1/N 정산하기의 영향이 컸다. 예전에는 총무가 은행에 가서 총무 이름의 계모임 통장을 만들었어야 했는데, 그럴 필요 없이 투명하게 계모임 통장을 만들고 관리할 수 있었다.

다 같이 저녁을 먹고 서로 계좌번호를 알려주지 않아도 편리하게 정산을 할 수 있는 경험은 사람들간의 관계에서 올 수 있는 다양한 맥락을 이해하고 공감하는 데서 나올 수 있었던 것이다. 코로나19 때문에 장례식이나 결혼식에 가볼 수 없는 상황에서, 계좌번호를 몰라도 부의금과 축의금을 보낼 수 있는 구조 또한 고객의 기억에 남고 나중에 또 이용하고 싶은 경험이 되었다.

마지막으로 4가지 세계 중에서 현재의 카카오뱅크를 만들어낸 가장 큰 원동력은 전 국민이 사랑하는 카카오프렌즈 캐릭터이다. 바로

라이언의 귀여움이 정신적 세계의 고객 마음을 터치한 것이다. 카드를 가지고 다니지 않고 삼성페이를 쓰던 디지털 고객들이 갑자기 핸드폰 뒤에 카드 한 장을 들고 다니기 시작했다. 필자도 카드를 전혀 가지고 다니지 않던 사람이 계산할 때 라이언 카드를 꺼내 드는 모습을 목격한 적이 있다. "이건 왜 가지고 다녀?"라고 물어봤을 때 돌아온 대답은 "이건 좀 귀엽잖아"였다.

고객 경험
설계에 중요한
4차원 입체적 사고의 틀

정신적 세계에서의
더 깊은 경험

더 깊은 경험computed experience은 축적된 데이터와 학습된 알고리즘을 통해 고객의 마음속 깊은 곳을 건드리는 데에서 나온다. 고객이 느끼는 페인 포인트pain point를 찾아서 이를 해소해주는 경험을 제공하는 것이다. 고객이 때로는 익숙해진 불편에 대해 당장 크게 불편하다고 느끼지 못하더라도, 이를 해소해주는 경험을 겪으면 고객에게는 기억에 남는 경험이 된다. 그 경험은 다른 사람에게 이야기하고 싶어지고, 다시금 반복해서 경험하고 싶게 된다.

책을 개봉한 후 두 달이 지나면 글자가 다 사라져버리는 희한한 책이 있다. 이런 말도 안 되는 책이 있다니? 이런 책이 팔릴지 의구심이 들 것이다. 그러나 이 책은 전 세계가 주목하고 CNN에서도 방송될 만큼 사람들이 열광하는 책이 되었다. 도대체 이 책은 고객의 마음을 어떻게 건드린 것일까? 이 책은 아르헨티나의 수도 부에노스아이레스에 위치한 서점이자 출판사인 이터나 카덴시아Eterna Cadencia에서 출간했다. 특수 잉크를 사용해서 실크 인쇄기법으로 만들어낸 이 신기한 책은 진공 비닐 포장으로 판매가 되는데, 고객이 책을 개봉하면 두 달 내에 인쇄된 잉크가 공기와 접촉되면서 글자가 사라져버린다. 이 인쇄기법은 대단한 기술도 아니다. 사람들은 누구나 언젠가는 읽을거라 생각하면서 책장에 꽂아두고 읽지 못하는 책들에 대해 죄

자료 2-11 두 달 뒤 글자가 사라져버리는 책.

데이터로 경험을 디자인하라

책감을 가지고 있다. 그렇기에 두 달 후에는 읽고 싶어도 읽을 수가 없다는 점이 고객의 마음속 깊은 곳을 건드리면서 다시 경험하고 싶은 센세이션을 일으킨 것이다.

아마도 이 같은 경험이 다른 마케팅 분야에도 적용된다면 수많은 고객의 끌림을 자극할 수 있을 것이다. 예를 들면 정해진 기한에 사라지는 쿠폰이나 초대장 같은 곳에 적용해 볼 수도 있다. 더 깊은 경험은 꼭 대단한 데이터와 AI 기술로만 만들어지는 것이 아니다. 끌리는 고객 경험 디자인은 고객의 깊은 마음을 공감하고 이해하는 데서 나온다.

디지털 세계 속에서 고객의 깊은 마음을 공감해내고, 이를 건드리는 더 깊은 경험을 만들어내려면 데이터가 큰 도움이 될 수 있다. 유튜브를 보다 보면 내가 관심있어 하던 주제가 추천 동영상에 뜨는 경험을 한 번쯤 했을 것이다. '알고리즘이 나를 이곳으로 이끌었다'라는 말로 설명되곤 하는데, 나의 시청 데이터, 좋아요를 누른 클릭 데이터, 내가 남긴 댓글, 어느 장면에서 일시정지를 누르고 끄는지까지 직접 남긴 흔적 데이터를 기반으로 추천 동영상이 뜨는 것이다. 이를 데이터 기반 초개인화hyper-personalization 기술이라고 하는데, 소비자의 상황과 맥락을 파악해 고객의 니즈를 예측해 상품이나 서비스를 제공하는 기술을 뜻한다.

초개인화 서비스는 넷플릭스를 빼놓고 설명하기 힘들다. 넷플릭스는 콘텐츠 장르를 7만 6,000여 개로 세분화해 고객 선호도를 2,000개 유형으로 분류해서 맞춤형 추천 콘텐츠를 선보이고 있다. 넷플릭스의 영화 추천 알고리즘인 시네매치Cinematch가 추천해 준 영화를 선택하는 비율이 전체의 75~80%에 달한다.

이와 같은 초개인화 기술은 유튜브와 넷플릭스뿐만 아니라 인스타그램, 페이스북, 틱톡 등 수많은 온라인 플랫폼에서 확인할 수 있다. 유튜브 뮤직은 알고리즘을 통해 처음 한 곡만 선택해 재생해도 나도 모르는 내 음악 취향을 알려주고 개인을 위한 맞춤형 플레이리스트를 제공한다. 그리고 플레이리스트는 사용자가 음악을 들을수록, 별로인 음악을 다음 곡으로 넘기는 클릭 기록을 남길수록 해당 사용자의 마음에 꼭 드는 더 깊은 경험을 주게 된다. 필자는 일을 할 때 조용하고 잔잔한 음악을 틀어두는 것을 좋아하는데, 한 곡만 재생해도 재생 시간과 위치에 따라 넘기는 음악과 계속 듣는 음악은 무엇인지, 내가 남긴 로그데이터를 분석해 내 취향의 음악들을 자동으로 선곡해주는 유튜브 뮤직의 서비스를 적극적으로 경험하고 있다.

데이터로 만들어지는 개인화된 더 깊은 경험은 애플워치의 피트니스 추세에서도 볼 수 있다. 추세에 대한 대시보드는 데이터가 충분히 쌓이기 전까지는 오픈되지 않는다. 애플워치를 착용하고 180일의 데이터가 쌓여야

자료 2-12 애플워치 활동 기록과 아이폰에서 확인 가능한 추세 기록.

출처: 애플

데이터로 경험을 디자인하라

지만 추세를 표시할 수 있다. 데이터가 쌓이면 애플워치가 나에게 꼭 맞는 활동 기록을 코칭 해주는데, 화살표가 하락세를 나타내는 경우 상승세로 되돌리는 방법에 대한 코칭을 받게 된다. 예를 들어 상승세로 바꾸려면 "7일간 매일 30칼로리를 더 소모하십시오"라는 제안을 받거나, 목표를 향해 나아가려면 "매일 10시간 일어서기부터 달성한 후 다음 주에 새 목표를 확인하십시오"와 같은 제안을 받는다.

이렇게 데이터는 나도 잘 모르는 오늘의 운동 효과, 나도 잘 모르는 최적의 운동 방법, 더 나아가 내가 어떤 음악을 함께 들을 때 운동 효과가 더 극대화되는지까지 경험할 수 있게 만든다.

문화적 세계에서의 더 넓은 경험

코카콜라가 했던 광고 중에 더 넓은 경험shared experience을 잘 보여주는 마케팅 활동들이 많다. 코카콜라는 'Coca-Cola Friendly Twist Bottles' 광고 캠페인에서 혼자서는 못 여는 콜라를 선보였다. 대학교에 합격해서 처음 캠퍼스에 등교한 신입생들을 상대로 진행한 마케팅이었는데, 광장 한가운데 놓여있는 냉장고에서 코카콜라를 집어 간 학생은 콜라의 뚜껑을 혼자서는 열 수가 없다. 'The Friendly Twist'라고 쓰여진 뚜껑을 열기 위해서는 다른 친구와 서로의 코카콜라 뚜껑을 결합해 함께 돌려야만 열 수가 있었던 것이다. 코카콜라를 먹기 위해서는 아직은 처음 만나 서먹하지만 옆에 지나가는 사람에게 콜라를 함께 열자고 말을 걸어야만 했고, 이는 신입생들의 자연스러운 아이스 브레이킹 경험을 만들어 냈다.

자료 2-13 코카콜라 'Coca-Cola Friendly Twist Bottles' 캠페인.

출처: behance.net

사람들을 모이게 하고 연결시키는데 코카콜라가 매개체의 역할(open a coke, open a new friendship)을 해낸 것인데, 이 경험은 신입생들에게 대학교에서 첫 친구를 만나게 해준 잊지 못할 추억으로 기억이 되었다. 대학교에서 만난 친구들은 사회인이 되어서도 평생 간다. 그리고 이들은 만날 때마다, 자신들이 처음 만났던 날을 이야기할 때마다 자연스레 그들을 연결해 준 코카콜라를 언급하게 될 것이다.

이와 비슷하게 2016년 'Coca-Cola's Selfie Bottle' 광고 캠페인에서

자료 2-14 코카콜라 'Coca-Cola's Selfie Bottle' 캠페인.

출처: 유튜브 Krypton TV

데이터로 경험을 디자인하라

는 셀피(셀카)에 열광하는 10대를 위해 특별히 제작한 코카콜라 셀피보틀을 보여준다. 코카콜라 병뚜껑에 홈을 파내 그 사이에 핸드폰을 끼워 코카콜라 셀카봉으로 사용하게 한 것이다. 코카콜라 셀카봉으로 사진을 찍는 사람들은 자신의 특별한 순간들을 코카콜라와 공유하게 됐다. 사진을 찍어 SNS에 업로드할 때마다 코카콜라 음료병이 노출됨으로써 제품 홍보의 효과도 가져왔다.

코카콜라는 단순히 제품을 판매하는 것을 넘어서 고객에게 사람들끼리 서로 연결되고 다른 사람과 함께하는 즐거운 순간들을 제공하고, 이야기하게 만드는 경험의 가치를 만들어가고 있는 것이다.

피델리오도 고객에게 더 넓은 경험을 제공한다. 피델리오는 관계를 제공하는 일종의 소셜 다이닝 플랫폼으로, 공간을 제공하는 것에 그치지 않고 홀로 한 끼를 때우는 사람들이 모여 같이 먹고 나누는 경험을 선사한다. 소셜 다이닝은 비슷한 취향을 가진 사람들끼리 만

자료 2-15 소셜다이닝 피델리오 사이트 모임 예시.

출처: fidelio.site

나 이야기를 나누고, 같이 요리를 하고, 식사하는 문화를 말한다.

1인 가구가 증가함에 따라 '같이 밥 먹기'로 시작한 소셜 다이닝 피델리오는 '망리단길 함께한 혼술, 혼밥' 모임을 비롯해서 문화, 예술, 독서 모임 등으로 더 확장되었다. MBTI를 바탕으로 마피아를 추리하는 모임, 예술 작품 설명을 듣고 그 작품에서 영감 받은 조향사의 향수를 시향하며 음식을 먹는 모임 등 고객에게 단순한 식사 이상의 새로운 경험을 선사한다. 고객들은 음식을 소비한 것이 아니라 그날 만난 사람들과의 한 끼 식사의 경험을 소비하게 되는 것이다.

맛있어서 가는 외식, 필요에 의해서 하는 소비는 더 이상 고객에게 끌림이 없다. 그에 반해 새로운 경험을 주는 외식, 혼밥하는 상황이 힘든 사람들의 외로움을 해결하는 의미의 소셜 다이닝은 고객들에게 굉장한 매력이 된다.

디지털 시대의 고객은 이미 흔한 소비자이기를 거부하고 있다. '의미'로 상징되는 특정 가치를 지지하고자 하는 욕구, 그리고 특정 페인 포인트를 해결하기 위해서 노력하는 커뮤니티의 일원이 되고자 하는 욕구가 그 안에 숨어 있는 것이다.

물리적 세계에서의
더 선명한 경험

탐스TOMS 커피는 원두 한 팩이 소비되면 물 부족을 겪는 국가의 아이들에게 일주일간 사용할 수 있는 140리터의 물을 전달하는 캠페인을 벌였다. 내가 커피를 소비할 때마다 물 부족 아픔을 겪는 아이들을 돕는 '의미'는 단지 필요에 의한 소비 목적보다 더 큰 소비동기를 가져올 수 있다. 그런데 이 의미가 고객을 재방문하게 만드는 유인 요소가 되기 위해서는 고객이 이 의미를 어떻게 지속적으로 선명하게 보고 느끼게 하느냐이다. 물 부족 아픔을 겪는 아이들을 돕는다는 의미는 처음에는 크게 다가오지만, 지속적으로 같은 크기로 고객에게 '끌림'을 주지 못할 수 있기 때문이다.

이때 디지털 세계에서 고객에게 커피를 살 때마다 몇 리터의 물이 채워지고 있는지를 디지털 세계에서 선명하게 보여주는 경험을 선사한다면 고객에게 지속적인 소비동기를 불러올 수 있을 것이다. 예를 들면 모바일앱에서 큰 빈 물병을 보여주고, 커피를 결제할 때마다 물병에 물이 조금씩 채워지는 것을 시각적으로 보여주는 방식이 있을 수 있다.

2019년 1월에 런칭하여 그해 8월 앱스토어 교육 카테고리 1위에 등극해 Z세대에게 엄청난 관심을 받고있는 애플리케이션이 있다. 바로 '열정 품은 타이머'란 뜻을 가진 '열품타'이다. 열품타는 Z세대의 키워드 마인드맵(43쪽 참고)에도 등장한 공부 관련 앱 서비스인데, 2021년 6월 현재 누적 가입자 350만 명으로 공부족들의 마음을 단숨에 사로잡았다. 공부 시간을 재는 타이머 앱인 열품타가 어떻게 사람들의 마음을 잡아 성장할 수 있었을까?

자료 2-16 열품타 애플리케이션 기능 설명.

출처: 구글플레이 열품타

사실 스톱워치로 공부 시간을 재는 건 아주 예전부터 학생들이 공부하던 방식이었다. 따라서 공부 타이머 앱은 이전에도 있었던 스타일이고, 열품타 앱도 똑같이 공부 시간을 재주는 기능을 제공한다. 그러나 공부 시간을 기록한다는 핵심 기능에는 변함이 없지만, 공부 시간을 기록함에 있어서 그 경험을 어떻게 줄 것이냐가 열품타가 주는 또 다른 가치였다.

열품타는 사용자의 공부 기록을 통계 내어 직관적으로 표현해준다. 여기서 사용자가 하는 건 공부를 시작할 때 스톱워치를 실행시키는 것뿐이고, 나머지는 열품타에서 알아서 해준다. 공부한 기록대로 플래너가 생성되어 오늘은 무슨 과목을 몇 시간 공부했는지 간단하게 색깔로 표현해준다. 그뿐만 아니라 일간, 주간, 월간 공부 기록이 일정표에 명암으로 표현되어 공부를 많이 한 날, 적게 한 날을 직관적으로 한눈에 파악할 수 있게 했다. 사용자는 공부를 많이, 오래 할

데이터로 경험을 디자인하라

수록 열품타의 달력이 짙어지는 광경을 볼 수 있고, 이는 더 짙은 달력을 만들고자 하는 학생들의 학습 욕구를 자극하기도 한다.

열품타는 이렇게 선명한 경험clear experience을 주는 것에서 그치지 않고, 애플리케이션 내에서 사람들과 연결되는 경험을 주기도 한다. 열품타를 처음 가입하면 공부 목적을 '고2', '고3/N', '취업' 등으로 선택하게 하는데, 설정한 목적이 같은 사람들끼리 누가 실시간으로 공부하고 있는지 알 수 있다. 예를 들어, '고2'로 설정하고 들어가면 현재 '고2' 중에서 지금 공부 중인 사람이 몇 명인지 이미지로 보여주는 것이다.

애플리케이션 안에서 스터디 그룹을 만들어 같은 그룹 사람들끼리 하루 목표를 정할 수도 있다. 새벽 공부를 할 때 지금 깨어있는 사람이 몇 명인지, 나와 같은 고2들은 오늘 몇 시간 공부했는지 등 동질감, 경쟁심을 느끼도록 연결된 경험을 선사하는 것이다. 스터디원이 앱에 접속하지 않으면 '깨우기' 버튼을 눌러 스터디원에게 알람을 보낼 수도 있다. 이렇게 연결된 경험 안에서 열품타는 사용자들을 계속 '공부'하게 만든다. 공부를 한다는 본질에 더 집중하면서도 계속해서 이 앱을 사용하도록 경험을 설계한 것이다.

열품타의 기능은 공부 시간을 측정하는 것이다. 하지만 직관적으로 공부 기록을 관리해주고, 공부하는 사람들을 함께 연결해 주면서 열품타를 쓸 수밖에 없는 고객 경험을 만들어냈다. 이처럼 단순히 공부 시간을 측정하는 스톱워치 기능에서 시작했지만 엄청난 가입자를 확보하게 만드는 힘은 더 선명하게, 더 넓게 사용자를 연결한 경험 설계에서 비롯된 것이라고 할 수 있다.

시스템적 세계에서의
더 큰 경험

　와이파이 서비스가 시작된 수년 전부터 사물 인터넷IoT 시대를 거치면서 가정 내에 있는 인터넷 연결 공유기에는 엄청나게 많은 기기들이 붙었다. 와이파이가 보급되던 당시에는 인터넷 공유기에 냉장고와 세탁기, 공기청정기까지 붙을 것이라고 예측하는 사람들은 그리 많지 않았다. 하지만 요즘 4인 가정의 경우, 와이파이 서비스로 서로 연결되어 있는 제품의 수가 10대 정도로 늘어나 있는 것이 현실이다. 독일의 통계 전문회사 스태티스타Statista에서 발표한 자료에 따르면, 미국 지역의 경우 한 가정 당 스마트폰, 태블릿, 노트북, 게임기기, 가전제품, IoT 기기들까지 와이파이에 연결되는 기기의 개수가 평균 10대라고 한다.

　꼭 인터넷 공유기가 있어야 하는 건 아니다. 애플 아이폰은 에어드롭Air Drop과 에어플레이Air Play로 애플 기기 간 데이터를 전송하고 통신할 수 있게 해주고, 삼성 갤럭시폰 또한 퀵셰어Quick Share와 탭뷰Tap View로 안드로이드 기반 제품들끼리 연결되는 경험을 주었다. 에어드롭과 퀵셰어를 이용하면 근처에 있는 공유가 가능한 사람이나 기기 목록 중 선택해서 사진, 동영상, 문서, 인터넷 탭 등의 파일을 전송할

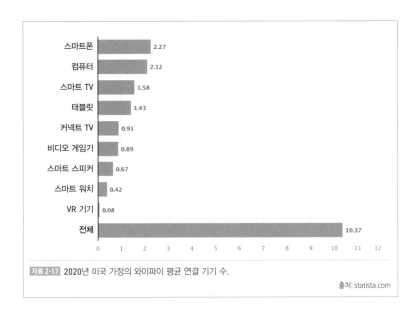

자료 2-17 2020년 미국 가정의 와이파이 평균 연결 기기 수.

출처: statista.com

수 있다. 에어플레이와 탭뷰를 이용하면 제품들끼리 화면 미러링이
가능하다.

글로벌 리서치 회사 마켓앤마켓에 따르면 2025년이면 전 세계 IoT
디바이스가 250억 개에 이르게 되는데, 샤워기부터 시작해서 심지어
변기까지 앞으로 가정 내에 얼마나 많은 디바이스들이 인터넷으로
상호 연결될지 상상하기 어려울 정도라고 한다. 특히 최근 스마트홈
과 디지털 헬스에 대한 관심이 증가하면서 집안의 기기들이 더 연결
되기 시작했다. 우리 집 변기에 있는 소변과 대변의 건강 상태로 냉
장고의 푸드 스타일러가 변비에 좋은 야채 중심의 요리를 추천해줄
날도 멀지 않은 것이다.

이러한 제품 간 연결을 통한 경험의 확장이 시스템 세계에서의 더 큰 경험인 연결된 경험connected experience이다. 제품 간 연결은 사용자에게 더 큰 의미의 확장된 경험을 준다. 기존에는 고객에게 직접 알려달라며 귀찮게 했던 일들이 제품 간 연결을 통해서 고객이 알려주지 않아도 알아서 해당 맥락을 이해할 수 있게 된다. 내가 청소기를 켜면 청소를 시작했다고 말하지 않아도 알아서 공기청정기가 청소 모드로 바뀌거나, 내가 지금 생선 요리를 한다고 말하지 않아도 오븐 또는 쿡탑에서 생선 요리가 시작되고 있음을 센싱하여 공기청정기의 고등어 모드나 요리 냄새 제거 모드를 켜주는 것이다.

연결된 경험은 비단 제품의 연결만을 뜻하는 것은 아니다. 바로 제품과 외부 서비스 간의 연결로 고객에게 더 큰 경험을 줄 수 있다. 예를 들면 로봇청소기가 집안 청소를 하다가 바퀴벌레를 발견하면 어떤 연결된 경험을 줄 수 있을까? 일단 앱으로 고객에게 알려줄 수 있을 것이다. 고객의 집 도면을 펼치면서 "고객님이 불 끄고 주무신 새벽 3시에 부엌 냉장고 아래에서, 그리고 다음 날 아침 9시 고객님이 아기방이라고 설정한 방문 앞에서 바퀴벌레가 발견되었다"고 알려주고 다음 옵션을 줄 수 있을 것이다. 이다음 연결되는 페이지에서는 바퀴벌레를 박멸할 수 있는 박멸 키트를 주문하게 하거나, 또는 세스코 서비스와 연결해서 스마트홈 앱에서 바로 서비스 날짜를 예약하고 할인된 가격으로 서비스를 받게 할 수도 있다. 제품과 서비스 간 연결을 넘어서 생태계의 확장을 통한 더 큰 경험을 느낄 수 있는 것

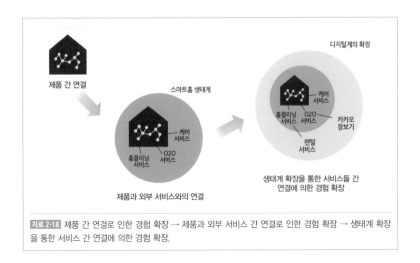

자료 2-18 제품 간 연결로 인한 경험 확장 → 제품과 외부 서비스 간 연결로 인한 경험 확장 → 생태계 확장을 통한 서비스 간 연결에 의한 경험 확장.

이다.

제품과 서비스, 또 다른 생태계와의 연결과 확장을 잘하려면 우리의 제품과 서비스를 플랫폼화 시키는 것이 중요하다. 디지털 세상 속에서는 플랫폼을 기반으로 고객을 확장하고 서비스 모델 확장을 통해 상대적으로 쉽게 다양한 비즈니스에 접근이 가능하다.

대표적 플랫폼 기업인 카카오는 카카오톡, 카카오뱅크, 카카오T, 카카오장보기 등 수많은 O2O^online to offline 서비스에도 진출했다. 생활 전반의 다양한 생태계로 서비스를 확장하고 있는 것이다. 고객들은 카카오톡 계정 하나로 다양한 서비스들을 누릴 수 있고, 서비스의 접근성이 쉬워 연결된 경험이 아주 매끄럽게 느껴지기 때문에 지속적인 재이용으로 연결된다.

최근 '성공한' 디지털 세계의 고객 경험 확장은 모두 스마트 기기와 제품 간의 연결, 제품과 서비스들의 연결, 그리고 플랫폼을 통한 데이터의 확장과 또 다른 생태계와의 서비스 확장 등의 연결된 경험에서 나오고 있다.

더 깊은, 선명한, 넓은 경험과 같은 개별 경험도 고객에게 감동을 주지만, 고객의 다양한 라이프 맥락의 모든 접점에서 필요한 니즈를 끊임없이 연결할 때 더 큰 가치를 줄 수 있다. 집안에서 일어날 수 있는 다양한 맥락과 모든 접점의 니즈가 한 개의 스마트홈 플랫폼 앱으로 해결된다면 어떨까? 고객이 모든 O2O 서비스에서 카카오 플랫폼을 먼저 떠올리는 것처럼, 집안에서의 모든 니즈를 해당 스마트홈 플랫폼으로 해결하고자 할 것이다. 그렇게만 된다면 고객 데이터의 범위를 확장하는 동시에 해당 기업에 더 다양한 비즈니스 기회를 만들어줄 것이다.

지금은 경계를 넘어선 연결과 확장이 중요한 세상이다. 이 모든 연결은 하나의 독립된 기업의 역량으로 창출될 수 있는 것이 아니다. 스마트홈 플랫폼이 되고 싶다면 카카오장보기, 쿠팡 등과의 파트너십을 해야 할 수도 있고, 홈클리닝 서비스나 각종 케어 서비스와의 연결을 해내야 할 수도 있다. 그렇게 됐을 때 데이터의 연결과 더불어 새로운 '의미'를 주는 더 큰 고객 경험도 만들어질 것이다.

데이터로 경험을 디자인하라

데이터로 인해
더 깊고, 넓고, 선명하고,
커진 고객 경험

    디지털 환경에서 데이터가 더해지면 앞에서 살펴본 4차원 입체적 고객 경험4D-CX이 더 깊어지고, 더 선명해지고, 더 넓어지고 그리고 더 커지게 된다.

    첫 번째는 더 깊은 경험이다. 먼저 고객의 내면세계에 대한 이해가 필요한 더 깊은 경험 설계를 위해서는 고객을 센싱하는 데이터가 결정적인 역할을 한다. 고객 스스로도 잘 모르는 고객의 소비성향을 판단해서 고객에게 맞는 카드를 추천해준다던가, 고객의 신체 리듬을 데이터로 센싱해서 지금 고객의 몸 상태에 꼭 필요한 영양소를 섭취할 수 있는 요리를 추천해주는 것이다.

    사실 AI가 데이터로 가장 잘하는 영역이 바로 '추천'이다. 아침 운동으로 5킬로미터를 뛴 후 아침으로 먹고 싶은 메뉴가 2~3개 있는

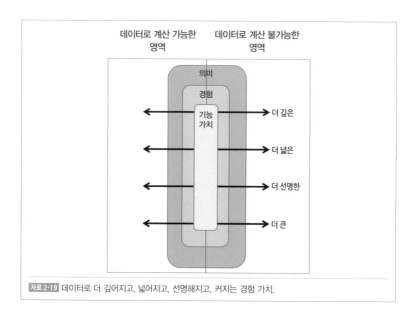

데이터로 계산 가능한
영역

데이터로 계산 불가능한
영역

의미

경험

기능
가치

더 깊은

더 넓은

더 선명한

더 큰

<u>**자료 2-19**</u> 데이터로 더 깊어지고, 넓어지고, 선명해지고, 커지는 경험 가치.

데 뭘 먹는 게 좋을지 고민이 되는 맥락에서 나에게 꼭 맞는 메뉴를 찾게 해준 개인화된 경험을 했다고 하자. 그 경험은 내가 아침 운동을 나갈 때마다 헬스워치를 잊지 않고 잘 차고 다니게 하고, 그 데이터를 적극적으로 푸드 스타일러에 연동되게 하는 이유가 될 수 있다.

두 번째는 더 선명한 경험이다. 선명한 경험은 굳이 복잡한 알고리즘이 들어있지 않아도 가능한 경험이다. 주로 내가 구입한 이 제품이 나와 얼마나 물리적으로 상호작용을 잘하고 있는지에 대한 경험이다. 예를 들면 내가 5개월 전에 산 헬스워치가 지난 5개월 동안 나의 건강이 점점 좋아지고 있는 것을 과거 데이터를 기반으로 시각적으

데이터로 경험을 디자인하라

로 보여주는 경험이나, 내가 5개월 동안 이 헬스워치를 산 다른 사람들에 비해 나의 건강지수는 상위 몇 %인지 측정 가능한 물리적 수치들을 보는 경험이 이에 해당한다.

선명한 경험은 시각뿐만 아니라 때로는 다른 오감을 자극하면서도 가능하다. 헬스워치를 차고 뛸 때 내가 계속 심박수를 보면서 뛰는 건 괴로운 일이지만, 내 심박수가 권장 수치를 넘어설 때마다 워치에서 진동이나 소리로 알람을 점점 더 크게 해주는 청각적 경험은 해당 상품의 가치를 더 선명하게 느끼는 경험이 될 수 있을 것이다.

세 번째는 더 넓은 경험이다. 이 경험은 문화적 공간에 해당하는데, 고객들은 비슷한 맥락이나 비슷한 불만이 있는 사람들끼리 함께 나누고 공유하고자 하는 욕구가 강하다. 때로는 디스코드에서, 때로는 오픈채팅방에서 새로운 P2E Play to Earn 게임을 공략하고 싶은 사람들끼리 모인다. 디지털 세대들은 내가 오늘 산 청바지를 어떻게 스타일링하는 게 좋을지를 물어보고, 좋은 스타일을 자랑하고 공유하기 위해 여러 개의 오픈채팅방에 가입한다. 이들이 디지털 세계에서 사람들을 만나러 일부러 찾아다니지 않아도 의류 스타일러가 도어의 거울에서 스타일을 공유해주고, 비슷한 스타일의 사람들끼리 연결해주고, 서로 상대방의 스타일을 조언하고, 더 나아가 서로 아이템 교환까지 하도록 해주면 어떨까? 이런 경험은 단순히 스타일러가 먼지와 바이러스를 제거해주는 기능적 가치가 아니라, 이 스타일러를 사면 내가 패션 커뮤니티의 일원이 되고 꽤 괜찮은 패션 피플이 된다는 의미를 주는 경험적 가치를 제공해 줄 수 있을 것이다.

마지막으로 더 큰 경험이다. 이것은 앞서 설명한 것처럼 세탁기, 건조기, 스타일러 간의 연결, 더 나아가 집에서 처리하지 못하는 드라이클리닝을 위한 O2O 서비스와의 연결, 또는 당근마켓과 비슷한 구조의 패션 피플 옷 물물교환 플랫폼과의 연결들이 일어나서 고객들이 보다 더 쉽고 매끄럽게 연결된 경험을 느끼게 하는 것이다. 이런 연결된 경험을 잘 만들어내는 회사가 바로 디즈니랜드이다. 디즈니 테마파크는 일찌감치 매직밴드 서비스를 론칭했다. 종이 티켓 대신 매직밴드로 입장하고 디즈니랜드 상품을 구매하고 레스토랑에서

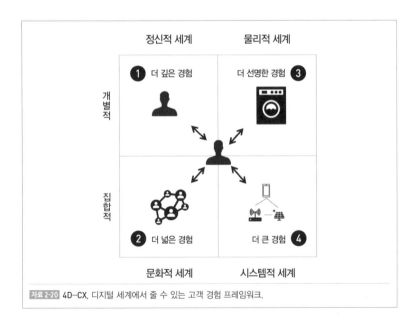

자료 2-20 **4D-CX.** 디지털 세계에서 줄 수 있는 고객 경험 프레임워크.

데이터로 경험을 디자인하라

도 매직밴드로 터치해서 결제한다. 심지어 디즈니랜드 리조트나 호텔에서도 객실 열쇠 대신 매직밴드로 객실 문을 연다.

이렇게 디즈니랜드에서의 전체 여정을 매직밴드로 연결하는데, 매직밴드는 고객의 이동 별로 구매 및 이용 경험 모두를 데이터화 할 수 있게 해주는 사물 인터넷 기기라도 할 수 있다. 고객 몇 명이 누구

	항목	내용	프레임
1	더 깊은 경험 (Computed Experience)	▶ 액터(Actor)와 데이터(Data)의 상호 작용 – 알고리즘에 기반하여 누적된 액터 데이터를 통한 맞춤형 정보와 서비스를 제공받아, 새로운 자기 인식을 얻는 경험 가치. – 예) 디지털 세계에서 나에게 맞는 PT 강사나 운동 효과가 좋은 음악을 추천.	
2	더 넓은 경험 (Shared Experience)	▶ 액터(Actor)와 액터(Actor)의 상호 작용 – 비슷한 페인 포인트를 가지고 있는 액터들끼리 디지털 세계에서 소통하고 함께 경험을 공유할 때 얻는 경험 가치. – 예) 산후 다이어트를 고민하는 사람들끼리 라이브로 함께 운동하고, 응원과 격려를 주고받는 커뮤니티와 성공 경험담 공유.	
3	더 선명한 경험 (Clear Experience)	▶ 액터(Actor)와 사물(Artifacts)의 상호 작용 – 감각을 자극하는 뚜렷한 경험을 제공받아 얻는 경험 가치. – 시각, 촉각, 청각 등의 새로운 자극을 형성하거나 물성을 다르게 인지할 수 있는 경험을 제공함. – 예) 내가 운동기구를 하루에 평균 몇 분 사용하는지, 다른 사용자들에 비해 상위 몇 %에 해당하는 운동홀릭인지 등을 시각적으로 보여줌.	
4	더 큰 경험 (Connected Experience)	▶ 사물(Artifacts)과 사물(Artifacts)의 상호 작용 – 서비스를 통해 얻을 수 있는 단순한 경험을 넘어 제품 간의 연결, 더 나아가 생태계 간의 연결로 얻어지는 경험 가치. – 예) 러닝 머신 운동 효과가 웨이팅 기기로 전송되어 코칭. 오늘 한 운동 후 섭취하면 좋은 건강식을 배달해줌.	

자료 2-21 4D–CX 별 특징과 예.

와 동행해서 어떤 놀이기구부터 타고 어디서 시간을 많이 보냈는지 등과 같은 고객의 모든 행동을 기록으로 남긴다. 고객의 일거수일투족을 다 모니터링한 이 데이터는 렌터카, 비행기, 열차 예약 서비스와도 연결될 수 있다. 더 나아가 디즈니플러스 OTT 플랫폼의 데이터와 결합되어 고객의 성향과 관심도를 바탕으로 오프라인과 온라인에서 더 깊은 경험을 위한 놀이기구나 비디오 콘텐츠를 추천해줄 수 있을 것이다.

독립적으로 저장되고 분석되었던 데이터들이 자연스레 고객을 기준으로 통합되어 연결되면 그 분석 결과가 주는 경험은 고객에게 잊을 수 없는 더 큰 경험으로 다가올 수 있을 것이다.

4차원 입체적 고객 경험으로 살펴본 펠로톤 사례

코로나19로 인해 더욱 각광 받은 홈트레이닝 서비스가 있다. 바로 '피트니스계의 넷플릭스'라고 불리는 펠로톤Peloton이다. 2012년에 설립된 펠로톤은 월 39달러의 구독료로 여러 피트니스 콘텐츠를 제공하는 구독형 홈트레이닝 콘텐츠 서비스다. 미국에서 홈트레이닝 자전거의 평균 가격이 약 400달러이다. 그런데 펠로톤은 2,000달러를 내고 기기를 사야 하고, 펠로톤의 서비스를 이용하려면 따로 39달러의 구독료를 매달 지불해야 한다.

데이터로 경험을 디자인하라

펠로톤은 소울사이클(클럽 음악을 틀어놓고 다수가 모여서 하는 실내 사이클과 에어로빅이 결합된 운동)의 회원이었던 CEO 부부가 소울사이클을 집으로 가져오자는 생각에 착안하여 대형스크린이 내장된 실내 사이클과 러닝 머신을 개발해 크라우드펀딩으로 투자를 받아 탄생했다.

펠로톤은 운동기기를 판매하는 것에 그치지 않고, 전문 강사들을 고용해 신나는 음악과 함께 집안에서 실제 헬스클럽에서 많은 사람들과 스피닝을 하는 것처럼 실시간으로 스트리밍 서비스를 제공했다. 서비스를 구독하는 회원들이 좀 더 생생하고 신나게 운동을 할 수 있는 경험을 제공한 것이다. 헌데 2020년부터 코로나19가 장기화되고 집에 머무는 시간이 늘어나자 '홈트'를 하고자 하는 사람들이 많아지면서 펠로톤의 인기가 급성장했다. 연간 회원(멤버십) 유지율은 93%에 달하고, 2019년 9월 나스닥에 상장한 후로 두 달간 주가가 95% 상승하는 등 급성장을 이루었다. 그렇다면 펠로톤의 성공을 4차원 입체적 고객 경험4D-CX 관점으로 재해석해보자.

1. 정신적 세계에서의 더 깊은 경험

펠로톤은 하루에 요가, 바이크, 러닝, 명상 등 20여 개의 수업이 열리는데, 회원들은 그중에서 14개의 강의를 신청할 수 있다. 고객은 처음 로그인을 하면 키, 몸무게, 성별, 나이와 같은 기본적인 생체 정보를 입력한다. 이후 앱 내에서 고객의 운동시간, 참여하는 클래스 유형, 칼로리 소모량, 고객이 듣는 음악 등 각 고객의 운동과 관련된 정보를 분석해서 맞춤형 콘텐츠 강의를 제공한다. 사실 헬스클럽에 가면 이 PT 강사가 나에게 맞는 강사인지, PT 강사가 시키는 운동을 하고는 있는데, 이게 얼마나 효과가 있는 운동인지 궁금할 때가 많다. 펠로톤은 운동기기에 설치되어 있는 각종 센서로 고객이 현재 PT 프로그램이 적절한지, 난이도가 쉬운지 어려운지, 현재 듣고 있는 음악이 운동의 효과를 극대화시켜 주고 있는지 등을 분석해서 지금 고객 신체 역량에 맞는 PT 프로그램과 음악을 추천해준다.

이렇듯 펠로톤은 고객이 운동할 때 최적의 PT 강사와 함께 운동하는 것처럼 자신의 운동 효과를 느끼게 하면서 오프라인 헬스클럽도 주지 못하는 더 깊은 경험을 준다. 현재 클래스에 참여한 사람의 속도, 거리, 칼로리, 심박수를 트래킹해 한눈에 볼 수 있고, 운동이 끝난 후 개개인의 운동 결과와 이전 운동과 비교 수치를 즉각 제공한다. 또한 데이터를 기반으로 개개인에게 맞춤형 클래스를 추천하고, 이후의 운동 목표와 권장사항을 제공해서 흥미를 잃지 않고 끈기와 동기 부여를 제공해준다.

2. 문화적 세계에서의 더 넓은 경험

펠로톤의 가장 혁신적인 경험 설계는 바로 문화적인 세계에서 나온다고 해도 과언이 아니다. 우리는 왜 집에 사놓은 운동기구를 먼지만 쌓이게 내버려 두고, 굳이 비싸고 번거로운 헬스클럽에 가는가? 그것은 다른 사람들과 함께함으로써 꾸준히 운동할 수 있게 만드는 동기 부여 때문이다. 펠로톤은 이같은 경험을 오프라인 헬스클럽이 아니라 디지털 세계에서 가능하게 경험을 설계했다. 펠로톤은 운동하는 사람들끼리 연결되는 환경을 만들었고, 공동 챌린지를 통해 커뮤니티가 함께 도전해서 챌린지를 같이 달성하도록 만들었다. 펠로톤은 리더보드에서 자신의 랭킹을 보며 자신이 잘하고 있는지, 같이 운동하고 있는 사람들에 비해 운동량이 얼마나 뒤처지고 있는지 알 수 있는 지표를 제공해 경쟁 심리도 느끼게 한다.

애플워치의 활동 링으로 운동 성과에 따라 운동 겨루기 배지를 획득하는 것처럼, 펠로톤에서도 목표 달성 챌린지를 통해 성취도에 따라 기념품이나 디지털 배지를 제공한다. 예를 들어 클래스에 100번 참여하면 '100th Run' 티셔츠를 제공하고, 4주간의 기부 레이스에서 주간 목표를 달성하면 코로나19 대응 목적의 백만 달러 기부금을 전달할 수 있게 하는 식이다. 또한 커뮤니티의 활성화를 통해 강사 및 다른 회원들과의 교류가 온라인 라이브 클래스 내로 국한되지 않고

자료 2-22 운동 기능을 4차원으로 확장한 펠로톤.

출처: 펠로톤

오프라인으로도 이어지게 하고 있다. 회원들은 오프라인에서 인플루언서 강사와 대면해 라이브 클래스 모임을 갖기도 하고, 펠로톤 홈커밍데이와 같은 오프라인 행사에 참여하기도 한다. 이와 같은 펠로톤의 공동 챌린지 서비스는 회원들에게 더 넓은 경험을 하게 한다.

혼자 '집'이라는 좁은 공간에서 운동에 대한 의지를 갖는 것은 쉽지 않은 일이다. 펠로톤은 '함께 하는 운동'이라는 고객 경험을 선사함으로써 운동에 대한 동기 부여를 제공하고, 여기서 만들어진 커뮤니티의 문화적 경험은 펠로톤 콘텐츠 구독의 지속적 구매를 야기시킨다.

3. 물리적 세계에서의 더 선명한 경험

펠로톤의 홈트레이닝 콘텐츠는 일체형 디스플레이를 통해 전 세계에 있는 회원들이 운동하는 모습을 보고, 또 전문 강사의 생생한 콘텐츠 전달을 통해 실제 헬스클럽에 있는 듯한 경험을 제공한다. 요즘 학생들이 줌Zoom으로 집에서 강의를 듣는 것처럼, 회원들은 집에서 사이클 속도, 시간, 거리 등의 데이터를 통해 유명 PT 강사에게 실시간으로 1대 1 코칭 및 자세에 대한 피드백을 받는다. 강사와 얼굴을 마주 보며 대화를 하면서 자세 교정도 받을 수 있고, 응원의 메시지도 주고받으며 질의응답과 같은 상호 작용도 가능하다.

디스플레이에는 나의 운동 습관, 운동시간, 칼로리 소모량, 다른 사람들 대비 나의 랭킹 등이 직관적으로 선명하게 표현되어 있다. 펠로톤에는 회원들이 좋다고 칭찬하는 'Scenic Rides'라는 운동 모드가 있다. 이 모드는 여러 자연 명소를 골라 디스플레이를 통해 풍경을 보면서 자전거를 탈 수 있는 기능이다. 강사의 시끄러운 목소리가 아닌, 조용한 환경에서 자연 경관을 감상하며 실제 캘리포니아 해변 언덕에서 자전거를 타는 것과 같은 경험을 주는 것이다. 페달을 돌리는 속도에 맞춰서 주변 배경이 지나가고, 속도를 높이면 주변 배경이 빨리 지나간다. 페달을 멈추면 자전거도 멈춘다. 매일 매일 다른 명소를 골라 탈 수 있고, 이를 통해 디지털 세계에서 더 선명한 경험을 느낀다.

4. 시스템적 세계에서의 더 큰 경험

자전거 운동기기로 시작한 펠로톤은 이제 러닝 머신과 웨이트 트레이닝, 요가 프로그램까지 운동기기의 영역이 확대되었다. 각 제품

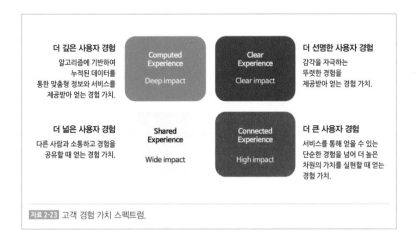

더 깊은 사용자 경험
알고리즘에 기반하여 누적된 데이터를 통한 맞춤형 정보와 서비스를 제공받아 얻는 경험 가치.

Computed Experience
Deep impact

Clear Experience
Clear impact

더 선명한 사용자 경험
감각을 자극하는 뚜렷한 경험을 제공받아 얻는 경험 가치.

더 넓은 사용자 경험
다른 사람과 소통하고 경험을 공유할 때 얻는 경험 가치.

Shared Experience
Wide impact

Connected Experience
High impact

더 큰 사용자 경험
서비스를 통해 얻을 수 있는 단순한 경험을 넘어 더 높은 차원의 가치를 실현할 때 얻는 경험 가치.

자료 2-23 고객 경험 가치 스펙트럼.

이 독립적인 장치로 따로 존재하는 것이 아니라, 운동기기 간의 연결성을 통해 시스템적인 경험을 주고자 하고 있다. 예를 들면 러닝 머신에서 높은 심장박동으로 20분 이상 운동을 했다면 그다음 요가 프로그램에서는 긴 호흡이 필요한 잔잔한 프로그램이 설정되고, 웨이트 트레이닝도 그 전 운동 효과를 기반으로 뭉친 종아리를 풀기 위한 운동이 추천된다. 이렇게 연결된 경험은 고객이 앞으로도 다른 운동기구를 고려할 때 당연하게 펠로톤만을 고집하게 되는 강력한 이유가 될 것이다.

더 나아가 펠로톤은 생태계 확장을 통한 외부 서비스와의 연결 또한 고려할 수 있을 것이다. 예를 들면 다이어트 프로그램에 맞는 밀키트 배달 서비스, 줄어든 뱃살에 맞게 몸에 더 잘 맞는 옷을 구매할 수 있도록 이커머스와의 연결까지도 생각할 수 있다. 펠로톤이 고객의 운동 데이터를 쌓을수록 시스템적 공간에서의 확장 기회는 앞으로 점점 더 다양해질 것이다.

데이터로 경험을 디자인하라

메타버스 기술로
구현되는 새로운
디지털 경험의 세계

디지털 세대는 Z세대와 알파세대에 가까울수록 태어날 때부터 디지털 매체에 노출된다. 때문에 여러 매체를 동시에 사용하는 멀티태스킹에 능하다. 듀얼모니터를 설치해놓고 하나의 모니터로는 드라마를 보면서 다른 모니터로는 숙제를 하고, 동시에 커피를 마시며 잔잔한 음악을 듣는다. 즉 시각과 청각, 미각과 촉각까지 다양한 감각으로 이루어진 콘텐츠를 동시에 받아들이고 체험하는 것에 더 익숙하다고 할 수 있다. 유튜브 영상 등 시각적인 매체로 공부하고 정보를 받아 들여왔기 때문에, 조용한 가운데 텍스트로만 이루어진 책과 같은 콘텐츠에는 금방 집중력을 잃고 만다.

인류 역사상 지식을 습득하는 매체(미디어)는 오디오에서 시작해서 그림, 글 그리고 비디오 등으로 추가되면서 커뮤니케이션 매체가 진화되어왔다. 이 중에서 지식의 전달 효과와 새로운 방식의 고객 경험에는 어떤 매체가 가장 효과가 클까? 인류 역사에서 지식의 전달과 커뮤니케이션 방식은 청각(말로 전달)에서 시작하여, 시각+청각(그림과 함께 말로 전달)으로 진화해 왔다. 청각에서 시작한 커뮤니케이션 방식보다 시각+청각이 효과가 더 클 수 있으며, 최근에는 촉각을 느낄 수 있게 하는 햅틱haptic 연구가 활발해지면서 시각+청각+촉각의 자극을 통해 디지털 세계에서 고객에게 기억에 남는 경험을 만들어내는 시도들이 개발되고 있다.

최근 포르셰는 자동차를 사면 몇 시간을 들여서 읽어야 하는 두꺼

자료 2-24 포르셰 AR 비주얼라이저 앱에서 AR 기술을 이용해 실제 포르셰 자동차의 실내외를 체험해볼 수 있다.

출처: 포르셰 AR 비주얼라이저 앱

데이터로 경험을 디자인하라

운 사용설명서를 주는 대신, 스마트폰 앱으로 AR 기술을 활용하여 디지털 세계에서 시각, 청각, 촉각까지 더하여 포르셰 자동차의 각종 기능 지식 전달에 대한 경험을 더 선명하게 해나가고 있다. 차량 내부를 보며(시각), 직접 디스플레이에 손으로 시동을 거는 시뮬레이션을 해보고(촉각), 엔진의 소리를 들어보며(청각) 자동차를 체험하도록 하는 것이다. 디지털 세대를 위한 고객 경험을 위해서는 이와 같은 멀티모달multi modal(전통적 텍스트 외에 음성, 동작, 시선, 표정, 생체 신호 등 여러 입력 기술을 융합하여 컴퓨터와 자연스러운 의사소통이 가능하게 하는 기술) 정보에 대한 민감성이 매우 중요하다고 할 수 있다.

이런 맥락에서 최근 많은 기업들이 실감 콘텐츠를 가지고 또 다른 세계를 만들어나가고 있는데, 그것이 바로 메타버스 기술이라고 할 수 있다.

촉각 기술이 메타버스 기술이라니 의아한 독자도 있을 것이다. 제페토, 로블록스 같은 것들만 메타버스라고 생각했다면 그것은 아직 메타버스를 잘 모르는 것이다.

먼저 메타버스에 대해 짧게 짚고 넘어가자. 코로나19 이후 비대면 문화가 확대되면서 현실세계를 대신한 가상세계, 즉 메타버스가 다시 주목받기 시작했다. 지금은 5G, 구글과 마이크로소프트 등 빅테크 기업들의 강력한 클라우드와 AI 기술, 블록체인까지 적용되면서 전보다 더 업그레이드된 메타버스 시대가 열렸다. 주요 메타버스 플랫폼 중 하나인 네이버 제페토는 2억 명 이상의 가입자를 보유하고 있고, 그중 80% 이상이 미래 주력 소비자로 꼽히는 10대 고객이다. 로블록스는 2021년 하루 평균 사용자가 4,320만 명이며 이는 2020년보다 29% 늘어난 것이다. 20년 전에도 제페토나 로블록스와 비슷했던 '세컨드라이프Second Life'가 있었는데 지금은 그때와 뭐가 달라졌을까?

2003년, 샌프란시스코에 위치한 스타트업 '린든 랩'이 만든 3차원 가상현실세계인 세컨드라이프에 사람들은 열광했다. 필자 또한 2009년쯤, 세컨드라이프라는 가상세계에서 제2의 인생을 살고 싶어 하는 사용자들을 연구한 경험이 있다. 그들은 자신을 대리하는 아바타를 통해 실제 현실처럼 게임 내 가상화폐를 통해 가상의 기업을 차리고, 부동산을 사고 팔기도 했으며, 옷이나 가구 같은 아이템을 만들어 거래할 수 있었다. 이렇게 벌어들인 가상화폐를 실제 현금으로 환전할 수도 있었다.

그런데 세컨드라이프의 가입자는 2006~2007년에 400만~500만 명 수준에서 시간이 지날수록 감소하기 시작했다. 전문가들은 그 이유를 보통 기술의 한계 때문이라고 이야기한다. 물론 그때는 2D와 3G·LTE 네트워크 환경이었고, 클라우드 기술적으로 한계가 있었다. 또 더 큰 한계는 PC에서만 구현되는 등 디바이스도 제한적인 상황이었다. 이후 스마트폰이 보급되고 2000년대 중후반 트위터와 페이스북이 등장하면서 사람들은 가상의 삶보다 현실의 관계망을 온라인으로 확장하는데 더 열광했다. 이런 이유들로 2000년대 중후반 이후 기업들이 철수하면서 세컨드라이프는 사람들에게서 잊혀지기 시

초기(2003~2007년)	시기	현재(2020년~)
X세대, 밀레니얼세대	이용자	Z세대, 알파세대
미션 해결, 목표 달성, 소통	목적	아바타를 활용한 생활 공간, 실시간 소통
B2C 중심	분야	B2C·B2B·B2G의 결합
공급자가 제공하는 아이템 구매, 거래	경제 활동	이용자가 게임·아이템·가상공간을 개발하고 판매 수익 창출·소비 행동이 현실 경제·가상공간과 연동.
PC	디바이스	스마트폰, 헤드셋 등 웨어러블 기기
2D 중심, LTE, 데이터	기술	3D 중심, 5G, AI, 클라우드, 블록체인 등
세컨드라이프, 싸이월드	사례	로블록스, 마인크래프트, 제페토, 이프랜드

자료 2-25 과거와 현재 메타버스 비교.

출처: 매일경제

작했다.

필자가 바라보는 세컨드라이프의 실패 이유는 기술적인 문제보다도 부캐(제2의 인생, 부캐릭터) 콘셉트에 더 큰 이유가 있었다고 본다. 즉, 사람들은 부캐를 위해서 시간과 노력과 돈을 많이 쓰기 어렵다. 현실세계의 나를 위해서는 돈을 쓰지만, 가상세계의 아바타를 위해서 소소한 돈은 쓸 수 있지만 엄청난 시간과 돈을 쓰는 것은 어려운 것이다.

메타버스가 세컨드라이프의 실패로 가지 않으려면 메타버스 세계를 현실과는 완전히 다른 가상세계의 부캐에만 집중해서는 안 된다. 우리가 또다시 세컨드라이프처럼 실패하지 않으려면 바로 현실세계와 메타세계 간의 연결된 경험을 주어야 한다. 내가 메타버스 세계에서 쏟아붓는 노력과 시간이 현실세계에도 반영되는 경험을 만들어내

는 것이 중요하다고 할 수 있다.

실제로 제페토에서는 코로나19 상황으로 현실에서라면 불가능한 다양한 서비스들을 제공한다. 사용자는 가상 공간인 '제페토 월드' 안에서 연예인과 사진을 찍고, 스타의 방에 방문하고 연예인의 뮤직비디오 촬영지에 가서 인증샷을 남길 수도 있다. '버추얼 미술관'의 출시로 사용자들은 레오나르도 다빈치의 〈모나리자〉와 미켈란젤로의 작품을 포함한 르네상스의 여러 명화와 조각상들을 시공간의 제약없이 즐길 수 있다. 또 직방의 직원들은 메타버스 세계로 출근해 현실의 업무를 하고 월급은 오프라인에서 받는다.

필자가 재직 중인 한양대도 메타버스 캠퍼스 내에서 온·오프라인의 연결된 경험을 고민하고 있다. 메타버스 세계에서 교육적으로 성공하려면 실제로 수업·학습적 효용가치가 있어야 한다. 또한 무거운 앱을 설치하지 않아도 학생들의 접근성이 용이해야 하며, 실제로

데이터로 경험을 디자인하라

학생들이 또 경험하고 싶어지도록 감동이나 재미가 있는 것이 중요하다.

단순히 가상의 강의실에서 아바타로 만나 수업하는 세컨드라이프를 되풀이하는 경험을 고민하고 있지 않다. 그보다 오프라인 캠퍼스에 존재하는 건물 하나하나, 강의실 내부까지 그대로 연결되도록 메타버스 세계에 구현하려고 구상하고 있다. 학생들은 마치 줌 링크처럼 LMS(온라인 학습 관리 시스템) 상에서 메타 강의실에 접속할 수 있고, 오프라인에서 강의하는 교수는 온라인으로 출석한 학생들을 에어글래스를 통해, 또는 스마트폰 카메라를 강의실에 비춰서 출석 체크를 할 수도 있을 것이다.

오프라인으로 행정실에서 학생증을 발급해야 하는 신입생은 어떤 담당자에게 말을 걸어야 할까 망설이다 스마트폰으로 행정실을 비춰보면서 담당자의 업무를 확인할 것이다. 그다음 해당 데스크 앞에서 본인 차례가 올 때까지 기다리다, 잠시 본인 대신 아바타를 줄에 세워놓고 화장실에 다녀올 수도 있을 것이다. 또한 현실 세계에서는 학교 건물에 교수 연구실만 존재하지만, 온라인 세계에서 학교 건물에 들어온 학생은 건물 옥상에서 가상세계로 들어가 본인 이름이 적힌 연구실에서 공부를 할 수도 있을 것이다.

메타 캠퍼스를 멋지게 차려놨지만 아무도 방문하지 않는 유령 캠퍼스가 되지 않도록 하려면, 앞으로 더 많은 연구와 스터디로 실제 학생들에게 '공부가 더 잘되는', '시간을 절약하는', '친구를 더 쉽게 사귈 수 있는'과 같은 '의미'적 가치가 있는 메타버스 캠퍼스를 만들어 내야 할 것이다.

그렇다면 디지털 세대에게 있어 메타버스는 어떤 의미일까? 사실 기존 세대에게 있어 혁신적인 기술로 보이는 메타버스는 Z세대와 알파세대에게 있어서는 이미 평범한 일상이 되어가고 있다. 메타버스 내에서 이루어지는 이들의 디지털 경험에 대한 수용력은 매우 특별하다고 할 수 있는데, 특히 창작 영역에서 더 두드러지게 나타난다고 할 수 있다.

메타버스 세계에서는 새로운 스타급 패션 디자이너가 디지털 세계 속에서 사는 10대가 될 수도 있고, 유튜브가 아닌 새로운 스타급 인플루언서가 10대일 수도 있을 것이다. 아니, 어쩌면 한양대가 구축하고자 하는 메타 캠퍼스에 특별 초빙되는 연사는 더 샌드박스에서 괴상한 상상력으로 멋진 건축물을 지어놓고 입구 앞에서 입장료를 받는 10대 건축가가 될지도 모르겠다.

데이터로 경험을 디자인하라

3장

데이터로 고객 경험을
만들어 낼 수 있을까?

DCX

Data driven
Customer
eXperience

데이터에서
고객 가치가 발견될까?

　　　　　　　　　　　　우리의 일상 그리고 고객의 일
상이 모두 데이터화 되는 시대이다. 아이가 태어나면 아이 용품 구매
데이터가 생성되고, 배송지 주소를 바꾸면 그동안 살았던 동네가 모
두 기록되는 세상이다.

　네이버 카페, 인스타그램, 페이스북 등 소셜 미디어에도 고객의 데
이터가 넘쳐난다. 심지어 고객이 특정 상품을 경험하면서 느낀 바에
대해 생생하게 글을 쓰고 사진을 찍어 올리는 소셜 데이터들도 모두
데이터가 된다. 고객이 어떤 검색어를 입력하고 어떤 페이지를 방문
하는지 그 모든 것이 데이터화 되고 있는 것이다. 페이스북은 심지어
사용자의 현재 위치까지 추적하고 있고 그 위치 정보를 친구들에게
알려준다. 소셜 미디어 데이터 외에도 우리 제품에 온도센서, 습도센

서, 진동센서, 위치센서 등을 부착하여 고객의 상황을 이해할 수 있는 사물 인터넷 데이터도 넘쳐나고 있다. 이제는 데이터들이 우리가 감당하기 힘들 정도로 커지고 있는 것이다.

이 때문에 많은 기업들이 데이터 인프라 구축에 엄청난 투자를 하고 있다. 데이터를 모으는 게 중요하다고 하니, 일단 기업 내에 존재하는 데이터를 한곳으로 무작정 모으기 시작했다. 여기저기서 쏟아지는 고객의 데이터를 모아놓고, 나중에 분석하면 뭐든 나올 거라 기대한다.

하지만 필자는 감히 이렇게 말하고 싶다. 목적성 없이 수집한 데이터를 저장하기 위해 매년 수십억 원씩 지출하는 클라우드 비용이 아깝다고 말이다. 먼저 데이터를 쌓아놓으면 언젠가 혁신적인 가치가 쏟아질 것처럼 보이지만, 사실 현실은 그렇지 않다.

IT 분야 컨설팅 기업인 가트너Gartner는 2017년 당시 "85%의 빅데이터 프로젝트가 실패했다"고 발표한 바 있다. 역시 IT 전문 컨설팅 기업인 액센추어Accenture도 이와 비슷한 발표를 했다. 2019년 여러 기업들의 임원을 상대로 한 설문조사에서 단 8%만이 데이터를 활용한 프로젝트에 만족했다고 밝혔다. 빅데이터 프로젝트에서 투자 대비 성과가 충분히 이루어지지 못했다는 것이다.

데이터베이스DB, Database가 그 자체로 금광인 것은 아니다. 그 안에 들어있는 데이터가 쓰레기인지 금인지 모르는 채로, 일단 캐보면 금이 나올 것이라고 생각하면 안 된다. 하지만 현장에서는 일단 캐면

데이터로 경험을 디자인하라

금이 될 것이란 기대로 고
군분투하는 모습을 많이
목격한다. 우리는 전 세계
데이터의 80% 이상이 다
크 데이터dark data(저장만 해

놓고 활용하지 못한 데이터)임
을 알아야 한다. '언젠가
쓸 일이 있겠지' 하며 쌓아
둔 다크 데이터들이 진짜
유용한 데이터보다 큰 비
중을 차지하고 있다.

자료 3-1 유용 데이터보다 훨씬 큰 다크 데이터.
출처: 조선비즈

무엇보다 '데이터는 많으면 많을수록 좋고, 분석을 여러 관점에서
이리저리 하다 보면 뭐라도 나오겠지'하는 생각은 혁신의 발목을 붙
잡을 뿐이다. 최근 대부분의 기업이 데이터와 디지털 트랜스포메이
션DX, Digital Transformation을 최우선 경영 과제로 내걸고 있다. 데이터 기
반으로 의사결정을 하기 위해 다양한 시도와 노력을 하는데, 사실 무
작정 쌓여있는 데이터에서 시작하는 시도들은 대개 한심한 결과를
낳는다.

필자가 그동안 봐왔던 수많은 빅데이터 프로젝트에서 목격한 분명
한 사실은 기업 내에 이미 쌓여있는 데이터에서 시작하는 프로젝트
는 혁신이 되기에 너무 어렵다는 것이다. 데이터 분석 자체가 혁신을
저절로 가져다주는 것이 아님을 알아야 한다. 데이터 분석은 뚜렷한

혁신을 달성하기 위한 수단에 불과하다. 수단과 도구에 불과한 빅데이터 분석을 그 자체로 목적으로 설정하는 프로젝트들을 보면 안타까운 마음이 들 수밖에 없다.

자료 3-2 쓰레기가 들어가면 쓰레기가 나온다(Garbage in garbage out).

대부분의 빅데이터 전문가들은 데이터에서 시작해서 분석하면 혁신에 이르는 새로운 가치가 나온다고들 한다. 하지만 필자의 생각은 그 반대다. 풀어내고 싶은 문제, 달성하고 싶은 혁신의 정의가 먼저다. 해결하고 싶은 과제, 뚜렷한 목적 설정이 최우선으로 되어야 한다. 그다음에 이 문제를 해결하기 위한 데이터를 찾아내야 한다. 문제를 먼저 찾고, 해당 문제를 풀기에 충분한 데이터가 우리 조직에 없다고 판단되면, 해당 데이터를 얻기 위한 새로운 데이터 센싱 전략을 수립해야 하는 것이다.

가전제품 회사들은 가전에 와이파이 모뎀을 붙였고, 고객 행동을 분석하기 위해 기기에서 발생하는 데이터들을 수집하기 시작했다. 그 후 4~5년이 지난 지금, 해당 기기 데이터를 기반으로 가전 회사들은 어떤 혁신을 이루었을까? 냉장고에서 어떤 버튼을 많이 누르는지, 언제 사용하는지 등의 단편적인 분석 외에 새로운 고객 혁신으로 이어지는 '금광'을 찾아냈을까? 불행히도 답변은 "그렇지 않다"이다. 수년간 수많은 데이터 분석가들이 매달려서 기기 데이터를 들여다봤

데이터로 경험을 디자인하라

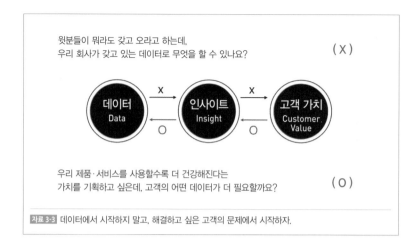

데이터에서 시작하지 말고, 해결하고 싶은 고객의 문제에서 시작하자.

지만 '아, 이 버튼은 잘 안 쓰는구나', '주로 퇴근 후 저녁 시간에 세탁기를 돌리는구나', '미세먼지가 많은 날은 공기청정기를 더 많이 사용하는구나' 등의 인사이트 외에는 별다른 혁신을 이루어내지 못했다. 그 이유는 무엇일까?

그 이유는 애초에 처음부터 목적성 없이 설계된 데이터 때문이다. 기기 데이터 수집, 설계를 고려할 당시에 데이터 엔지니어가 어떤 고객 경험을 줄 것인지, 이 데이터로 어떤 혁신을 해볼 것인지 충분히 고민했었을까? 그와 같은 고민이 반영되어 데이터 구조가 설계되었다면, 고객 관점에서 어떤 행동 분석을 해볼지 미리 목적을 두고 센싱 계획이 수립되었다면 이야기가 달라졌을 것이다. 데이터 센싱 설계 당시에 고객 혁신팀과 브레인스토밍 회의가 먼저 선행되었다면 말이다. 그러나 현실은 주로 데이터 엔지니어 입장에서 고객이 사용하는 제품 상태 체크 중심으로만 데이터가 설계된다. 그렇기 때문에 이렇게 수집한 데이터는 제품 상태 변화 알림이나 제품 고장 예측과 같은, 제품의 기기 상태에 대한 정보성 서비스 외에 새로운 고객 경험을 데이터로 만들어 주기가 대단히 어렵다.

힘들게 수집한 데이터에서 가치를 찾기 힘들었던 또 다른 사례가 있다. 모 회사의 마케팅 커뮤니케이션 부서에 가서 데이터 자문을 할 기회가 있었다. 고객 여정 맵CJM, Customer Journey Map과 함께 각각의 온라인 채널과 오프라인 매장의 구매 여정 단계마다 얼마나 데이터를 잘 쌓아왔는지 보여주었다. 그리고는 "자, 이제 이걸로 어떻게 경험 혁신을 할 수 있을까요?"라고 물어보았다. 하지만 안타깝게도 해당 데이터로는 고객 경험 혁신은 어렵고, 고객의 구매 프로세스에서 있을 수 있는 불편을 어느 정도 해결할 수 있는 서비스가 기획될 수 있을 것이다. 예를 들면, 견적서 자동 AI 챗봇과 같이 구매 과정의 애로사항을 해결해주는 서비스 같은 것들 말이다. 이런 데이터에서 시작한 고객 경험은 구매 여정 프로세스에서의 편리함을 줄 순 있다. 그러나 우리가 이 책에서 다루고자 하는 제품과 서비스에 대한 새로운 의미나 혁신적인 고객 가치를 주기는 어렵다.

고객에게 주고 싶은 가치가 무엇인지부터 고민하자. 그 가치가 구매 과정에서의 편리함이라면 마케팅 커뮤니케이션 부서가 필자에게 보여줬던 데이터는 올바른 데이터다. 하지만 전에 없던 새로운 혁신적 고객 가치 제안을 하고 싶은 거라면 고객의 특정 맥락 속에서 해당 의미에 맞는 서비스 구현을 위해 데이터는 다시 센싱되어야 한다.

이제 이런 의문이 들 것이다. 지금도 제품과 서비스의 접점에서 충분히 데이터를 센싱하고 있는데, 또다시 어떤 것들을 센싱해야 하는 걸까?

지금까지 제품에서 발생하는 센싱 데이터라고 하면 제품 상태를 점검하는 '제품 중심의 센싱'이었다. 제품 기능 추적을 위한 데이터가 수집된 것이다. 하지만 우리가 알고 싶은 건 제품의 어떤 기능이 어떻게 쓰이고 있는지가 아니다. 고객이 해당 제품과 각각의 기능들을 어떤 맥락에서 사용하고 있는지 아는 것이 더 중요하다. 앞으로의 데이터 센싱은 '고객 중심'으로 설계가 되어야 한다. 알고 싶은 고객의 맥락을 살펴보기 위한 데이터가 수집돼야 하는 것이다. '냉장고가 아침 시간에 많이 열린다' 보다, '이 집에서 냉장고를 주로 여는 사람은 엄마가 만들어 놓은 간식을 찾아서 먹어야 하는 초등학생 큰아들이다'를 알아내는 게 더 중요하다. '세탁기의 표준 모드가 가장 많이 사용된다'보다는 '퇴근한 직장인이 더 늦기 전 세탁기를 빠르게 효율적으로 돌려야 하는 맥락'인지 알아내는 게 더 중요하다. 지금까지의 데이터 센싱 방법으로는 이러한 고객의 맥락을 파악해내기 어렵다. 데이터는 고객을 위한 방향으로 설계되고, 축적되어야 하는 것이다.

얼마 전 모 기업 직원분과 미니 프로젝트를 진행했는데, 우리가 아직도 얼마나 제품 중심으로 생각하는지 돌이켜보게 한 아주 좋은 사례가 있었다. 우리 집에 있는 세탁기의 버튼들을 한 번 살펴보자. 핑

제품 상태 관점	VS	고객 맥락 관점

제품 상태 관점 **VS** **고객 맥락 관점**

제품 기능 추적을 위한 데이터를 수집   알고 싶은 고객 맥락을 위한 데이터를 수집

▸ 제품의 조작 버튼

▸ 제품 작동 시작 시간

▸ 제품 작동 끝나는 시간

▸ 부품의 상태 (필터 등)

▸ 제품을 지금 조작하는 사람이 누구인지?

예) 지금 냉장고를 여는 사람은 엄마가 만들어 놓은 간식을 꺼내 먹어야 하는 초등학생 큰아들일까?

▸ 제품을 어떤 상황에서 사용하는지?

예) 퇴근한 직장인이 밤이 되기 전 빨리 세탁기를 돌려야 하는 상황일까?

자료 3-4 제품 상태 관점에서의 센싱 vs 고객 맥락 관점에서의 센싱.

장히 많은 버튼이 있지만, 전부 고객 관점의 버튼이라기 보다 세탁물 중심의 버튼들 뿐이다. 청바지 모드, 속옷 모드, 스포츠 모드 등 다양한 타입의 버튼을 볼 수 있지만, 실제 우리가 주로 누르는 버튼은 표준 모드다. 그 이유는 세탁물을 돌릴 때 속옷만 넣는 게 아니기 때문이다. 수건도 넣고, 하얀 와이셔츠도 넣고, 땀 흘린 골프복도 같이 넣고 돌리기 때문에 정작 어떤 버튼도 고르지 못하고 표준 모드를 선택하는 것이다.

그렇다면 고객 중심으로 새롭게 센싱할 버튼을 만든다면 어떤 것들이 가능할까? 세탁물 중심이 아니라 고객의 상황 중심으로 버튼을 바꾼다면 이런 것은 어떨까? 얼룩을 지워야 하는 세탁물이 많을 때, 시간이 없어서 최대한 빠르게 세탁해야 할 때, 가능하면 세탁물에 손상이 가지 않도록 하고 싶을 때 등등 말이다. 이런 식으로 세탁기를

데이터로 경험을 디자인하라

돌리는 고객의 맥락을 고려한 버튼이 만들어진다면, 또 그러한 맥락을 소비자가 음성으로 말하면 이를 인식해서 세탁기가 알아서 돌아가 준다면 어떨까? 아마도 세탁과 관련하여 시간대마다, 요일마다, 계절마다, 미세먼지와 날씨에 따라 다양한 맥락을 가지고 있는 우리 고객들에게 새로운 가치를 주는 세탁기가 될 수 있을 것이다. 바로 이런 것이 고객 중심의 혁신이다.

우리 기업에 쌓인 데이터를 열심히 캐고 열심히 분석하다 보면 뭔가 금광이 나올 거라고 생각하지 말자. 제품 상태 관점에서 센싱하고 수집된 데이터에서 고객 가치를 혁신시키기 위한 단서가 나올 리 만무하다.

때로는 데이터가 혁신의 발목을 잡는다?

2000년 초반까지 전 세계 핸드폰 시장 1위를 굳건히 했던 노키아가 2019년에는 거의 망한 기업이 되었다. 2009년 노키아에서 일했던 기술인류학자 트리샤 왕Tricia Wang에 따르면 노키아의 발목을 붙잡은 건 다름 아닌 '데이터'였다. 세계 최고의 핸드폰 회사였던 노키아는 전 세계에서 수집한 엄청난 양의 데이터가 있었는데, 왜 추락해야만 했을까?

노키아는 트리샤 왕을 고용해 중국의 저소득층 휴대폰 사용자에 대한 데이터를 모으게 했다. 그는 중국의 저소득층과 함께 지내면서 그들이 어떻게 디지털 기기를 사용하고 있는지 관찰하고 직접 데이터를 수집했다. 그녀가 내린 결론은 중국의 저소득층 사람들이 '스마트폰'이라는 것에 대해 강한 열망을 가지고 있으며, 그들이 가장 원하는 것은 바로 스마트폰이라는 점이었다. 하지만 노키아는 그의 말을 귀담아듣지 않았다. 무엇보다 노키아는 빅데이터 그 어디에서도 스마트폰에 대한 고객의 열망을 읽지 못했기 때문에, 중국에서 직접 수집한 연구원의 질적 데이터를 믿지 못한 것이다. 당시 아이폰은 막 출시되었고, 사람들은 스마트폰에 대해 의심을 가지고 있는 상태였다. 그래서 노키아는 자신들의 주요 고객층이 스마트폰을 원할 거라고 생각하지 않았다.

노키아가 축적한 빅데이터에 스마트폰에 대한 니즈가 없었던 것은 그 당시 '스마트폰'이라는 개념이 익숙하지 않았기 때문이다. 그렇기에 스마트폰에 대한 니즈도 과거에 축적한 데이터에서는 당연히 찾을 수가 없었는데, 노키아는 아직 일어나지 않은 일에 대해 데이터에서 단서를 찾으려고 한 것이다. 과거로부터 온 데이터는 과거의 트렌드와 현상을 잘 설명해주지만, 새로운 개념에 대해서는 기존 데이터 수집 방법으로는 부족할 수밖에 없다. 또한 노키아가 수집한 데이터는 핸드폰 기기와 관련된 수많은 설문조사와 리서치 결과일뿐, 고객의 새로운 라이프와 맥락을 이해하기 위한 데이터가 아니었다. 노키아는 쌓아온 빅데이터에만 의존한 나머지, 실제 현장에 나가 고객을 보고 그들과 공감하며 찾아낸 데이터는 간과한 것이다.

데이터로 경험을 디자인하라

이처럼 빅데이터를 아무리 잘 다루는 기업이라 할지라도 항상 옳은 결정을 하는 것은 아니다. 빅데이터는 강력하지만, 그로 인해 무언가를 다 알고 있다는 망상에 빠지는 건 한순간이다. 때로는 빅데이터가 알려주지 않는 중요한 것들이 있다. 그렇기 때문에 빅데이터가 양적으로 가리키는 분석 결과에만 의존하면 무언가를 놓칠 확률이 높아진다고 할 수 있다.

데이터 기반 고객 경험DCX, Data driven Customer eXperience 혁신도 그렇다. 우리가 데이터에서 고객을 세분화하고, 잠재니즈를 추적할 때 가장 크게 도출되는 세그먼트나 페인 포인트는 때로는 일반적인 모습이거나 너무 당연한 맥락이어서 혁신적인 경험과는 거리가 먼 니즈일 때가 많다. 그래서 우리 한양대 DCX연구실은 고객의 데이터를 양적으로만 보고 사이즈가 큰 고객군을 우선적으로 분석하기보다는, 양극

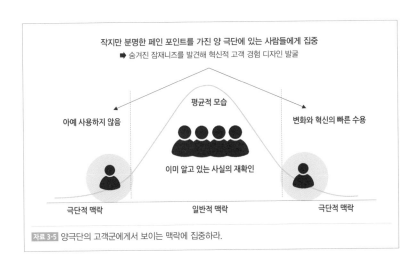

자료 3-5 양극단의 고객군에게서 보이는 맥락에 집중하라.

단에 있는 고객군에 더 집중한다. 정규분포의 양극단에 위치하는 고객군은 사이즈가 크지 않다고 하더라도, 그들에게서 보이는 특별한 맥락과 느껴지는 페인의 강도를 측정했을 때 혁신적인 고객 경험 디자인의 재료로 이어지는 것을 경험하기도 했다.

이 양극단에 위치하는 고객들은 특이한 맥락을 가지고 있기도 하고, 해당 맥락에서 겪는 문제를 독특한 방법을 통해 극복해나가기도 한다. 이들이 이때 느끼는 감정과 행동들을 심층적으로 분석하면 새로운 기회 발굴의 힌트가 될 수 있고, 숨겨진 잠재니즈를 발견하여 고객 경험 디자인을 위한 강력한 통찰력으로 이끌어 낼 수 있다. 결국 같은 데이터라도 어떻게 분석하느냐에 따라 혁신적인 고객 경험을 위한 귀한 재료가 될 수도 있지만, 오히려 혁신의 발목을 잡는 걸림돌이 될 수도 있는 것이다.

데이터보다
더 중요한 것은
'관점의 차이'

　　　　　　　　　　　　　　　기업이 데이터로 혁신하기 위해
서는 자신들이 어떤 데이터를 가지고 있는지를 아는 것이 매우 중요
하다. 특히 고객 경험을 혁신할 때, 외부의 고객 데이터뿐만 아니라
조직 내부의 데이터도 중요하다. 그런데 대부분의 빅데이터 프로젝
트가 혁신으로 이어지지 못하는 이유는 개별 부서 또는 사업 부문이
가지고 있는 데이터만 가지고, 주어진 데이터 안에서만 고객과 제품
에 대한 인사이트를 찾으려고 하기 때문이다.

　데이터가 전체적으로 통합되어 있지 못하면 각 부서는 서로 어떤
데이터를 들여다보고 있는지 알고 싶어도 알 길이 없다. 기업조직은
사실 사람과 정보의 집합체라고 볼 수 있다. 조직 안의 사람들은 끊
임없이 데이터와 정보를 만들어낸다. 이렇게 만들어진 정보는 개인

의 머릿속에 저장되어 영영 사라지기도 하고, 때로는 문서 형태로 기록되고 엑셀로 저장되어 회사 클라우드 서버에 저장되기도 한다. 조직의 규모가 클수록 데이터의 종류와 복잡성은 증가하기 마련이다. 정리되어 있지 않은 형태의 데이터들은 조직의 단절된 저장소에 흩어져 존재하고, 누구도 활용할 수 없는 상태가 되고 마는 것이다.

데이터는 단독으로 존재할 때는 큰 가치를 발휘하기 어렵다. 고객 서비스 센터에 접수되는 VOC Voice of Customer (콜센터에 접수되는 고객 불만 사항을 처리하는 고객 관리 시스템) 데이터로는 주로 어떤 불만이 접수되는지에 대한 인사이트는 얻을 수 있다. 그러나 해당 불만을 접수한 고객이 사용하고 있는 제품의 와이파이 센서로부터 전송되고 있는 로그 데이터와는 잘 연결되지 않고 있다. 고객의 제품 사용성 로그 데이터가 있다면, 더 나아가 해당 제품의 생산공정 프로세스의 센서 데이터까지 연결된다면 어떨까? 그렇다면 해당 공정 프로세스를 개선해야 하는지 아니면 고객의 사용성 변화로 인한 부품의 개선이 필요한지 등 데이터로부터 실질적인 고객 문제 해결로 바로 이어질 수 있는데 말이다.

이제 기업들이 고객 가치 혁신을 위해 내부에 쌓인 고객 데이터를 들여다보기 시작했다. 특히 대기업은 비즈니스의 규모가 커지자 업무는 분업화되고 시스템화되면서 각각의 시스템에 쌓이는 데이터 양도 많아졌다. 하지만 이와 동시에 파편화된 데이터의 복잡성은 점점 악화되고 있다. 내부에 쌓인 데이터가 아무리 많아도 연결되지 않으

데이터로 경험을 디자인하라

면 가치 있는 인사이트가 나오지 않는다는 것을 알게 되자, 이제는 이 데이터를 어떻게든 활용해보려고 데이터들을 연결하는 작업을 하기 시작했다. 그런데 현실에서는 이 데이터 연결이 너무 힘든 작업이다. 돈도 시간도 엄청나게 소요된다. 그러니 과거 데이터 연결에 목매는 것보다는, 어쩌면 이제라도 제대로 연결해서 분석할 수 있도록 데이터 센싱과 시스템을 다시 기획하고, 각각의 부서와 담당자들에게 데이터 거버넌스 정책을 정확히 전달하는 게 더 빠르고 효과적일 수 있다.

무엇보다 데이터를 분석하고자 하는 담당자가 우리 회사 내에 어떤 데이터가 있고 그 데이터가 어디에 있는지 모르면 데이터들끼리의 연결은 더더욱 어려워진다. 최근 데이터 레이크Data Lake나 클라우드 같은 인프라에 대한 투자가 활발하게 진행되고 있는 모습을 볼 수 있다. 다만 각각의 기업이 처한 상황과 데이터 수집 분석 활용적 측면을 고려해서 인프라가 구축되어야 하는데, 인프라 투자에 대한 의사결정을 하는 CEO와 경영진 레벨에서 고객 경험 혁신을 위한 데이터 통합의 중요성에 대한 인식이 부족한 것이 사실이다.

또한 필요 인프라와 필요 데이터 역량에 대해서 잘 모르기 때문에, 어떤 것부터 해야 할지 방향과 전략을 수립하기 어려운 것 역시 사실이다. 각 회사의 주요 고객, 경쟁 상황, 협력업체와의 관계 등 환경이 모두 다양한 것처럼, 회사에서 수집해야 할 데이터의 종류, 볼륨, 분석 모델, 활용 방법이 다 다르다. 데이터를 한곳에 모으는 클라우

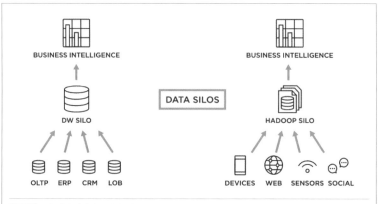

자료 3-6 동일 회사 내에서도 데이터가 전체적으로 통합되지 못하고, 개별 부서나 사업 부문별로 배타적으로 저장되고 활용되고 있는 데이터 사일로 현상.

출처: 미국 소프트웨어 기업 팁코(TIBCO)

드 기술을 도입하기는 하지만 고객의 잠재니즈를 실시간으로 모니터링하고, 분석하고, 고객 접점에서 활용하는 데까지 제대로 연결이 안되는 경우가 너무 많은 것이 현실이다. 이 같은 활용적 측면의 클라우드 접근은 사실 데이터 엔지니어 또는 데이터 전문가가 처음부터 잘할 수 있는 영역이 아니라, 데이터를 실제로 활용하는 현업 담당자의 역할이 매우 중요하다고 할 수 있다.

현업 담당자와 함께 데이터를 들여다보면 우리 회사가 고객에 대해 아는 것과 모르는 부분에 대해서 명확히 알 수 있다. 또한 특정 경험을 전달하기 위해 어떤 데이터를 더 수집해야 하는지, 센서에서는 어떤 항목들이 어떤 주기로 센싱되어야 하는지 알 수 있게 된다. 그렇게 데이터 센싱과 수집 전략이 고객 관점에서 제대로 수립되면 데

데이터로 경험을 디자인하라

이터의 결합과 의미 있는 분석도 가능해진다.

　데이터 센싱 전략에 대한 점검은 우리 회사와 고객과의 접점이 어디인지부터 파악하는 것에서 시작된다. 그 접점이 온라인 웹사이트나 모바일앱일 수도 있고, 고객 서비스 센터, 우리 제품의 와이파이 센서일 수도 있으며, 고객이 남기는 리뷰사이트일 수도 있다. 우리 회사는 이 접점에서 어떤 정보를 얻고 있는지, 또 그렇게 서로 따로 관리 및 저장되어있는 데이터들이 통합된다면 고객을 어떻게 입체적으로 이해할 수 있는지, 통합된 데이터에서 찾은 인사이트는 또 어떤 경험 서비스로 확장될 수 있는지를 함께 고민해야 한다.

　여기서 유의해야 할 점은 고객에게 주고자 하는 새로운 의미 설계에서 출발하지 않고, 주어진 데이터에서만 시작하면 자칫 제한적인 사고에 갇힐 가능성이 크다는 것이다. 고객 관점에서 고객의 잠재니즈로부터 출발해 주고자 하는 의미 있는 가치부터 설정하고, 이를 위해 필요한 데이터를 발견할 수 있는 눈이 필요하다. 고객 관점에서 '이런 데이터가 있다면 고객의 모습이 더 선명하게 보이지 않을까?' 하는 사고의 확장 질문이 필요한 것이다. 이러한 질문은 우리 기업의 다른 조직에서 이미 만들어지고 있지만 누구도 활용하지 않는 우리 고객의 데이터를 찾게 만들 것이다. 고객 데이터의 센싱과 분석은 최종 사용 목적인 '고객에게 새로운 가치를 제시한다'는 CX의 기본 철학에서부터 시작되어야 할 것이다.

경험을 만드는 일은 고객의 관점에서 출발해야 한다. 데이터 수집과 분석의 관점을 달리하는 것, 고객의 입장에서 출발하는 것이 혁신의 답을 찾아가는 시작이라 할 수 있다.

수많은 기업들이 데이터를 수집할 때 아직도 제품 관점으로 데이터를 수집하고 있다. 제품의 이름을 쿼리로 넣어 제품 관점으로 수집한 고객의 소셜 데이터는 우리 제품의 기능적(디자인, 소음, 가격)인 인사이트는 줄 수 있지만, 경험을 매핑하기 위한 데이터로는 적절하지 않다. 고객 관점에서 데이터 수집 전략을 세우기 위해서는 타깃 고객의 다양한 맥락을 관찰할 수 있는 타깃 사이트를 찾아야 한다. 예를 들면 차박과 관련된 맥락을 이해하기 위해서는 차박 커뮤니티, 집의 인테리어 관련 맥락을 이해하기 위해서는 '오늘의집'과 같은 플랫폼을 맥락 기반 타깃 사이트로 선정할 수 있다. 키워드 기반 수집을 할 때도 나의 타깃 고객이 자주 언급하는 차박 관련된 키워드들의 선정과 매핑이 매우 중요하다. 수집 전략에 따라 보이는 데이터에서 찾아지는 맥락이 완전히 달라지기 때문이다.

분석 단계에서도 고객 경험 기획에 필요한 재료를 뽑아내는 관점에서 해석해내는 것이 매우 중요하다. 예를 들면 각각의 마이크로 세그먼트마다 마켓 사이즈는 어떻게 다른지, 특정 맥락에서 불편함의 정도 차이는 어떠한지 등을 정확히 인지할 수 있도록 분석하여 시각화하는 게 필요하다. 또한 이렇게 파생된 정보가 경험 기획을 위한 재료가 될 수 있도록 데이터를 구조화해서 나타내야 하는데, 각각의 세그먼트들에서 공통적으로 패턴화된 정보를 응축적으로 찾아내어

데이터로 경험을 디자인하라

우리가 매핑해야 할 맥락을 찾을 수 있도록 해야 한다.

　같은 고객 데이터를 들여다보아도 결국 혁신적인 경험 기획은 고객의 페인 포인트를 공감해내는 민감한 센싱 능력과 그 페인을 충족시키는 맥락 설계, 그리고 기발한 아이디어에서 나온다. 고객 관점에서 시작해서 고객을 명민하게 이해한 사람일수록 설계는 더 풍부해지는 것이다. 새로운 서비스 가치를 도출하는 아이디어 도출 워크숍을 진행할 때도 데이터 분석 결과는 의사결정에 큰 도움이 되지만, 결국 결정은 사람이 판단한다. 이때 데이터를 통해 고객이 처한 다양한 상황 맥락을 파악하고, 그 맥락에서 고객이 어떤 고민을 하고, 어떤 행동을 하는지 유심히 살펴보면 적절한 판단을 할 수 있는 아이디어가 생길 수 있다.

　데이터는 다양한 상황을 보여주고 상황에 따른 고객의 페인 포인트를 면밀하게 보여주지만, 거기에 집중해서 관심을 갖고 봐야하는 건 결국 의사결정을 진행하는 사람의 힘인 것이다. 즉, 데이터는 고객을 이해하는 수단이 되고, 수단을 적극적으로 활용해야 하는 건 사람의 몫이다. 고객을 사로잡는 끌리는 경험 디자인은 데이터를 힌트 삼아 사람의 과감한 상상력이 더해졌을 때 생겨난다.

　한양대 DCX연구실이 기업의 상품기획팀과 산학협력 프로젝트를 진행했을 때도 마찬가지였다. 고객 데이터를 통해 다양한 군집을 분석하고 각각의 세그먼트에서 보이는 특징과 관련 원문들을 충분히 읽으며 고객 불편의 강도와 맥락을 찾아내었던 연구원들은 해당 세그먼트의 잠재니즈를 찾거나 새로운 고객의 문제를 찾아내는데 있어서 수집된 데이터를 충분히 읽고 분석할 시간이 없었던 상품기획팀의 팀원들보다 더 혁신적이었다.

이는 데이터를 충분히 읽고 해당 세그먼트에 공감이 되면 데이터가 말해주는 숨어있는 맥락을 찾아내고 이해하면서, 더 깊숙하게 고객 관점에서 생각해볼 수 있다는 것을 보여준다. 예를 들면, '사람들은 집에서 홈트레이닝을 어떤 식으로 할까?'가 표면적인 질문이라면, 그들의 원문 데이터를 보고 충분히 공감된 상태에서는 '집에서 홈트레이닝을 할 때 친구와 함께 운동하는 맥락에서 가지고 있는 페인, 예를 들면 서로 자세를 봐주고 조언해주는 상황에서 가지고 있는 불편함은 디스플레이와 함께 어떻게 해결해 볼 수 있을까?'와 같은 구체적인 질문을 던질 수 있게 된다. 이런 질문은 우리에게 새로운 가치를 주는 디바이스나 경험을 디자인할 때 매우 중요하게 작용한다.

의미 디자인을 기반으로 고객 혁신을 추구하는 기업은 이러한 고객 관점의 깊은 이해를 바탕으로 찾게 된 질문을 서로 던지며, 각각 다양한 전문 지식과 배경을 가진 사람들이 상호 작용하면서 보다 더 넓은 시야를 확보하는 것이 중요하다. 데이터를 재료 삼아 고객에 대한 새로운 맥락의 질문으로 고객의 시나리오를 더 확대해나가고, 이를 통해 다양한 가설들을 만들어낼 수 있는 것이다.

디지털 세계에서
가치를 디자인하는 방법

　　　　　　　　　　　　최근 '고객 경험'이라는 단어 자
체가 급부상하면서 각 기업의 상품기획팀의 이름이 '고객경험팀'으로
바뀌고 있다. 새롭게 CX(고객 경험) 부서가 우후죽순으로 생겨나고
있기도 하다.

　새로운 혁신적인 아이디어를 도출하는 과정에서 이들은 주로 고객
의 맥락을 이해하기 위해 제품 및 서비스와 고객의 접점을 중심으로
열심히 관찰한다. 이들이 주로 살펴봤던 데이터는 포커스그룹^{focus}
^{group}과 마켓 리서치 회사를 활용한 설문조사 데이터이고, 최근에는
보다 혁신적인 아이디어 도출을 위한 프레임워크로 디자인씽킹 방법
론이 인기였다. 표적 집단 면접 조사^{FGI, focus group interview}의 경우, 좀
더 구체적으로 고객의 마음을 확인할 때 효과적인 방식이다. 사전에

정해진 질문을 통해 고객의 생각을 깊이 들을 수 있는데, 최소 8명에서 최대 천 명의 샘플링을 통해 진행한다. 하지만 이는 다양한 맥락을 가지는 우리 고객의 마음을 정확히 알아내는 데는 분명 한계가 있다.

설문조사도 마찬가지다. 질문지를 설계할 때 이미 어느 정도 가설을 가지고 있고, 그 가설의 채택 또는 기각 여부를 판단한다. 그렇기 때문에 우리가 미처 생각하지 못한 고객의 새로운 잠재니즈를 발견하는 수단으로는 적합하지 않다. 또한 우리는 이미 지난 미국 대선을 겪으며 여론조사의 한계점을 보았다. 0.1%도 안 되는 샘플이 전체 유권자를 대변하기 어렵다는 표본의 대표성과, 본인의 생각을 솔직하게 답하지 않는 응답자의 진실성은 해결하기 어려운 설문조사의 한계다. 기업이 알고자 하는 다양한 고객군별 잠재니즈도 마찬가지다. 사는 환경에 따라, 세대에 따라 소득에 따라, 라이프 스타일에 따라 너무도 다른 소비자를 하나의 설문조사 구조로 알아내기는 어렵다. 더 문제인 것은 소비자 본인도 모르는 속마음을 성실하게 답하기란 쉽지 않다는 것이다.

글로벌 대기업들은 1년에 한 번씩 대대적으로 브랜드 인식조사를 한다. "해당 브랜드하면 가장 잘 설명해주는 문구는?"과 같이 광고 문구가 소비자에게 잘 인식되었는지 묻는 질문이나, "세탁기 하면 떠오르는 브랜드는 무엇이고, 각각의 브랜드를 얼마나 선호하는지" 1~7점 척도로 평가하게 하거나, "다음 브랜드 중 가장 선호하는 브랜드는?" 등의 질문으로 브랜드에 대한 소비자의 인식을 설문조사하는 것이다.

그리고 대기업은 이 브랜드 인식조사 결과를 토대로 내년 해외 마케팅 영업의 투자는 어느 지역에 집중적으로 해야 하는지 등의 수백억 원의 돈이 들어가는 마케팅 투자 전략을 세운다. 때로는 지금까지 해외영업 성과를 평가하는 척도로 쓰기도 하는데, 그 많은 투자 결정과 평가 기준이 표본의 대표성이 보장되기 어려운 설문조사 데이터로 이뤄지는 현실이 안타깝기만 했다.

우리 한양대 DCX연구실은 모 대기업과 함께 브랜드 인식조사를 대체할만한 '소셜 리스닝 기반 브랜드 인식지수'를 개발하고 있다. 기존의 설문조사를 기반으로 만들어진 브랜드 지수를 당장에 대체할 수는 없겠지만, 설문조사와 함께 상호보완적으로 가져가면서 소셜 리스닝 기반 브랜드 지수가 고도화되면 다음에는 설문조사를 대체할 수 있을 것이다. 소셜 데이터 기반 브랜드 지수는 설문조사와는 달리 실시간으로 우리 브랜드의 반응을 살펴볼 수 있기 때문에, 마케팅 관련 의사결정이 더 상시적이고 효과적으로 이루어질 수 있을 것이다. 또한 설문조사 표본집단보다 훨씬 더 많은 고객의 마음을 읽어냄과 동시에 설문조사에서 발견하지 못했거나, 우리가 미처 생각하지 못한 다양한 고객의 맥락을 발견할 수 있을 것이다.

전통적인 경영 원칙을 고수하는 대기업일수록 '일관되고, 예측 가능하며, 검증된' 프로세스 안에 존재하는 상품 기획을 선호한다. 이러한 이유로 새로운 가능성을 찾아낼 수 있는 새롭고 다양한 방법들에 도전하는 것을 어려워한다. 창의적인 아이디어를 도출해내는 디자인씽킹 접근 방법도 새로운 가치를 발견해내는 검증된 프로세스이긴 하지만, 분명 초기에는 혁신적으로 보였던 아이디어들이 다시 원래의 설문조사나 포커스그룹 같은 마켓 리서치 방법으로 검증되면서 그저 그런 평범한 서비스로 나오는 것을 보게 된다.

디지털 세계에서 새로운 가치를 디자인하려면 방법의 변화가 필요하다. 역사적으로 우리는 시대에 따라 새로운 혁신의 프레임이 등장해왔다. 1980년대 후반, 기업들은 품질을 제일 중요한 핵심 가치로 정의했다. 고품질의 제품을 만드는 것이 성공을 이끈다고 믿었고, 모든 회사들이 전사적 품질 경영TQM, Total Quality Management 원칙을 도입했다. 그 이후엔 빠르고 복잡하게 변하는 경영 환경에 적응하기 위해 핵심적인 문제를 집중해서 해결하는 논리적인 방법의 접근이 중요하다 믿었고, 문제 해결을 위한 7단계 접근법을 통해 아이디어를 도출해냈다. 그러다 품질 혁신과 고객 만족을 달성하기 위해서는 기업이 전사적으로 관리 체계를 갖춰나가야 한다는 과학적 사고가 중요시되며 식스시그마 관리 방법을 프로세스로 도입해왔다.

그리고 30년이 지난 지금, 품질은 더 이상 기업의 핵심 역량이 아니게 됐다. 논리적, 과학적 접근방법 또한 고객에게 사랑받는 가치를 창출해내는 과정과는 반대되는 이야기이다. 기업의 논리적이고 과학적인 관리 체계와 품질 경영은 강력한 차별점이 아니라 아주 기본적인 의무 사항이 돼버린 것이다.

자료 3-7 혁신 방법론의 변화.

　이 책에서는 일반적인 제품의 차별화, 조금 더 나은 구매 경험과 같은 점진적인 혁신을 위한 디자인 프로세스는 이야기하지 않을 것이다. 디자인씽킹 프로세스와 같은 창의적인 아이디어를 내는 방법론은 이미 잘 설계되어 있고, 아이디어를 잘 이끌어 내는 사람도 많다. 데이터만 가지고 유용한 정보를 잘 분석해내는 데이터 엔지니어들도 많다.

　이제는 매우 이질적으로 보이는 창의 영역과 데이터 영역을 융합하여 시너지를 만드는 것에 집중해야 할 때다. 고객에게 새로운 혁신적인 가치를 주기 위해 어떤 데이터가 필요한지, 이런 데이터를 경험 디자인 프로세스에 어떻게 활용하는지를 고민해야 할 것이다. 디지털 시대에 기업이 새로운 경험적 가치를 만들어내기 위해서는 디지털 세계에 존재하는 데이터들을 끌어오는 방법과, 이를 혁신적인 경험 디자인 프로세스에 접목하는 방법을 알아야 한다.

이제 이 책을 읽고 계신 CX 디자이너들은 전통적인 프로세스에 도전하는, 데이터와 함께 진보적이고 새로운 도전을 추구하는 역할을 담당하게 될 것이다.

디자인씽킹은
왜 점점 인기가
사그라들고 있을까?

2000년대 초반 클레이튼 크리스텐스의 저서 《혁신기업의 딜레마》가 세계적인 베스트셀러가 되면서 수많은 연구자들이 혁신을 실현시키기 위한 방법론을 연구하고 개발해왔다. 한때 제조기업의 식스시그마가 유행이었고, 맥킨지컨설팅그룹에서 개발한 7스텝 또한 혁신적인 아이디어를 발굴하기 위한 워크숍 틀로 인기를 끌었다. 특히, 국내 제조기업들은 식스시그마 벨트 제도를 사내에 수용하여 적극적으로 교육을 추진하고, 식스시그마의 벨트 체계에 따라 프로젝트 담당자가 자격에 맞는 벨트를 취득할 수 있도록 요구한다. 여전히 많은 기업들이 식스시그마의 벨트 자격을 진급 조건으로 두고 있다. 식스시그마의 문제 해결 절차와 경영 철학을 제조기업의 생산·품질·구매·개발 등 업무의 다양한 영역에 적용해온 것이다.

그 이후 스탠퍼드대학교에서 시작된 디자인씽킹은 꽤 많은 디자인 회사와 컨설팅 회사들이 획기적인 혁신 방법론이라 인정하며, 국내에서도 수많은 기업들이 디자인씽킹 방법론으로 워크숍과 세미나를 실시하였고 유행처럼 번지기 시작했다. 디자인씽킹 워크숍이 기업 현장에서 3~4년 동안 계속되고 있었는데, 최근 들어 그 인기가 조금 사그라든 분위기이다. 필자 또한 2019년부터 약 2년 동안 디자인씽킹 방법론을 강의하고, 실제 기업에 적용하는 퍼실리테이터 역할을 해본 경험이 있다.

이때 느낀 디자인씽킹의 장점은 다음과 같다. 가장 혁신적이라고 느낀 부분은 기업이 가지고 있는 리소스나 제품·서비스가 아니라 고객에서부터 시작하고, 그 고객의 상황과 페인 포인트에 집중해서 혁신의 기회를 찾는다는 점이다. 디자인씽킹은 '공감-문제 정의-아이디어-프로토타입-검증'의 단계로 이어지며, 고객 공감으로부터 시작하는 것이다. 고객에게 숨겨진 니즈와 페인 포인트를 이해하고, 이를 해결해줄 수 있는 아이디어가 무엇인지 고민한다. 이때 가상의 페르소나를 만들어 고객 및 사용자에 대한 공감과 감정이입을 통해 문제 해결의 단서를 찾는다.

또한, 디자인씽킹은 혼자가 아닌 다양한 사람들과 협업을 통해 창의적인 해결방안을 찾는다. 그리고 그 아이디어를 시각화하는 프로토타입과 평가하는 과정을 반복적으로 거치며 사용자 중심의 아이디어를 구현한다. 이렇게 사용자 중심, 고객 중심, 인간 중심적으로 문

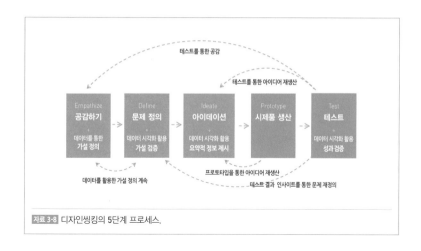

테스트를 통한 공감

테스트를 통한 아이디어 재생산

| Empathize 공감하기 + 데이터를 통한 가설 정의 | Define 문제 정의 + 데이터 시각화 활용 가설 검증 | Ideate 아이디에이션 + 데이터 시각화 활용 요약적 정보 제시 | Prototype 시제품 생산 + 데이터 시각화 활용 | Test 테스트 + 데이터 시각화 활용 성과 검증 |

데이터를 활용한 가설 정의 계속

프로토타입을 통한 아이디어 재생산

테스트 결과 인사이트를 통한 문제 재정의

자료 3-8 디자인씽킹의 5단계 프로세스.

제를 해결하고자 하는 접근이 디자인씽킹의 가장 큰 장점이다.

하지만 한계점도 분명히 존재했다. 먼저 연구자와 관찰자가 가지고 있는 관점에 따라 같은 페르소나를 연구해도 굉장히 다른 페인 포인트와 고객 여정 맵이 그려진다. 어떻게 보면 더 많은 창의력과 상상력으로 아이디어를 풍부하게 만들 수 있지만, 한편으로는 도출된 아이디어를 실행하고 투자해야 할 기업 입장에서는 '과연 이번 디자인씽킹 워크숍에서 스터디한 페르소나가 시장성이 있는 세그먼트일까?'라는 의문이 들 수밖에 없다.

'고객 여정 맵에서 페인 포인트라고 느껴진 부분들 중에 어떤 페인 포인트에 더 집중해야 할까? 도출된 아이디어는 실제로 얼마큼 고객에게 어필이 될 수 있을까?' 이를 해결하고 검증해내기 위해 상품기획팀 등에서는 도출된 아이디어를 가지고 포커스그룹 인터뷰도 하고 마켓 리서치 회사를 활용해 설문조사도 실시한다. 질적으로 도출된 아이디어를 양적으로 검증하는 방식으로 의문을 해결해 나가고 있는 것이다.

필자가 생각하는 디자인씽킹의 한계점을 정리하면 다음과 같다.

첫째, 페르소나 설정이다. 하나의 페르소나로 혁신의 기회를 찾는 것이 디자인씽킹이지만, 상품 기획자들은 디자인씽킹의 페르소나 설정 과정을 겪으며 이런 생각을 한다. '과연 내가 정한 이 페르소나가 시장성이 있을까? 애초에 다른 페르소나를 선택할 걸 그랬나? 하나만 하는 건 불안하니 몇 개의 페르소나를 같이 볼까? 내가 생각하지 못한 페르소나는 어떤 것들이 있을까? 데이터로 여러 다양한 페르소나를 한꺼번에 찾을 수는 없을까?'

둘째, 제한된 가설과 고객의 문제다. 디자인씽킹은 하나의 페르소나에서 시작해서 해당 페르소나에서 발견되는 페인 포인트를 도출하는 방식으로 가설을 세우고 이를 검증한다. 그런데 혁신적인 경험 설계는 하나의 페르소나에서 시작은 될 수 있지만, 비슷한 문제가 다른 페르소나의 맥락에서도 발견되는지 입체적으로 맥락을 분석하고 의미 디자인을 해야 하는 문제이다. 그뿐만 아니라 디자인씽킹 프로세스에서는 섀도잉(고객을 그림자처럼 따라다니며 관찰), 관찰, 인터뷰 같은 방법론이 있을 수 있는데, 해당 방법론들은 관찰자의 제한된 경험과 관점에 의해 편향이 될 수 있다. 그리고 이는 무엇보다 고객의 문제를 다양한 관점에서 풍부하게 도출해내기 어려운 구조이다.

데이터로 경험을 디자인하라

디자인씽킹		DCX 방법론
하나의 페르소나에 집중	접근의 변화	여러 개의 페르소나 (페르소나틱스)
제한된 가설		다양한 가설
관찰된 고객의 감정		고객이 표현한 감정
페르소나를 이해		연관된 생태계를 이해

자료 3-9 디자인씽킹과 DCX 방법론의 차이점.

셋째, 고객 여정 맵에서 도출되는 고객의 마음이다. 고객 여정 맵에는 고객이 여정 중 각 단계 별 접점에서 느끼는 페인 포인트와 감정을 표기하게 되어있는데, 이는 관찰자의 경험과 관점에 따라 다르게 인식될 수 있다. 어떤 여정의 맥락은 관찰자의 판단으로 인해 고객의 가장 큰 불만으로 표기될 수도 있고, 그저 보통인 감정으로 표기될 수도 있다. 즉, 맥락에서 보이는 문제점 도출에 있어서 객관성이 떨어지기 때문에 도출된 기획에 대한 설득력을 더하기가 어렵다.

넷째, 아이디어 도출 단계에서의 프레임이 부족하다. 디자인씽킹에서는 여러 사람이 고객의 페인 포인트를 고심해볼 수 있는 다양한 아이디어를 내어 그룹핑하고, 다시 논의하는 일련의 과정으로 아이디어를 도출한다. 그런데 이때 참가자들이 얼마나 해당 페르소나를 이해하고 공감했느냐에 따라, 또한 개인의 경험과 관점에 따라 도출하는 아이디어가 크게 달라진다. 특히 해당 개인이 연관돼있는 생태계, 접촉하는 사람, 채널, 물건에 따라 페르소나의 환경에 대한 이해의 폭이 크게 달라지는 모습을 볼 수 있었다.

필자는 이러한 디자인씽킹의 한계점을 극복하기 위해 '데이터 기반 고객 경험DCX, Data driven Customer eXperience 방법론'을 개발하게 되었다. 디자인씽킹의 한계점을 고객의 데이터로, AI와 머신러닝 기법으로 해결해보고자 한 것이다.

데이터로 경험을 디자인하라

DCX 프레임워크란
무엇인가?

한양대 DCX연구실이 연구·개발한 '데이터 기반 고객 경험DCX, Data driven Customer eXperience 프레임워크'를 소개하고자 한다. DCX 프레임워크는 '기존 시장 내에 존재하는 가치를 어떻게 더 강화시키는가'가 아니라, 시장 내에 일반적으로 통용되던 기본 가치를 넘어서 '고객의 맥락에서 발견된 잠재니즈와 그와 연결되는 새로운 의미적 가치'를 설계하는 방법론이다. 이를 위해서는 먼저 고객이 살아가는 삶의 환경이 어떻게 변화하는지, 사람들이 물건을 사는 이유가 어떻게 변화하고 있는지에 대한 사회적인 맥락과 사람들이 니즈를 충족하기 위해 어떤 기술과 제품·서비스를 사용하고 있는지에 대한 라이프 맥락을 탐구해야 한다.

결국 새로운 가치를 만들어내고 제안하려면 단순히 현존하는 시장에서의 페인 포인트에만 집중하는 것이 아니라, 고객의 라이프 맥락 안에서 그들의 생각과 환경을 변화시키는 일에 몰두해야 한다. 이를 위해 우리는 변화하고 있는 고객의 행동 맥락과 관련된 데이터를 수집해서 '사람들이 어떤 다양한 문제를 가지고 있고, 어떤 맥락에서 어떤 행동을 보이며, 그 행동은 어떤 사물과 연관되어 있고, 어떤 감정으로 이뤄지는가?'의 관점에서 고객을 매우 다층적으로 이해하기 위한 분석을 해야 한다.

예를 들어 세탁기 제조기업이 "사람들은 어떤 소재의 빨래를 세탁기에 넣는가?"라는 질문으로 청바지 세탁 버튼을 추가하기보다는, '남편이 출근한 뒤 여유롭게 빨래를 시작할 때', '청바지와 각종 컬러가 있는 옷을 한꺼번에 빨아야 할 때', '밤늦게 당장 내일 입을 교복 셔츠를 아랫집에 피해 주지 않고 빨아야 할 때' 등 각각의 맥락에서 "세탁기는 어떤 새로운 가치를 줄 수 있을까?"를 질문하기 시작한다. 이는 여러 빨래를 한꺼번에 하면서도 특정 소재 버튼을 누를지 고민하다 결국 '표준'만 누르는 주부들에게 새로운 경험을 주는 설계로 이어질 수 있는 질문이다.

우리는 이런 질문을 하기 위해 다양한 고객에게서 보이는 집집마다 다른 다양한 맥락을 보여주는 데이터를 찾아야 한다. 이 과정을 DCX 프레임워크에서 '센싱sensing'이라고 부른다. 고객의 현상을 감지하여 센싱하자는 것이다. 다양한 페르소나에서 보이는 독특한 맥락을 센싱해서, 심층적으로 고객을 이해하고 공감하기 위한 재료를 확보하는 것이 중요하다.

이렇게 고객에 대해서 폭넓은 시야와 다양한 맥락에서 보이는 불편함과 잠재 욕구를 찾아내기 위해 데이터를 수집하는 센싱의 과정이 끝나면, 그다음은 '셰이핑shaping'이다. 우리가 센싱 과정에서 찾았던 맥락에 새로운 의미적 가치를 설계하는 경험 설계 과정이다. 이 과정에서는 다양하게 찾은 맥락을 해석해나가는 것이 필요하다. 어떤 맥락에서 고객이 불편함을 강하게 느끼는지 데이터로 계산하고(딥러닝 기반 감성 분석), 또 어떤 맥락이 고객이 중요하게 생각하는 토픽인지(LDA에서 계산되는 토픽의 importance) 최종 기회의 영역을 찾아낸다. 이렇게 발견된 기회는 4가지 차원의 디지털 경험 설계 과정으로 모델링 해야 하는데, 이때는 4차원 입체적 고객 경험4D-CX 모델이 사용된다.

DCX의 마지막 단계는 셰이핑 과정에서 만들어진 경험들이 고객에게 새로운 의미로, 또 새로운 가치로 안착될 수 있도록 '기업 내의 가치 창출 프로세스를 바꾸는 것'이다. 기업의 기존 비즈니스 프로세스는 예전의 전통적인 가치에 맞게 설계되어 있다. 예를 들면, 기능적 가치와 품질적 가치에 초점이 맞추어져 있는 제조업체는 제품의 종류와 기능에 따라 조직이 설계되어 있고, 그들의 KPI(핵심성과지표) 역시 품질 고장 등에 맞추어져 있다. 새로운 의미와 가치를 주는 새로운 경험이 지속적으로 자리 잡으려면 우리의 일하는 방식 또한 바뀌어야 한다. 구체적으로 조직의 변화를 이끌기 위한 방법은 마지막 7장에서 설명하고자 한다.

2

DCX 설계를 위한 프레임워크

4장

스텝 1

센싱, 디지털 고객 이해하기

데이터로 다양한 디지털 고객을 찾아내고
문제를 정의하자

DCX
Data driven
Customer
eXperience

DCX 가치 창출 방법론

디지털 세계관에 적합한 문제 해결 및 고객 가치 디자인 방법론

스텝 1

	찾기(sensing)		설계(shaping)	가치 창출(value creation)
DCX STEP	디지털 고객 이해	디지털 온톨로지 (ontology)	디지털 경험 설계	디지털 가치 루프
핵심 활동	문제 상황 속 고객의 페르소나를 다층적으로 인지함.	고객 행동 맥락을 디지털 역동 속에서 심층적으로 이해함.	고객의 잠재니즈를 재해석하여 4가지 차원의 경험 설계 과정으로 모델링함.	새로운 가치가 안착되고 지속적으로 확대될 수 있는 환경을 구축함.
산출물	디지털	잠재니즈 발굴	가치 확장 경험 설계	가치 루프
디지털 사고 모델	□ 통합적 문제 찾기 □ 디지털 타깃 디자인	□ 디지털 차원 분석 □ 3A Dynamics □ 역할 맥락 분석	□ 디지털 액션의 우선순위 분석 □ 4가지 경험 공간 □ 4 Impact 질의 □ 빅 패턴 분석	□ 디지털 생태계 모델 □ 센싱 전략 점검 □ Ongoing Sensing & Shaping 전략
적용 디지털 기술	□ 페르소나틱스(Personetics) □ 채널/키워드 탐색 □ 삼층 준지도 AI 학습기 □ 데이터 크롤링	□ 텍스트 마이닝 □ 클러스터링 □ LDA, SNA □ Customer Action Map	□ 기회영역맵 □ 감성 분석, Importance 분석 □ 4D-CX, Cosine similarity □ 트렌드 분석	□ 데이터-정보-서비스 순환

자료 4-1 DCX 스텝 1. 센싱, 디지털 고객을 이해하자.

고객의
문제를 찾는 것이
혁신이다

고객의 문제를 찾는 것이 왜 중요할까? 문제란 '이상적인 상태와 현재의 상태가 일치하지 않는 상황'이다. 고객이 원하는 니즈와 현재의 제품이나 서비스 상황에 '차이'가 있으면 그것을 잠재니즈라고 부른다. 고객이 특정한 상황에서 불편함을 느끼는데 그 불편이 해결되지 못하면 그것이 바로 '고객의 문제'이다.

그런데 생각보다 이 잠재니즈를 찾기가 쉽지 않다. 기술이 발전하고 기업의 경쟁력이 올라가면서 서비스와 제품의 수준도 높아졌고, 이미 고객의 니즈를 잘 맞추어 왔다. 디지털 시대에 이와 같은 고객 문제의 희소화 현상은 문제를 발견해내는 능력을 필요로 한다. 고객이 원하는 이상적인 모습을 현 상태와 비교하여 둘 사이의 차이를 찾아님으로써, 고객도 불편하다고 느끼지 못했던 '눈에 보이지 않는 문제'를 발견해내는 능력이다.

모든 혁신은 고객의 문제를 찾는 것에서 시작한다. 어설프게 메타버스, 블록체인, 빅데이터, 챗봇, 인공지능과 같은 첨단 기술을 추구해봐야 고객을 위한 혁신을 기대하기는 어렵다. 기술 혁신이 디지털 시대에 중요한 것은 사실이지만, 이미 일상생활 대부분의 니즈가 충족되어있는 시대이다. 해결해야 할 문제가 명확하지 않은 상태에서는 아무리 혁신적인 기술을 도입한다고 해도 큰 가치를 만드는 고객 경험으로 이어지기 어렵다. 이런 당연한 사실을 알려주는 성공 사례와 실패 사례가 있다.

스태셔의 성공 사례

여행할 때 우리가 흔히 겪는 불편함 중 하나는 무거운 캐리어를 가지고 다녀야 한다는 점이다. 특히 유럽의 많은 도시들은 거친 돌바닥으로 유명하다. 유명 관광지에서 엘리베이터도 없고, 매끄럽지 않은 보도블록에서 캐리어를 무겁게 끌고 다녔던 끔찍한 경험은 영국의 한 청년이 비즈니스를 시작하게 만들었다. 바로 '트렁크 보관소의 에어비앤비'라고 불리는 영국의 스타트업 스태셔Stasher다.

스태셔는 단순한 짐 보관소가 아니다. 지역의 호텔과 상점 등에서 남는 공간을 활용해 짐을 보관해주는 공간 공유 서비스이다. 영국,

출처: 스태셔

네덜란드, 프랑스, 독일의 주요 도시에 200여 개의 짐 보관 서비스를 제공하는데, 이용 금액은 하루에 기본 6파운드로 지하철역 짐 보관 로커 가격의 절반 정도다. 여행객들은 도시 곳곳에 있는 스태시 포인트stash point를 찾아 짐을 두고 도시를 편하게 즐길 수 있다. 골칫거리인 무거운 짐을 안전하고 저렴하게 해결해주는 이 서비스가 단지 여행객에게만 좋은 것은 아니다. 짐을 맡아주는 가게(호스트)는 버려지는 자투리 공간을 이용해 추가 수익을 올린다. 서비스 지불 금액은 회사와 호스트가 반반씩 나눠 가지는데, 호스트들은 한달 평균 300~1,000파운드(한화 43만 원~145만 원)의 수익을 얻는다고 한다.

뿐만 아니라 상점들이 예상치 못한 매출을 얻기도 했다. 짐을 맡기러 온 여행객이 짐만 맡기고 가는 것이 아니라 해당 상점에서 커피를 마시기 시작한 것이다. 그리고 지나가던 다른 고객들이 사람들이 북적이는 해당 상점이 궁금해서 매장에 들어가게 하는 효과까지 가져왔다. 스태셔는 대단한 디지털 기술과 금전적인 투자로 만들어지지 않았다. 창업자가 유럽 여행을 하면서 경험했던 끔찍한 불편함을 가지고 디지털 세계에서 집 공간 공유 플랫폼을 만들어낸 것뿐이었다.

세그웨이의 실패 사례

스티브 잡스와 제프 베이조스가 "개인용 컴퓨터PC 이후 가장 경이적인 기술 제품"이라고 칭찬을 아끼지 않은 제품이 있다. 바로 2001년에 등장한 세그웨이Segway다. 이들은 세그웨이의 시제품이 '세기의 대발명'이며, 인터넷의 발명을 넘어서는 엄청난 파급 효과를 낳을 거라고 주장했다. 하지만 이들의 예측과 달리 세그웨이는 시대의 변화를 가져오지도 못했고, 2007년에 판매목표액의 1%를 겨우 달성하며 지지부진한 성과를 보였다. 그리고 2015년, 세그웨이는 모든 것을 포기하고 중국계 라이벌 기업인 나인봇Ninebot에 인수되고 만다.

필자는 세그웨이의 실패 이유를 제품이 주는 '의미'가 불분명했기 때문이라고 생각한다. 고객에게 세그웨이는 분명 획기적인 제품이지만, 나의 어떤 문제를 그 제품으로 해결할 수 있는지가 확실하지 않았기 때문에 고객들은 세그웨이를 선택

자료 4-3 Segway-S PLUS 제품.

출처: 세그웨이

할 이유를 찾지 못한 것이다. 아무리 대단한 첨단 기술이 사용되었다고 해도 고객의 어떤 불편함을 해결하려는 것인지, 어떤 목적을 가지고 있는 제품인지가 연결되지 못한다면 결코 고객에게 혁신적인 가치를 창출하지 못한다는 사실을 우리는 세그웨이의 사례에서 확인할 수 있다.

옛날처럼 물건이 부족하고, 고객의 문제가 쌓여있던 시대라면 그를 해소해줄 기술이나 혁신에 큰 수요가 있을 것이다. 하지만 오늘날에는 솔루션이 과도하게 넘쳐나는 반면, 가장 중요한 '풀고 싶은 잠재니즈'는 점점 드물어지고 있다. 이런 시대에 섣불리 기술이 주도하는 혁신을 추구한다면 실패할 확률이 매우 높다.

최근 전 세계가 열광하고 있는 메타버스 또한 굉장히 혁신적이고, 향후 다양한 비즈니스 모델들로 연결될 수 있는 잠재력이 큰 기술들의 융합결정체인 것은 분명하다. 필자가 CES 2022에서 목격한 수많은 메타버스 회사들은 인터넷의 다음 세대를 이어갈 중요한 기술이고, 이로 인해 비로소 웹3.0의 시대로 넘어갈 거라고 예견하고 있었다. 하지만 필자는 메타버스 기술들 또한 고객의 잠재니즈, 즉 디지털 시대에 새로이 등장하는 고객의 문제와 연결되지 못한다면 그저 신기하고 재밌는 기술로만 남을 것이라고 생각한다. 마치 세그웨이가 그랬던 것처럼 말이다.

데이터로 경험을 디자인하라

마이크로 세그멘팅?
이제는 초개인화 시대다

기업들은 TV광고에 엄청난 돈을 쓴다. 삼성전자는 매년 마케팅 비용으로 10조 원을 지출하고, 그 중 TV광고에 4조 원 이상을 사용한다. 지금까지의 가전은 모든 가정의 필수품이었기 때문에 사실 광고로 브랜드에 대한 긍정적인 이미지를 심어주면 고객을 끌어당기는 효과가 매우 컸다. 그런데 과연 앞으로도 가전 시장에서 TV광고와 같은 매스미디어 방식이 통할까?

최근에는 마케팅 분야에서 고객을 이해하는 관점이 마이크로 세그멘팅Micro Segmenting으로 변화되고 있다. 말 그대로 고객을 작은 그룹들로 나누어서 각 고객군에 대해 깊은 관찰을 하고 이해하는 방식을 취한다. 고객을 유사한 작은 그룹으로 나누는 방법에는 여러 가지가 있는데, 먼저 가장 중요한 것은 '고객들의 유사성을 어떤 기준으로 정할 것인가?'이다.

필자는 고객의 유사성을 텍스트마이닝 기술을 사용해서 고객이 언급한 페인 포인트와 니즈별로 나눈 적이 있다. 또한 고객의 나이, 성별, 구매 이력, 구매 상품별 비율, 구매 금액 등 인구통계와 구매실적을 지표로 만들어서 나눈 적도 있다. 최근에는 TV 로그 데이터에 남긴 사용자의 시청 시간, 시청 콘텐츠의 종류, 시청 채널, 시청 디바이스, 시청 패턴 등 고객이 TV에 남긴 시청 행동 데이터로 마이크로 세그먼팅을 해서 각각의 세그먼트마다 다른 고객 경험 설계 전략을 만들어내고 있다.

하지만 사실 지금과 같은 디지털 시대에는 마이크로 세그먼팅 방식으로도 충분하지 않다. 과거 대중들과 달리 요즘 세대는 집에서조차 다양한 개개인의 맥락을 가지기 때문에, 이들의 니즈를 채워줄 가

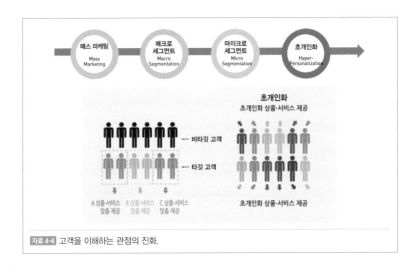

자료 4-4 고객을 이해하는 관점의 진화.

데이터로 경험을 디자인하라

전의 모습은 더 이상 천편일률적이면 안 되게 됐다. 그 첫 시작으로 가전 회사들은 '맞춤형'이라는 콘셉트를 도입해 다양한 취향을 반영한 제품들을 선보이는 중이다. 특히 삼성전자의 비스포크는 '가전을 나답게'라는 선언과 함께 라이프 스타일과 공간에 따라 타입, 색상, 소재, 기능을 자유롭게 선택할 수 있게 하며 본격적인 맞춤형 가전의 시대를 열었다.

LG전자는 이에 더 나아가 사용자 맥락에 맞춰지는 업그레이더블 가전을 선보였다. 가전제품도 스마트폰처럼 고객의 맥락에 따라 업그레이드되는 것인데, 소프트웨어뿐만 아니라 하드웨어까지 해당 고객에게 꼭 필요한 새로운 기능을 추가하는 맞춤형으로 진화되는 모습을 주겠다는 취지이다. LG전자의 UP가전은 우리 집에 강아지가 입양되면 공기청정기와 세탁기에 펫 케어 코스가 추가돼 '펫 가전'이 되고, 사용자가 캄캄한 새벽에 냉장고 문을 열면 냉장고 불빛이 줄어드는 경험을 준다. 해당 맥락에 따라 개인화된 경험을 주는 가전이

자료 4-5 삼성전자 비스포크 냉장고.

출처: 삼성전자

만들어지고 있는 것이다.

수많은 데이터가 축적되고 데이터를 활용하는 인공지능 기술도 좋아지면서, 바야흐로 고객의 관심과 니즈를 파악하는 맥락적 고객 경험의 시대가 왔다. 가전뿐만 아니라 모바일앱이나 온라인 사이트에서 큐레이션과 앱 푸시 메시지, 보이는 추천 기능, 콘텐츠들이 초 실시간, 초개인화Hyper-Personalization로 진화해나가고 있다.

실시간 초개인화 서비스의 핵심은 고객의 맥락에 맞는, 꼭 필요하고 알맞은 타이밍에, 꼭 필요한 콘텐츠를 제공하는 것이다. 우리가 '꼭 필요한 타이밍과 꼭 필요한 내용'에 집중해야 하는 이유는 너무 잦은 앱 푸시 알림과 광고 메시지들로 고객들이 괴롭다고 느낄 수 있기 때문이다. 또한 해당 맥락을 잘못 이해해서 고객과 상관없는 서비스를 주게 되면 다시는 고객의 선택을 받을 수 없다. 고객이 꼭 필요한 시간에, 꼭 필요한 상황에, 꼭 필요한 서비스로 커뮤니케이션 하는 것, 이것이 바로 고객 경험 설계를 위해 반드시 필요한 핵심 기술이기도 하다.

예를 들면, 평일에 아이를 학교에 내려주고 같은 반 아이 엄마들과 함께 백화점에서 쇼핑할 때 방문하는 매장과, 주말에 남편과 아이들과 함께 할 때 방문하는 백화점 매장은 맥락적 상황이 다르다. 같은 사람에게서 보여지는 이 2가지 맥락은 서로 다른 쿠폰과 메시지로 고객과 커뮤니케이션 해야 한다. 평일에는 브런치를 먹을 수 있는 쿠폰과 여자들 세계에서 가고 싶은 럭셔리 매장을 추천해줘야 하고, 주말에는 아이들과 같이 갈 수 있는 매장이나 문화센터 강좌 중에 아이

출처: LG전자

두뇌 개발에 좋은 수업을 추천해주는 것처럼 전혀 다른 콘텐츠로 커뮤니케이션해야 하는 것이다.

기존의 지역별, 나이별로 일률적으로 고객을 나누어서 생각하는 세그멘팅 방식은 데이터로 개인화된 경험을 줄 수 있는 오늘날 디지털 시대에 어울리지 않는 올드 스타일적인 접근이다. 지금은 한 명의 고객에게도 시간과 장소를 같이 하는 사람에 따라 맥락을 다르게 봐야 하는 시대다. 고객의 맥락을 센싱해내는 것, 그것이 바로 초개인화 경험의 시대로 가는 첫걸음이다.

데이터에서
다양한 페르소나를
찾아보자

디자인씽킹에서는 하나의 페르소나로 여러 혁신적인 가설들을 도출한다. 그러나 해당 페르소나가 얼마나 시장성이 있을지, 고객 여정 맵CJM에서 보이는 맥락들 중에서 놓치는 건 없는지 판단하는 과정에서 관찰자의 사고 역량이 크게 작용한다. 관찰자의 경험과 시선에 따라 결과물이 크게 달라지는 것이다. 이런 한계점을 이겨내기 위해 빅데이터로 여러 다양한 페르소나를 한꺼번에 찾을 수는 없을까? 그리고 각각의 맥락에 대해 데이터가 더 리얼하게 보여주고 수치로 증명하여 객관성을 더 얻을 순 없을까? 이를 위해 우리 한양대 DCX연구실에서 여러 전문가와 함께 다양한 페르소나를 데이터에서 찾는 '페르소나틱스 방법론'을 연구했다.

다음은 데이터를 통해 페르소나를 찾아내는 방법이다. 데이터는 크게 내부 데이터와 외부 데이터로 나눌 수 있는데, 이 두 데이터는 분석하는데 있어서 접근 방법이 다르다. 먼저 이번 챕터에서는 기업의 내부에 쌓이는 내부 데이터로부터 다양한 행동과 맥락을 가지는 고객의 페르소나를 찾아내는 방법부터 살펴보고자 한다.

내부 데이터에는 크게 기기 데이터, 로그 데이터, 구매 데이터 등이 있는데 우리는 이러한 고객 행동 데이터를 딥러닝 기반 클러스터링clustering(군집화) 기법을 통해 다양한 마이크로 세그먼트로 분류해보고자 하였다. 예를 들면 TV 로그 데이터에는 해당 TV의 전원이 몇 시에 처음으로 켜졌는지, 몇 시에 어떤 채널로 변경됐는지 등의 기록이 남는다. 이 데이터는 해당 고객이 넷플릭스에 접속했는지, 유튜브를 재생했는지 알 수 있다. 이렇게 쌓이고 있는 고객의 TV 사용 행동 데이터는 시퀀스 데이터*로 표현되어 시퀀스 기반의 고객 군집화를 가능하게 한다. 클러스터링 기법은 비슷한 특징을 가진 데이터끼리 묶어주는 데이터 분석 방법인데, 여기서는 비슷한 시청 패턴을 보이는 고객군들을 군집화한다. 예를 들면 어떤 세그먼트는 주말 저녁시간에 OTT 플랫폼으로 영화를 소비하는 그룹이 될 것이고, 또 어떤 세그먼트는 새벽마다 주식 관련 채널만 소비하는 투자 정보에 관심 있는 그룹이 될 것이다.

---

* 시간의 흐름에 따라 쌓이는 고객의 시청 기록이 고객을 나타내는 특성이 되는 것이다. 예를 들어, 고객 A는 오전 6시에 처음 TV를 켜서 뉴스 채널을 30분간 시청하고, 오후 10시에 TV를 켜서 예능을 보는 시청 기록을 가진 데이터로 표현된다.

Segment Identification
• TV 편성이 보통 일주일 단위이므로, 일주일 시퀀스를 기준으로 클러스터링

자료 4-7 TV 시청 시퀀스로 고객을 군집화한다.

존재하는 로그 데이터로 고객을 세그먼트로 군집화 한 것은 이들에게 적합한 맞춤형 고객 경험을 고민하게 되는 시작점이 된다. 가령 디즈니플러스 플랫폼의 출시라는 새로운 이벤트가 등장한다고 가정해보자. 이 새로운 플랫폼에 대해 고객들이 시청 패턴에서 보이는 반응은 제각기 다를 것이다. 디즈니플러스로 인해 누군가는 TV 시청 시간이 더 늘 수도 있고, 누군가는 전혀 관심이 없어 변화가 없을 수 있고, 다른 누군가는 넷플릭스에 들이는 시간을 줄일 수도 있을 것이다.

우리는 이러한 반응을 분석하기 위한 출발점으로 군집화된 각각의 고객 세그먼트를 먼저 파악하였다. 로그 데이터의 시점을 해당 이벤트 전과 후로 나누어 군집의 구성원과 군집의 특징을 비교하는 것이다(시계열 데이터를 가지고 가상의 Control Group을 만들어 Treatment Group에

데이터로 경험을 디자인하라

적용된 Shock의 영향력(β)을 추정하는 Synthetic Control 방법을 활용).

간단하게 분석 결과 적용 예를 들면, 군집을 구성하고 있는 구성원의 변화는 없는데 시청 행동이 유의미하게 달라지는 군집이 있다. 우리는 해당 군집이 다른 군집보다 디즈니플러스와 긍정적인 시너지를 갖는 특징이 있다고 보고, 해당 군집에 집중하여 공격적인 마케팅 전략을 세울 수 있을 것이다. 군집의 시청 행동은 그대로인데 군집을 구성하고 있는 구성원이 달라지는 경우도 있다. 이벤트 시점 후 군집의 구성원 비중이 점점 적어져서 소멸했다면 해당 사건이 특성을 이루는 군집의 무엇과 맞물려 다른 군집으로 이동했거나, 사라졌음을 확인할 수 있다. 여기서는 고객의 특성을 나타내는 데이터를 통해 해당 군집이 어떻게 형성돼있는지 살펴봐야 더 자세한 해석이 가능하다.

이같은 방법으로 TV 콘텐츠 플랫폼 후발주자의 등장이 스마트TV 고객 경험에 미치는 영향을 파악할 때 단순히 '시청 시간이 얼마나 변했다'의 단편적인 관점이 아닌, 군집의 특성을 비교 분석하며 다방면적인 관찰이 가능해진다. 또한 고객을 나타낼 때 고객의 시청 시퀀스라는 미시적 데이터를 사용했기 때문에, 보다 의미있는 인사이트 분석과 해석이 이루어진다는 이점도 있다. 각각의 세그먼트가 '디즈니플러스의 출시'라는 새로운 이벤트에 노출되었을 때, 어떤 세그먼트가 이에 반응하고, 또 어떤 세그먼트가 새롭게 생겨나는지 데이터로 찾는다면, 해당 세그먼트를 만족시킬 수 있는 경험 설계가 더 구체화될 수 있을 것이다.

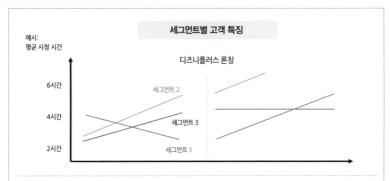

자료 4-8 군집의 특징이 달라지는 경우. 디즈니플러스 론칭이 세그먼트의 행동 변화에 미치는 영향을 파악한다. 이 그래프에서는 세그먼트1이 디즈니플러스 론칭에 영향을 받아 평균 시청 시간 추세가 우상향으로 변화했지만, 세그먼트2의 추이에는 변화를 미치지 않았다.

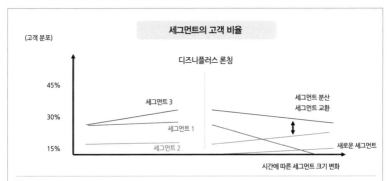

자료 4-9 군집 내 구성원의 비율이 달라지는 경우. 디즈니플러스 론칭이 세그먼트를 이루는 구성원의 비율 변화에 미치는 영향을 파악한다. 이 그래프에서는 세그먼트1이 디즈니플러스 론칭에 영향을 받아 소멸했다. 세그먼트3의 일부는 세그먼트2로 이동했다.

이같이 전자제품에 남는 로그 데이터는 우리에게 고객 행동을 분석하고 새로운 맥락을 찾아낼 수 있는 기회가 될 수 있다. 하지만 생각보다 이 맥락을 찾는 것이 쉬운 일은 아니다. 과거 한 기업과 프로젝트를 진행했을 때도 데이터 담당자가 "1년 이상 분석 인원들이 매

데이터로 경험을 디자인하라

달리고 분석했지만 실제 해당 기기를 조작할 때 당시의 고객 맥락을 잡아내기가 너무 어려웠다"고 토로했다. 고객이 냉장고 문을 열 때 음료수를 먹고 싶어서 열었는지, 식재료를 체크하려고 열었는지, 냉장고를 청소하려고 열었는지를 알아내기란 기기 데이터로는 역부족일 수밖에 없는 것이다. 결국 냉장고와 관련된 다양한 고객의 맥락을 이해하기 위해서는 내부 데이터에만 목메고 있을 게 아니다. 이제 우리는 고객의 리얼한 목소리, 소셜 데이터를 들여다볼 차례다.

소셜 데이터에서 찾은
Z세대의 페르소나

          웹페이지를 그대로 가져와서 필요한 데이터만 추출하는 크롤링을 통해 고객의 데이터를 수집하는 것은 더 이상 새롭거나 진보적인 방식이 아니다. 블로그나 SNS처럼 인터넷 환경에서 사람들이 자신의 경험과 생각을 능동적으로 공유하는 것이 일상화된 이래로, 정보 기술을 활용하여 인터넷에 존재하는 수많은 글들을 수집, 처리하려는 시도가 끊임없이 이루어졌기 때문이다. 그러나 백 살도 더 먹은 회귀 분석이 분석 목표에 따라 아직도 주류 통계학에서 현역으로 활동하고 있는 것을 본다면, 무엇으로 분석하는가보다 어떻게 분석하느냐의 관점으로 이야기를 해볼 필요가 있다.

    고객 경험을 이해하기 위해 고객의 소리를 듣는 소셜 리스닝은 크롤링이라는 웹 스크래핑^{web scraping} 기술에서 시작한다. 그러나 크롤링이라는 방법론 그 자체가 중요하다기보다, 크롤링을 통해 고객 경험의 관점에서 우리가 얻고자 하는 것이 무엇인지 확고히 할 필요가 있다.

가령 기업에서 Z세대를 대상으로 한 신규 제품을 설계하고 있다고 가정해보자. Z세대는 보통 1997년 이후 출생자를 지칭하고, 기존의 X세대 혹은 그보다 선행 세대들과는 큰 사고의 차이를 가지고 있다는 인식이 있다. 때문에 X세대 이전에 출생한 기업 의사결정자들의 입장에서 Z세대의 사고방식을 이해하는 것은 큰 과제이다. 당연하게도 의사결정자들이 Z세대의 사고방식을 이해할 수 있는 방법은 Z세대와 소통하는 것이기에, 그들은 Z세대를 인터뷰하고 설문하는 등 다양한 방식으로 소통을 시도해왔다. 그러나 이러한 시도는 의사결정자들이 Z세대를 아는 데에는 도움이 되었지만, 이를 총체적으로 이해하고 경험에 녹여내기에는 한계가 있었다. 다시 말해, Z세대가 스마트패드를 선호한다는 것은 알지만, 왜 선호하는지는 X세대의 감성으로는 이해가 되지 않는 것이다.

'그냥 키보드를 두드리는 것이 더 편하지 않나? 왜 굳이 스마트패드를 써서 펜슬을 잡지? Z세대는 디지털 네이티브라 키보드 사용에 익숙하다며? 펜슬을 쓸거면 그냥 공책을 쓰는게 낫지 않나?'

이러한 현상은 조사자나 응답자의 역량이나 방법론의 문제는 아니다. 이는 한국인으로 태어난 우리가 외국인에게 한글 문법을 체계적으로 설명하는 것이 어렵듯이, Z세대로 태어난 사람이 Z세대의 특징을 다른 세대에게 체계적으로 설명하는 것에는 한계가 있기 때문이다. 예를 들어, 우리가 [우리] 뒤에 [이]라는 조사 대신, [가]라는 조사를 붙이는 이유는 '표준 문법 상 받침이 없는 단어 뒤에는 주격 조사 [가]가 위치하기 때문'이라기보다, '[우리이]보다 [우리가]가 더 익숙하기 때문'이다. 마찬가지로 Z세대가 스마트패드를 선호하는 이유는 '패드가 정량적으로 대체재보다 경쟁 우위에 있기 때문'이라기보다, '어떤 감성적 요소가 그들의 마음을 움직였기 때문'에 더 가깝다. 다만 아쉬운 것은 우리가 받침이 없는 단어 뒤에 조사 [이]가 오는 것이 왜 어색한지 언어로 설명하기 어렵고 그 이유를 체계화하려고 시도해본 적이 한 번도 없었던 것처럼, Z세대는 그들의 마음을 움직인 '어떤 감성적 요소'를 체계화하려고 시도해본 적이 없고, 따라서 이를 언어로 설명하는 것이 대단히 어려운 일이라는 것이다.

이 '어떤 감성적 요소'를 디자인씽킹에서는 '숨은 수요hidden needs'라고 부르고, 이러한 숨은 수요는 아직 발굴되지 않았기에 아직 만족되지 못했다는 의미에서 산업에서는 '잠재니즈unmet needs'라고 부른다. Z세대와의 소통을 통해 이 잠재니즈를 발굴하고, 이를 만족하는 제품이나 서비스를 설계하는 것이 Z세대를 위한 경험 설계의 초석이 되는 것이다.

고객 스스로 자신들이 원하는 것이 무엇인지 제대로 설명하지 못하는 현상은 비단 Z세대뿐 아니라, 모든 고객군에서 나타날 수 있다. 따라서 우리는 고객과 소통하는 방식을 기존의 고객을 직접 설문하는 방식에서, 고객이 능동적으로 자신의 경험을 공유한 내용의 맥락을 파악하는 소셜 리스닝으로 바꾸어보았다. 고객에게 "왜 스마트패드를 사용하나요?"를 묻고 "어… 감성적이잖아요?"라는 비체계적 답변을 듣는 방식이 아닌, 고객이 과거에 스마트패드를 사용한 뒤 능동적으로 공유한 경험의 맥락을 파악해서 고객의 스마트패드 사용 맥락을 페르소나별, 욕구별로 더 구조적으로 체계화하려는 시도다.

　이러한 접근을 구체적으로 이해하기 위해 실제 소셜 리스닝을 통해 고객 경험을 설계한 사례를 소개하고자 한다. 우리는 Z세대의 스크린 디바이스 경험에 대한 잠재니즈를 발굴하기 위해 소셜 리스닝을 진행하였다.

　검색 키워드는 시청 디바이스 경험과 관련된 키워드(예. 유튜브)와 Z세대와 관련된 키워드(예. 갓생)를 결합하여 Z세대의 스크린 디바이스 경험을 특정하고자 하였다. 약 18만 건의 크롤링 데이터를 수집하였으며, 비지도학습 알고리즘으로 유사한 경험을 나타내는 데이터를 군집화하여 Z세대의 페르소나를 도출하게 되었다. 군집화된 데이터 중, 광고글을 묶은 군집처럼 고객 경험을 설계하는데 불필요한 군집들을 제외하고 결과적으로 총 21개의 군집을 페르소나로 재해석하였다([자료4-10] 참고).

　스크린 디바이스와 관련한 Z세대의 21개 페르소나를 일일이 다 설명하기는 어렵지만, 큰 카테고리별로 살펴보자. 먼저 첫 번째 '시청' 카테고리의 경우, 주로 Z세대가 시청 콘텐츠를 소비할 때 사용하

카테고리	페르소나	욕구	키워드
시청	넷플 그거 봤어? 아! 너두? 아 나두!	콘텐츠를 혼자 즐기는 것이 아니라 주변 사람들도 나와 같은 감정을 느꼈으면 하는 욕구	#후기공유 #영업 #추천
	Z세대 BGM의 재정의: Background.mp4	음을 하면서 음악 뿐 아니라 시각적 지각인 영상을 배경으로 함께 틀고자 하는 욕구	#줌파티 #배경영상 #BGMp4
연예인	만날 수 없어. 만나고 싶은데	좋아하는 연예인과 1:n이 아닌, 1:1의 소통을 하고 싶은 욕구	#위버스 #버블 #DM
	연예인 굿즈에 개성과 감성 한 스푼	연예인 굿즈를 그냥 소장하는 것이 아닌, 자기 스타일대로 꾸미고 싶은 욕구	#컬꾸 #다꾸 #폴꾸
	아는 날 내 마음으로 뮤지컬이 들어왔다	아이돌 문화 뿐 아니라 뮤지컬, 연소리 등 다양한 콘텐츠를 즐기고 싶은 욕구	#뮤지컬 #씨엔공연 #전국투어
	무틴 찾는 셀러미(?)부터 바디 프로필까지	바디 프로필과, 그 이후 요요가 오지 않는 것을 목표로 운동하는 욕구	#바디프로필 #엔탈관리
	일단 스마트폰 ON, 방구석 자가진단	전문가의 앞말 100% 신뢰하지 않고, 유튜브 검색을 통해 이를 검증하고 싶은 욕구	#욕동써치 #박투브
	내가 좋아들지 알고 싶지만 내용을 알고 싶지 않아	수많은 콘텐츠 중에서 나의 인증을 최대로 끌어올릴 수 있는 콘텐츠를 찾고 싶은 욕구	#영화후기 #소포주의
일상	통소음을 위한 있어버린다: 엘티플레이어(이어를 위한 A~Z	혼자 시사할 때 대장 먹어도 되지만, 멋지게 꾸며 자랑하고는 싶은 욕구	#밀키트 #갓생 #요리스타그램
	Z세대, 사랑에도 노력이 필요해	소중한 사람과의 매몰 매출을 기록하고 싶지만, 그럴 수가 없는 것이 아쉬운 욕구	#데이트 #브이로그
	내가 모두를 게임으로 부른 이유	낯아진 게임의 접근성과 게임 파셉 콘텐츠로 언제나 게임과 맞닿아 있는 욕구	#롤챔 #캠방 #IP
	음악: 가져보지 못한 것에 대한 향수	구 콘텐츠에 대한 관심이 있지만, 그렇다고 기꺼에게 많은 지불을 할 용이는 없는 욕구	#LP바 #레트로 #인생네컷
	요즘 세대의 독서법	동기부여를 선택하기 위해 다른 사람과 스스로를 연결하고자 하는 욕구	#비디멘독서모임 #공스타
	#mood 예술가	창작에 대한 욕구로 자기민족용 포트폴리오나 시재물을 만들고 싶은 욕구	#포트폴리오 #전시회 #시재룸출시
	시술도 나쁘지 않아, 하지만……	미용 시술에 관심이 있지 많지만, 쉽게 실행에 옮기지는 못하는 욕구	#필러 #부작용 #가격
	반려식물? #가보자it	많은 책임감이 필요한 반려동물 대신, 반려식물로 정서 교감을 하고자 하는 욕구	#플랜테리어 #반려식물 #힐링
	핏텐션으로 노는 건 못 참지	익숙하지 않은 오프라인 보다 나의 패스널 컬러를 하나의 콘텐츠로 여기는 욕구	#포토존 #브이로그 #인생네컷
패션	패스널 컬러? 알아버린 나를 찾아서	나를 대표할 수 있는 생각, 톤이 나의 패스널 컬러를 찾고 싶은 욕구	#퍼스널컬러 #길옷 #어울
자기계발	Z세대의 레벨-업	나만의 스타일로 공부를 해야 하지만, 정보 혼자 공부하는 것은 어려운 욕구	#플래너 #투두메이트
	아무튼 집중력을 높이고 싶어	다양한 방법으로 공부 환경을 자신에게 맞추고자 하는 욕구	#카공 #스터디카페 #백색소음
	난 뭐랄까, 애플 제품이 이리 다채로운지	감성에 꼭 디바이스를 구매했지만, 숨겨진 성능이 성능을 돌라며 성능을 중요시하는 욕구	#굿노트 #아이패드 #운영성

자료 4-10 데이터를 통해 발굴한 Z세대 페르소나

데이터로 경험을 디자인하라

는 채널이나 시공간적 배경, 그리고 크롤링 당시 Z세대에게 인기 있는 콘텐츠 중심으로 수집된 데이터다. 이 카테고리 페르소나들의 데이터에서는 그들이 무엇을 하며 시청 콘텐츠를 소비하는지, 혹은 어떤 시청 콘텐츠를 소비했는지에 대한 데이터가 많이 관찰되었다. 더 자세히 보이는 특징 중 하나는 유튜브 영상이나 드라마 한 편과 같은 비교적 짧은 콘텐츠에 대해서는 감상평이나 주관적 감정을 묘사한 경우가 많은 반면, 드라마 시리즈나 영화와 같은 비교적 긴 콘텐츠에 대해서는 주연, 원작, 감독 등 객관적 사실을 묘사하는 경우가 많았다.

두 번째, '연예인' 카테고리는 팬덤이 연예인과 소통하는 채널, 팬덤 관련 은어 등 키워드를 중심으로 수집된 데이터다. 주로 팬이 연예인 문화를 소비한 경험이 공유되었다. 그런데 흔히 Z세대가 관심 있을 것이라고 예상되는 아이돌 문화뿐 아니라, 디스플레이로 아이돌 문화에 대한 2차 창작물, 뮤지컬, 판소리 등 다양한 문화에 대한 소비 경험 또한 관찰되었다.

세 번째, '일상' 카테고리에서는 Z세대가 일상적으로 소비하는 은어들로 데이터를 수집했다. 디스플레이로 게임을 즐기거나 여행, 취미활동 등을 하는 다양한 페르소나들이 관찰되었다.

네 번째, '패션' 카테고리에서는 Z세대가 패션과 관련된 내용을 접하는 채널과 그들의 퍼스널 컬러를 중심으로 키워드가 선정됐다. Z세대가 휴대하는 스마트 디바이스에서는 자신의 패션과 잘 어울리는 디바이스를 원했고, 또한 자신의 패션에 대해 다른 사람에게 공유하고 평가받고 싶어하는 니즈를 발견했다.

다섯 번째, '자기계발' 카테고리는 공부, 운동 등 자기계발 분야에서 자주 쓰이는 은어를 중심으로 수집한 데이터다. Z세대는 자기계발에서 스마트 디바이스에 단순히 공부, 운동하기 편한 기능을 기대할 뿐 아니라, 디스플레이에서 제3의 시선으로서 자신을 감시해주기를 바라는 욕구가 많이 잡혔다. 또한 자기계발을 할 때 최적의 환경을 만들기 위해 디바이스를 꾸미거나 액세서리를 구비하는 것에 진심을 다하는 모습도 발견되었다.

Z세대의 21개 페르소나는 각각 유사한 고객 경험을 중심으로 재해석되었으므로, 페르소나에 속한 데이터 원문들을 유사한 잠재니즈들을 가지고 있는 주체들로 가정했다. 각 페르소나는 한 줄 내외로 간략히 설명할 수도 있지만, 그 안에 포함된 데이터 원문들에는 페르소나의 수많은 잠재니즈와 맥락들이 포함되어 있었다. 이러한 맥락을 파악하고, Z세대의 페르소나를 이해하는 과정에 대한 예시를 소개하고자 한다.

K-pop이나 아이돌 문화를 매개로 새로운 문화로 확장하는 Z세대

K-pop은 하나의 독립적인 장르로 인정될 정도로 여러 콘텐츠에 지대한 영향을 미치고 있는 문화다. 그중에서도 아이돌 문화는 10~20대를 주요 대상으로 삼고 있으며, M세대나 Y세대 또한

10~20대에 자기만의 아이돌을 한 번쯤 마음속에 품어본 적이 있을 것이다. 이처럼 K-pop과 아이돌 문화는 젊은 세대의 문화와 떼려야 뗄 수 없는 관계에 있기에, 보편적으로 이 둘은 연쇄적으로 인식될 수밖에 없다.

그러나 우리 한양대 DCX연구실이 데이터에서 찾은 Z세대 21개 페르소나 중에서 연예인 카테고리의 〈어느 날 내 마음으로 뮤지컬이 들어왔다〉 페르소나 그룹은 'Z세대는 아이돌 문화에 열광한다'는 보편적인 인식을 깨고, Z세대가 뮤지컬이나 판소리와 같은 다양한 장르의 문화에도 열광한다는 것을 보여주었다. 이때 아이돌 문화는 Z세대가 향유하는 문화의 확장을 촉진하는 매개체가 되는데, 노래에 강점이 있는 아이돌이 뮤지컬 등 다른 장르에 진출하면서 그 팬덤의 관심이 해당 장르로 이동하는 경우가 많았다. 이때 팬덤은 아이돌 문화와는 다른 뮤지컬 문화를 경험하며 새로운 잠재니즈를 디지털 세계에서 이야기하고 있었다.

예를 들어 아이돌 문화에서는 흔하게 등장하는 직캠(무대를 찍어서 영상으로 올리는 행위)이 뮤지컬에서는 금기시된다는 점을 아쉽게 느꼈다. 적정선을 지키는 직캠은 홍보 차원에서 용인하는 경우가 많은 아이돌 문화와 달리, 뮤지컬에서는 초상권이나 스포일러 등의 문제가 더 두드러진다. 때문에 Z세대는 자신이 좋아하는 아이돌의 뮤지컬 장면을 개인 소장하거나 뮤지컬 관람전에 미리 체험해볼 수 없다는 점을 아쉬워하였다.

한편, 뮤지컬 노래가 가수가 아닌 뮤지컬에 귀속된다는 점도 Z세

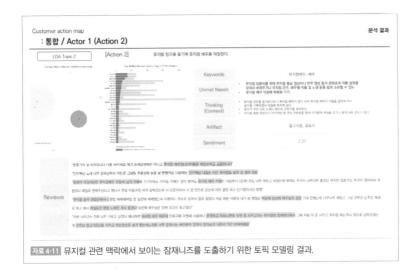

자료 4-11 뮤지컬 관련 맥락에서 보이는 잠재니즈를 도출하기 위한 토픽 모델링 결과.

대에게 새로운 경험이 되었다. 〈서른 즈음에〉가 가수 김광석 씨의 노래인 것처럼 대중가요는 노래가 가수에게 귀속되어있는 반면, 〈메모리〉는 뮤지컬 〈캣츠〉의 노래인 것처럼 뮤지컬 넘버는 뮤지컬에 귀속된다. 이때 팬덤은 뮤지컬 넘버인 〈메모리〉를 소비하기 보다, 자신이 좋아하는 가수가 〈메모리〉를 부르는 것을 소비하는 경향이 짙었다. 즉, 같은 뮤지컬이라도 누가 캐스팅되었느냐에 따라 Z세대가 인식하는 문화 콘텐츠의 가치가 달랐고, 가수의 이미지와 배역의 이미지가 모두 잘 보존되었을 때 콘텐츠에 대한 Z세대 만족도는 극대화되었다. 이렇게 해당 페르소나에서는 K-pop과 아이돌 문화에서 시작해서 또 다른 문화영역으로 계속해서 확장하는 Z세대의 모습을 발견할 수 있었다.

데이터로 경험을 디자인하라

디지털 세계 안에서
새로운 정서적 교류를 시작하는 Z세대

의사소통은 물론 수업이나 업무까지도 원격으로 이루어지는 요즘, Z세대의 정서 교류 깊이가 이전 세대보다 얕아지고 있다고 생각하는 사람들이 점점 많아지고 있다. 요즘 세대는 연애도 가볍게 하고, SNS를 통해 형식적으로만 친구 관계인 사람도 많으며, 온라인으로 다양한 사람을 만나지만 깊이 만나지는 못한다는 이야기를 한 번쯤은 들어본 적이 있을 것이다. 하지만 일상 카테고리의 〈요즘 세대의 독서법〉과 〈반려식물? #가보자고〉 페르소나 그룹은 정서 교류의 방법과 대상이 조금 바뀌었을 뿐, 여전히 Z세대는 깊은 정서 교류를 갈망하고 시도한다는 것을 보여주고 있었다.

다른 사람들과 물리적으로 만나는 환경에서 정서적 교류를 이루어 온 이전 세대와는 달리, Z세대는 밖으로 나가지 않더라도 대부분의 수요를 충족할 수 있는 초연결 환경에서 선택적인 교류를 할 수 있게 되었다. 〈요즘 세대의 독서법〉 페르소나 그룹은 이러한 초연결 시대에 동기 부여까지도 선택적으로 해야 하는 Z세대의 상황과 그것을 해내는 Z세대의 모습, 그리고 그 과정에서 자신과 비슷한 목표를 가진 사람들과 깊은 정서 교류를 하는 모습을 담고 있었다.

우리는 학생들이 어떤 분야든 열심히 하는 친구와 어울릴 때, 혹은 열심히 공부하는 분위기의 교실에 있을 때 학습에 대한 동기 부여를 받기 쉽다고 생각한다. 학생들이 오프라인 교실에 있다면 의도하지 않아도 다른 학생들이 열심히 노력하는 모습을 자연스럽게 관찰할 수 있지만, 온라인 환경에서는 의도적으로 공개하지 않는 한 자신이 열심히 노력하는 모습이 공개되지 않는다. 즉, 초연결 사회에서 Z세대 학생들은 목적을 이루기 위해 굳이 물리적으로 움직이지 않아도 되고, 타인을 통해 동기 부여가 될 기회가 적다는 점에서 스스로 마음이 나태해진다고 느꼈다.

재미있게도 Z세대는 초연결 때문에 약해진 동기 부여를 '선택'하기 위한 방법으로 다시 초연결 기술을 활용하였다. 열품타와 같은 애플리케이션을 통해 자신이 공부하는 모습을 실시간으로 송출하여 의도적으로 자신이 노력하는 모습을 공개하거나, 자신과 비슷한 목표를 가진 사람들끼리 그룹을 이루어 함께 목표를 이루는 등 초연결 시대에 알맞는 형태의 교류가 새로이 형성되고 있는 것이다. 이 과정 속에서 Z세대는 자신과 비슷한 관심사나 목표를 가진 사람들과 정서를 교류하였고, 이는 기성세대가 우연히 물리적으로 가까이 있던 사람들과 맺었던 교류와는 또 다른 의미의 돈독한 정서적 교류를 보였다.

식물로 인테리어를 하고 싶어하는 〈반려식물? #가보자고〉 페르소나 그룹의 경우 Z세대가 자신의 정서에 오롯이 집중하고자 하는 수요를 보여주었다. 대표적으로는 연애를 통해 자신의 감정을 온전히 쏟아 넣는 대상인 애인에 대한 갈망 등이다. 다만, Z세대의 정서 교류 대상은 비단 사람과 사람 간의 교류에 국한되지는 않았다. 그들은

데이터로 경험을 디자인하라

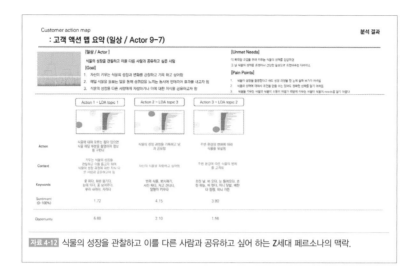

자료 4-12 식물의 성장을 관찰하고 이를 다른 사람과 공유하고 싶어 하는 Z세대 페르소나의 맥락.

취미 활동, 게임 아바타 등 다양한 요소들에 감정을 쏟았으며, 그중 가장 두드러지는 대상은 단연 반려동물이었다. 혼자 살거나 비대면 환경으로 인해 다른 사람과의 교류가 적은 경우, 감정을 쏟아 사랑할 수 있는 반려동물에 대한 갈망을 보이곤 했다.

이때 반려동물과의 정서 교류는 기성세대가 사람을 통해 얻고자 했던 정서 교류처럼, 매우 진중하고 대등한 관계를 의미했다. Z세대가 스스로를 지칭할 때 '애완동물 주인'이라는 표현보다 '반려동물 집사'라는 표현을 더 선호한다는 점은 이러한 의미 변화를 잘 나타낸다. 단순히 애정하고 희롱할 수 있는 애완동물이 아닌, 자신과 정서적 교류를 할 수 있는 반려동물이라는 표현을 사용하는 것이다. 또한 반려동물과 자신의 관계를 위계적 주종관계로 정의하지 않고 대등한 인격체로 정의하고 있었다. 그러나 반려동물에 대한 Z세대의 인식이 각별해진만큼, 본격적으로 반려동물과 함께하는 것에 대한 부담도 커졌다. 반려동물과 함께 하기 위해서는 많은 준비와 노력이 필요하다는 인식이 강해졌고, 일단 반려동물을 입양하면 그것을 취소하기가 어렵기 때문이었다.

이러한 맥락에서 일부 Z세대는 반려동물에 비해서 신경 쓸 것이 상대적으로 적은 반려식물을 선택했다. 이때 반려식물 역시 자신과 정서를 나누는 대상이었다. 기성세대가 공기 정화 식물이나 토마토와 같은 유용한 식물을 주로 택한 반면, Z세대는 보기에 아름답거나 성장을 쉽게 체감할 수 있는 식물을 선호하였다. 비대면 시기에 나갈 수 없는 마음을 반려식물을 바라보는 것으로 달래고, 식물에 이름을 붙이며, 인테리어에 식물을 활용하는 플랜테리어planterior 문화가 자리 잡은 것이다.

데이터로 경험을 디자인하라

페르소나에서 보이는
Z세대의 특징

앞선 사례와 같이 Z세대 페르소나의 맥락을 파악하다 보면, 페르소나를 관통하는 Z세대의 공통적인 특징들을 추론할 수 있었다. 가령, Z세대는 뮤지컬에 비용을 지불하기 전에 콘텐츠를 체험하고 싶어 하고, 한번 입양하면 취소할 수 없는 반려동물 대신 반려식물을 선택했다. 이런 양상을 볼 때 'Z세대는 무언가를 받아들이기 전에 그것을 체험해보기를 갈망한다'는 특징을 찾아낼 수 있다.

실제로 Z세대는 이러한 갈망을 음식에 소스를 부어 먹기 전에 먼저 찍어 먹어 맛을 확인해보는 행동에 비유한 '찍먹'이라는 단어에 투영하였다. 영화를 보기 전에도 유튜브에서 사람들의 리뷰를 통해 '찍먹'을 하는데, 이들은 다른 어떤 세대보다도 무언가 선택하기 전에

INSIGHT 1	내가 경험할 수 있는 한계보다도 많은 콘텐츠가 생산되는 시대, Z세대는 만족에 있어서 손해를 보고 싶지 않다.
INSIGHT 2	Z세대 최대의 적은 의지. 초연결 사회는 Z세대를 나태하게 만들었지만, Z세대는 그 해결책 또한 초연결에서 찾는다.
INSIGHT 3	오프라인이 기본값이고, 편의를 위해 온라인을 선택하는 X세대. 온라인이 기본값이고, 감성을 위해 오프라인을 선택하는 Z세대.
INSIGHT 4	낮은 진입 장벽, 무엇이든 가능한 Z세대. 그렇기에 마음을 다 주기 전에 찍먹해 본다.
INSIGHT 5	멀티태스킹은 선택이 아닌 필수, Z세대는 정보를 습득함과 동시에 행동한다.
INSIGHT 6	창작은 더 이상 예술가의 전유물이 아니다. 창작을 통해 '나'를 표현하는 Z세대.
INSIGHT 7	Z세대가 경험한 모든 것은 공유의 대상이다.
INSIGHT 8	Z세대의 디바이스는 언제나 켜져 있다.
INSIGHT 9	Z세대에게 똑같은 것은 없다. 같은 것이라도 어떤 의미를 부여했느냐에 따라 그 가치는 달라진다.
INSIGHT 10	'나'를 정의하고 싶은 Z세대, 그러나 멀티 페르소나로서의 자신이 혼란스럽다.

자료 4-13 21개의 페르소나 데이터로 찾은 Z세대의 공통적인 특징.

'찍먹'에 적극적이었다.

이처럼 우리는 데이터를 통해 정의한 21개의 Z세대 페르소나에서 공통적으로 드러나는 Z세대의 특징을 추론하여, Z세대의 특징을 총 10가지 인사이트로서 체계화해보려고 하였다. 다음은 그 인사이트 중 하나를 소개하고자 한다.

데이터로 경험을 디자인하라

디지털 세계에서
오프라인 감성을 찾는 Z세대

디지털 시대 이전부터 살아온 기성세대에게 디지털이란 대단히 편리한 객체이다. 거꾸로 말하면, 만약 디지털이 편리하지 않았다면 기성세대들은 디지털 환경을 선택하지 않았을 것이다. 가령 은행을 방문해서 은행 업무를 보는 것이 익숙한 기성세대에게 인터넷 뱅킹이란, '오후 4시면 문을 닫는 은행을 굳이 시간을 내서 가지 않고도 업무를 볼 수 있게 해주는 편리한 서비스'로서 인식된다. 이를 체계적으로 이해한다면 기성세대는 오프라인 환경이 기본값이고, 편의에 의해서 온라인 환경을 선택하는 사람들이라고 이해할 수 있겠다.

반면 디지털 네이티브인 Z세대는 인터넷 뱅킹으로 처음 은행 업무를 시작한다. 즉, 이들이 인터넷 뱅킹을 사용하는 이유는 그것이 편리하기 때문이라기보다, 그것이 익숙하기 때문인 것에 더 가깝다. 다시 말해 Z세대에게 인터넷 뱅킹이란 기성세대에게 오프라인 은행과 같은 기본값이기에, Z세대에게 왜 인터넷 뱅킹을 사용하는지 묻는 것은 기성세대에게 왜 돼지저금통 대신 은행을 사용하는지 묻는 것과 같게 느껴질 것이다.

이와 같은 변화는 여러 페르소나들의 다양한 맥락에서 관찰할 수 있었다. 기성세대가 친구들과 게임을 하는 상황에서 생각하는 기본값은 PC방에서 서로 만나 옆자리에 앉아 게임하는 모습이라면, Z세대가 친구들과 게임을 하는 상황에서 생각하는 기본값은 디스코드와 같은 실시간 음성 커뮤니케이션 서비스로 소통하며 게임하는 모습이었다. 한편 최근에는 친구들과 만나서 떠드는 모습이 기존의 카페나 호프집에 앉아 수다를 떠는 모습에서, 줌과 같은 화상 회의 서비스로 만나 각자 맛있는 음식을 먹으면서 수다를 떠는 '줌 파티' 문화가 태동하기도 하였다.

그렇다면 기성세대가 '편의성'을 위해 오프라인 환경 대신 온라인 환경을 채택했던 것처럼, Z세대가 어떤 이유로 인해 온라인 환경 대신 다른 환경을 채택하는 경우는 없었을까? 흥미롭게도 Z세대는 '감성'을 위해 온라인 환경 대신 오프라인 환경을 채택하는 경우가 많았다.

Z세대는 줌 파티 문화가 시공간의 제약에서 벗어나 보고 싶은 친구를 볼 수 있다는 편의성은 있지만, 친구들과 물리적인 상호 작용을 할 수 없다는 점에서 감성적이지는 못하다고 느꼈다. 또한 손글씨를 쓰는 것보다 키보드를 두드리는 것이 더 익숙한 Z세대라고 할지라도, 다이어리를 쓰거나 노트 필기를 할 때는 손글씨 필기감이 주는 감성을 포기하지 못했다. 그럼에도 기본값인 디지털의 편의성이 더 우선시되기에, 이들은 종이 다이어리를 구매하기보다 스마트패드 디바이스가 종이와 같은 질감을 갖기를 원했다.

앞서 예시로 언급되었던 플랜테리어도 이러한 맥락에서 이해한다면, 온라인 게임 캐릭터의 성장보다 반려식물의 성장을 더 선호하는 Z세대는 식물이 주는 오프라인 감성에 마음이 동한 것으로도 이해할 수 있었다. 즉, Z세대를 대상으로 고객 경험을 고민할 때 온라인 경험의 편의성을 중점적으로 고려하더라도 오프라인 감성에 주목해야 할 이유가 생긴 것이다.

매일 Z세대와 한 공간에서 생활하고 있는 필자도 이들이 디지털 디바이스를 사용하면서 오프라인의 감성을 느끼기 위해 부단히 애를 쓰는 모습을 본다. 요즘 연구실 회의를 하면 학생들이 아이패드와 애플펜슬을 사용해 열심히 회의록을 작성하는 것을 볼 수 있다. 발표를 할 때는 PPT를 따로 디자인하는 것이 아니라, 굿노트에서 논문의 원문을 하이라이트하고 중요한 그림을 확대해서 설명하는 식으로 발표한다. 한 명이 그렇게 하기 시작하니 다른 학생들도 "아이패드를 사면 저렇게 간단하게 발표 준비도 하고 '디지털스럽게' 일할 수 있구나"라는 생각이 자리 잡기 시작했다. 그러더니 한두 달쯤 뒤 회의실에 반 이상이 아이패드를 들고 회의에 들어왔다. 얼마 안 되는 용돈으로 편의점 삼각김밥을 먹지만 열심히 아르바이트해서 번 돈으로 플렉스 할 수 있는, 경험과 관련된 제품이나 서비스에는 강한 소비성향을 나타내며 가격에 덜 민감한 모습을 보게 되는 것이다.

그것도 제품 그대로 사용하는 것이 아니라 화면에 종이 필름을 붙이고, 애플펜슬에는 노란색 본체에 지우개가 붙어있는 스테들러 연필 모양의 케이스나 팝스킨(스티커)을 장착하는 것을 볼 수 있었다. 종이 필름을 붙이면 화질이 저하되고 눈이 피로한데 왜 굳이 붙이냐는 물음에 우리 학생의 대답은 "연필로 종이에 쓰는 것처럼 '사각사

각' 소리가 나서요"였다.

애플펜슬에 실리콘 케이스를 끼우면 두꺼워져서 그립감이 별로라고 하는데, 굳이 씌우는 이유는 뭘까? 바로 디지털에서 오프라인의 감성을 느끼고자 하는 시도인데, 아이패드의 필기감을 통해 디지털에서 오프라인의 감성을 느끼는 것이다. 즉, 이들은 디지털 세계에 있으면서도 오프라인 감성이 극대화되기를 원한다.

팬데믹 속에서 사회적 거리두기로 인해 오프라인으로 모일 수 없게 되는 상황이 오면서, Z세대를 떠나 사실 다른 디지털 세대들에서도 온라인 세계에서 오프라인 감성을 느끼고자 하는 욕구는 더 극대화되고 있다. 얼마 전 필자도 'Women in IT[WIT]'라는 여교수님들과의 학술 모임의 송년회를 줌으로 해본 경험이 있다. 줌 파티가 본격적으로 시작되기 1시간 전에 WIT 회장님이 보낸 막걸리와 빈대떡 세트가 택배로 배달됐다. 줌에서 다 같이 빈대떡을 먹으며 건배를 했던 그 경험이 매우 특별하게 느껴졌다. 오프라인에서는 격식 있는 오피스룩을 입고 연구와 학교 일에 대해 의견을 나누다가, 집에서 편한

자료 4-14 시중에 판매되고 있는 연필 모양 애플펜슬용 실리콘 케이스.

출처: 엘라고

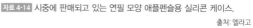

데이터로 경험을 디자인하라

복장과 맨얼굴로 교수님들을 대하니 대화의 방향과 깊이가 마치 친구들을 만나는 것처럼 가깝게 느껴졌다. 원래 1시간 동안 진행될 예정이었던 줌 파티는 3시간 30분이 지나도록 끝날 줄을 몰랐다. 잠깐이나마 디지털 세대의 줌 파티를 경험하며 '이런 오프라인 감성이 디지털 세계에서도 가능하구나'를 느끼게 된 소중한 경험이었다.

고객의 마음을
읽을 수 있는
데이터는 무엇일까?

고객의 마음을 얻으려면 고객이 어떤 사람인지, 어디에 관심이 있는지, 어떤 행동을 하는지, 가지고 있는 불편함을 줄이기 위해 어떤 상품이나 서비스를 선택하고 있는지를 이해해야 한다. 이에 대한 답은 데이터를 봐야 알 수 있다. 어떤 데이터는 고객이 사는 지역, 소득, 성별과 직업에 따른 보편적인 맥락을 보여주고, 또 어떤 데이터는 개인의 환경에 따라 혹은 라이프스타일에 따라 달라지는 맥락을 보여준다.

그동안 우리는 고객을 이해하기 위해 소비자 조사 방법이라는 것을 통해 고객에게 직접 물어보기도 했다. 하지만 이제는 고객이 다양한 디지털 매체를 통해 디지털 세계에 남겨놓은 흔적을 추적하고 분석하는 것이 더 중요해지기 시작했다. 실제 발생한 행동을 추적하는 것이므로 더 명확하게 고객의 행동을 볼 수 있고, 해당 데이터를 결합하여 고객도 인지하지 못한 행동과 성향까지 분석할 수 있기 때문이다.

　고객을 이해하기 위한 목적으로 사용할 수 있는 데이터를 생각해보자. 크게는 내부 데이터와 외부 데이터, 정형 데이터와 비정형 데이터로 나눌 수 있으며 데이터 원천에 따라 고객 중심의 가치가 달라진다.

　내부 데이터는 기업이 가지고 있는 데이터를 말한다. 예를 들어, 로그 데이터로 축적되고 있는 고객 구매 기록, 결제 기록, 제품의 센서를 통해 수집되는 센서 데이터 등이 이에 해당한다. 이 같은 데이터는 주로 정량적인 분석을 가능하게 해준다. 고객이 우리 서비스를 한 달에 몇 번 사용하는지, 하루에 몇 시간 쓰는지 등등 정확하게 정형화된 숫자 데이터를 통해 고객을 이해할 수 있게 해준다. 즉 지금 우리 고객에게 무슨 일이 일어나고 있는지, 제품별, 지역별 고객의 불만과 AS 요청은 어떻게what 달라지는지 등 묘사분석이 가능한 것이다.

　온라인 로그 데이터의 경우에는 어떤 페이지를 방문하고, 어떤 검색어를 입력하고, 어떤 제품을 구입하는지 전부 다 기록한다. 아마존은 구매내역뿐만 아니라 심지어 특정 상품을 들여다본 시간도 기록한다.

　반면 외부 데이터는 주로 고객이 왜why 그런 행동을 보이는지 이유와 데이터에 대한 해석을 도와준다. 우리가 내부 데이터의 묘사분석으로 인해 어떤 인사이트를 찾아냈다면, 그 원인을 이해하는데 외부 데이터를 활용하는 것이다. 예를 들어, 고객들이 로봇청소기를 자주 사용하다가 갑자기 사용하는 시간이 줄었다면 고객들의 외부 소셜 데이터에서 그 이유를 찾아보는 것이다.

어떤 맥락에서 그런 현상이 발생했는지 살펴볼 때 타깃 세그먼트의 커뮤니티나 카페에 남기는 비정형 데이터는 고객의 다양한 맥락과 해당 상황에서 느끼는 감정을 이해하는데 큰 도움을 준다. 그뿐만 아니라 우리가 활용해볼 수 있는 외부 데이터로는 검색어 동향을 보여주는 네이버 데이터랩이나 썸트렌드의 데이터, 공공 포털에서 받을 수 있는 공공 데이터들도 포함될 수 있다.

[자료 4-15]에서 정형 데이터와 비정형 데이터의 구분은 데이터의 형태에 따라 이루어진다. 숫자 데이터면서 데이터베이스의 룰에 맞춰 형성돼 규칙을 가지고 저장된 데이터를 정형 데이터라고 한다. 반대로 이미지, 텍스트, 음성처럼 정해진 규칙이 없이 형성되어 값의 의미가 쉽게 파악되지 않는 경우를 비정형 데이터라고 한다. 과거에는 '데이터'라고 하면 숫자로 이루어진 정형 데이터만을 의미했지만, 이제 고객 데이터는 텍스트나 이미지 같은 비정형 데이터가 훨씬 더 많이 생성되고 있다.

[자료 4-15]에서 볼 수 있는 것처럼 기업의 내부 데이터는 대부분 정형화되어 있고, 확보한 고객의 세부 정보도 통계적으로 쉽게 파악

할 수 있다. 현재 상황을 파악하는 설명적 분석에는 탁월한 성과를 보일 수 있는 것이다. 그러나 겉으로 드러나지 않는 고객의 잠재니즈나 전체 고객의 라이프를 살펴볼 수는 없다는 점에서, 고객을 온전히 이해하기에는 불충분한 단편적인 데이터로 볼 수 있다. 내부 데이터 중에서도 제품 서비스에 대한 AS 데이터와 같은 것들은 비정형 텍스트 데이터다. 기기의 이상 증상, 교체 부품, 시리얼 넘버, 처치 방법 등 모든 것을 기록하는데, 이것들이 고객의 기기 사용과 관련한 센서 데이터와 결합되면 품질 개선과 고객 서비스면에서 가치 있는 인사이트가 될 수 있는 중요한 재료가 된다.

고객 중심 가치 →

		데이터 원천		
		내부 데이터	직접 데이터	소셜 리스닝 데이터 (외부 데이터)
데이터 형태	정형 데이터	로그 고객 회원 정보, 구매 기록, 결제, 쿠폰, 멤버십 데이터, 센서 데이터 등.		네이버 썸 트렌드 등 트렌드 데이터, 공공 데이터 등.
	비정형 데이터 (평가지표 ○)		앱 리뷰 데이터, 제품 리뷰 데이터 등.	경쟁사 리뷰 데이터.
	비정형 데이터 (평가지표 ×)		검색 데이터 블로그 후기, 고객 컴플레인 데이터.	각종 포털, 블로그, 카페, 인스타그램, 유튜브
	통계학적 정보	구매 고객의 성별, 연령, 주거지역별 사용, 구매 데이터 등.		통계청 등의 공공 데이터(인구, 날씨, 가구, 교통, 상권 정보, 수출입 등).

⬇ 기능적 가치   ⬇ 고객 반응 분석   ⬇ 맥락 분석을 위한 새로운 기회

자료 4-15 고객을 이해하기 위해 사용 가능한 데이터. 데이터 원천과 데이터 형태에 따른 분류이다.

반면 외부 데이터는 대부분 비정형 데이터다. 사람을 특정할 수 없기에 개개인별 분석이 불가능하다는 특징도 가지고 있다. 사실 [자료 4-15]에서 고객 중심의 가치가 있고 새로운 기회의 원천이 되는 고객 데이터는 대부분 비정형 데이터이다. 특히 소셜 데이터는 내부 데이터와 비교하면 세부적이지 못 할 수 있지만, 전체 고객의 트렌드와 라이프를 전반적으로 파악할 수 있다는 상대적 강점을 가지고 있다.

외부 데이터 중 공공 데이터 포털의 경우, 보다 더 넓은 관점에서 트렌드를 파악할 수 있는 기본 데이터를 제공한다. 인구 추세와 가구 추세, 출생자 수와 사망자 수, 지역별 거주자 수와 형태, 물가와 소비 추세, 고용과 임금 추세 등 우리나라에서 일어나는 모든 통계 데이터뿐만 아니라 상권 정보, 교통 정보, 날씨 정보, 가격 정보 등 생활 전반에 관련된 정보를 볼 수 있다. 그저 보는 것뿐만 아니라 우리의 서비스와도 API 형태로 자동으로 연결할 수 있다. 예를 들면 공기청정기 제품을 기상청의 미세먼지 데이터와 API로 연결하여, 고객이 미세먼지 농도를 번거롭게 확인할 필요 없이 "미세먼지가 위험 수준인데 공기청정기 부스터 기능을 높일까요?" 등의 고객 경험을 만들어내는 것이다.

특히 소셜 데이터는 크롤링으로 수집할 수 있는 고객의 리얼한 목소리인데, 고객의 숨어 있는 마음을 읽는 데 유용하다. 내부 데이터로는 'Z세대가 애플펜슬을 많이 사는구나'라는 건 파악할 수 있겠지만, 어떤 맥락에서 필기하고 어떤 경험을 극대화해야 이들의 선택을 받을 수 있는지는 내부 데이터로만은 파악하기 힘들기 때문이다.

데이터로 경험을 디자인하라

마지막으로 외부 데이터는 생태계 안의 타 플레이어(기업)와의 협력을 통해서도 얻어질 수 있다. 예를 들어, 은행권이 가지고 있는 카드 사용 데이터와 IPTV 업체가 가지고 있는 고객의 콘텐츠 소비 데이터와의 결합을 통해 고객이 어디에 돈을 쓰고 시간을 쓰는지 입체적으로 볼 수 있게 도와준다.

내부 데이터만 또는 외부 데이터만 봐서는 고객을 완전히 이해할 순 없다. 고객을 제대로 이해하기 위해서는 내부 데이터를 통해 나의 고객이 내 제품에서 보이는 행동들을 세밀하게 기능적으로 이해하고, 직접 데이터를 통해 고객의 반응을 이해하며, 외부 데이터를 통해 고객이 대놓고 보여주지 않는 숨은 맥락을 면밀하게 탐색해야 한다. 한 명 한 명의 고객을 위해서 내·외부적으로 고객 중심 데이터 연결을 통해 통합적 분석이 이뤄져야 진짜 고객을 360도로 이해할 수 있는 것이다.

플랫폼 간 데이터 협업을 통해 생태계를 확장하자

고객을 이해하기 위한 데이터를 보유하고 있지도 않고 내부적으로 센싱하는 것도 어렵다면, 외부에서 해당 데이터를 파악하거나 데이터 협력을 할 수 있는 방안을 확인해야 한다. 우리 회사가 스마트홈 라이프에서의 경험을 설계하고 싶은데 내부에 가지고 있는 센서와 로그 데이터들로는 고객의 맥락을 읽어내기 힘들다면, 다른 회사가 가지고 있는 데이터로의 확장을 고려해야 하는 것이다. 우리 고객의 관심사가 궁금하다면 IPTV사가 가지고 있는 건강 채널, 다큐멘터리, 연예인 덕질 시청 데이터와의 결합이 필요할 수 있다. 또한 우리 고객이 요즘 주로 어디에 돈과 시간을 쓰는지 궁금하다면 카드사의 소비 데이터와 결합해볼 수도 있다. 이렇게 생태계 안 플레이어들끼리의 데이터 협업은 우리 고객에게 쉽고 간편하게 연결된 경험을 주기 위해 중요해지고 있다.

이러한 데이터 협업은 최근 우리나라 모빌리티 생태계에서도 오픈 데이터 플랫폼의 형태로 시도되고 있다. 현대자동차는 고객들에게 연결된 모빌리티 경험을 주기 위해 모빌리티 생태계 안에 있는 중고차회사, 자동차 보험회사, 렌터카회사, 정비소, 주유소, 공유 자동차 등의 관련 업체들과 데이터 협업을 통한 혁신적인 고객 경험을 만들어내고 있다. 현대자동차가 모빌리티 생태계 안에서 혁신적인 사례를 만들어내기까지 설득과 비전 공유 등 수많은 노력과 시간이 필요했지만, 필자가 생각하는 결정적인 성공 요인은 그들의 생태계 관점의 센싱 전략이다.

현대자동차는 2016년부터 제네시스 차량에 와이파이 모뎀을 달아 데이터 센싱을 하기 시작했다. 센싱한 데이터를 바탕으로 고객들은 자동차의 상태를 알 수 있다. 엔진오일 교체 시기, 타이어 공기압, 능동 브레이크 기능 동작 여부 등의 상태를 알고 이상 데이터가 감지되

데이터로 경험을 디자인하라

면 알람 메시지를 받을 수 있다. 그때에 비해 지금은 센싱하는 데이터의 종류가 약 4배 정도가 늘었는데, 그렇다면 전략적으로 어떤 데이터가 더 늘었을까? 2016년 당시 센싱한 데이터들은 고객들에게 기능적 가치나 성능적 가치를 줄 수는 있었지만, 그 이상의 경험 가치로는 이어질 수가 없었다. 당시의 데이터 센싱 전략이 제품의 기능적 상태에 머물러 있었고, 고객의 맥락을 파악하는 데는 역부족이었기 때문이다. 하지만 2022년의 데이터 센싱 전략은 지금 고객이 출퇴근을 하고 있는지, 차에 몇 명이 탔는지, 항상 가던 길을 가는지, 캠핑을 가는지 등의 맥락적 센싱을 포함하여 경험 가치를 줄 수 있는 가능성을 열고 있다.

현대자동차는 이에 더하여 모빌리티 경험을 더 깊게, 넓게, 선명하게, 더 나아가 크고 연결된 경험을 주기 위해 생태계 안의 다른 업체들과의 데이터 협력을 통해 새로운 의미적 가치를 만들어 내고 있다. 가령 중고차 시장에서 고객의 고질적인 페인 포인트는 딜러를 믿을 수 없다는 것이다. 실제로 주행거리를 조작하는 일까지 간혹 일어난다고 한다. 이런 고객의 페인 포인트를 해결하기 위해 현대차와 중고차 거래 플랫폼이 데이터 협업을 시작했다. 중고차 매물로 올라온 현대차의 실제 주행거리 정보와 사고 차량 여부를 센싱한 데이터를 기반으로 전문가가 아니면 알기 어려운 차량 관리 정보 등 차량 상태 정보의 투명성을 획기적으로 높여주기 시작한 것이다. 실제 마일리지 정보와 정량적으로 지표화된 운행 데이터까지 차량 평가 기준으로 손쉽게 확인할 수 있게 되면서, 고객은 투명하게 유통된 차를 허

위매물 걱정 없이 안심하고 구매할 수 있게 된 것이다.

이와 비슷하게 자동차 보험회사와도 협력을 확장해나가고 있다. 원래부터 보험회사는 자동차 보험료를 책정할 때 차의 감가상각과 사고 이력을 통한 일률적 기준을 적용하지 않았다. 그보다는 자동차 운전 시간이 긴지(운전 시간이 길수록 리스크가 높다), 안전 운전을 하는지(칼치기 운전을 하는 사람의 사고 위험이 더 크다), 출퇴근 길에 사고 위험 지역이 많은지 등에 따라 리스크 관리를 하고, 그것을 바탕으로 보험료에서 경쟁력을 만들어야 하는 숙제가 있었다. 이를 위해 고객들에게 조그마한 센서를 보내 운전석 밑에 부착하면 보험료를 더 저렴하게 해준다고도 해보고, 자동차 주행거리를 찍어서 보내면 보험료 할인을 해주고 있다. 그러나 고객 입장에서 센서를 부착하거나 사진을 찍어 보내는 일은 매우 불편하게 느껴지는 일이었다. 하지만 이제는 고객이 불편을 감수할 필요가 없어졌다. 현대차가 생태계 확장을 고려한 센서 데이터를 바탕으로 고객이 내가 탄 킬로 수만큼, 내가 안전 운행을 하는 만큼 안전 운행지수를 확인할 수 있게 됐기 때문이다. 운전자가 이번 달에 조금 더 조심해서 안전 운전하면, 다음 달 보험료가 얼마나 내려가는지도 확인할 수 있게 되는 것이다.

그렇다면 현대차는 왜 중고차 거래회사와 자동차 보험회사가 잘되는 일을 하고 있는 걸까? 현대차는 모빌리티 회사들을 돕기 위해 이런 데이터 협력을 하는 것이 아니다. 바로 현대차 고객만 경험할 수 있는 '잊을 수 없는 모빌리티 경험'을 만들어 결국에는 록인(묶어두기)효과를 통한 재구매를 유도하기 위해서이다. 현대차를 타는 고객

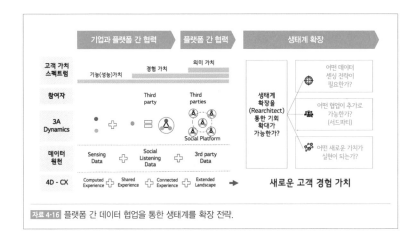

플랫폼 간 데이터 협업을 통한 생태계를 확장 전략.

은 안전 운행을 할수록 보험료가 저렴해지는 것을 실시간으로 경험할 수 있을 것이고, 정비소에 갈 때는 괜히 멀쩡한 부품까지 교체하는 거 아닌가 하는 의심없이 자신의 차 부품의 실시간 정보를 제공받아 매우 투명하고 가격 경쟁력 있는 정비 경험을 하게 될 수 있을 것이다. 그리고 자동차를 처분할 때는 중고차 시장에서 빠르게, 그리고 중고차 가치도 더 인정받아 팔 수 있게 될 것이다. 이런 경험을 했던 고객이 다른 수입차를 타게 되면 현대차를 타고 다녔을 때 누렸던 수많은 경험(현대차는 이미 30가지가 넘는 경험 설계를 만들었다)들이 생각날 것이고, 결국에는 다시 현대차를 탈 수밖에 없게 될 것이다.

이같이 제품의 센싱 전략도 제품의 기능적 가치를 넘어서 생태계 안에서 플랫폼 간의 협력을 통해 고객에게 줄 수 있는 경험적 가치와 의미적 가치의 관점으로 데이터 센싱 전략의 전환이 필요할 때이다.

디지털 세계에 남긴 고객의 마음을 읽어보자

                      고객의 니즈를 발굴하고 사업의 기회를 찾기 위해 많은 기업이 소셜 데이터를 주목하고 있다. 소비자의 목소리를 듣기 위해 전통적으로 마켓 리서치, 즉 설문조사를 해왔었지만 이는 리서치 비용도 높고 설문조사의 결과를 신뢰하기 어려웠다. 질문의 대부분이 지금 제품을 얼마나 썼는지, 이런 기능이 추가되면 사겠는지, 가격이 얼마면 사겠는지 등 제품에 대한 수많은 질문들인데, 샘플의 신뢰도부터 질문지의 편향 가능성까지 배제할 수 없다.

  소셜 데이터를 통해 분석하면 이런 문제가 상당히 해결된다. 소비자가 새로운 제품을 구매한 후 가격이나 기능면에서 어떤지 자발적으로 커뮤니티 내에서 정보를 나누기 때문에, 기업 입장에서는 고객

데이터로 경험을 디자인하라

의 리얼한 목소리를 들을 수 있기 때문이다. 물론 이러한 장점에도 불구하고 필자가 보기에는 우리 기업들의 소셜 데이터 분석 접근법이 아직은 어설프게 보인다. 고객을 이해하기 위해 소셜 데이터를 본다면서 왜 아직도 제품 리뷰만 열심히 크롤링하고 있을까?

우리나라의 많은 대기업들은 자사의 제품이 언급된 멘션을 찾기 위해 어마어마한 돈을 들이고 있다. 제품명이 언급된 데이터를 찾기 위해 제품 리뷰에서 다양한 소스의 크롤링 툴과 솔루션을 구매하면서 엄청난 비용을 쓰고 있다. 과연 제품의 리뷰 데이터만 보면 우리가 고객에 대한 새로운 인사이트를 가질 수 있을까?

과연 소셜 데이터에서 고객에 대한 인사이트는 얼마나 잘 찾아질까?

실제로 리뷰 데이터를 분석해보면 주로 해당 제품에 대한 고객의 반응을 아주 잘 확인할 수 있다. 세탁기 구매 리뷰를 살펴보면 배송기사가 친절했다, 불친절했다, 소음이 크다, 작다 내용이 주를 이루는 식이다. 보통 시중의 소셜 데이터 분석 솔루션들은 해당 제품의 리뷰 데이터를 바탕으로 워드 클라우드를 보여준다. 긍정적인 감정에서 주로 나타나는 키워드가 무엇인지, 부정적인 감정에서 보이는 주요한 키워드는 무엇인지 보여주는 형태이다.

블로그, 뉴스, 트위터, 인스타그램 등의 소셜 데이터를 기반으로 트렌드 분석을 제공해주는 썸트렌드에서는 소셜 분석 중 긍·부정 분석을 제공한다. 유료 서비스지만 일부 기능은 무료로 이용 가능하다. [자료 4-17]을 보면 '공기청정기'와 관련된 긍정 단어(보라색)와 부정 단어(빨간색), 중립 단어(노란색)를 보여준다. 현재 공기청정기는 깨끗한 공기, 쾌적한 환경, 안심, 안전과 관련해서 좋다는 언급이 발생하고 있고, 먼지와 관련해서는 부정적인 언급이 발생하고 있음을 확인할 수 있다. LG전자의 공기청정기 제품명인 '퓨리케어'로 확인해보니 신개념, 신제품, 혁신적이라는 언급이 긍정어로 눈에 띈다. 삼성전자의 신제품인 '슈드레서'는 감각적, 혁신적이라는 긍정적 언급이 두드러진다. 언급량이 많은 큰 단어 주변에서 디자인, 가격, 형태 등의 속성에 대해서도 확인할 수 있다.

이처럼 소셜 데이터는 자사의 제품에 대해 단순히 좋다·나쁘다의 반응을 떠나 이번에 출시한 슈드레서의 고객 가치 요소CVF, Customer Value Factor가 디자인이었는지, 가격이었는지, 배터리의 성능이었는지 등을 확인할 수 있을 것이다.

자료 4-17 썸트렌드 소셜 분석 중 '공기청정기', '퓨리케어', '슈드레서' 긍·부정 분석 결과(왼쪽부터).

출처: 썸트렌드

데이터로 경험을 디자인하라

이는 상품을 기획하고 개선해야 하는 입장에서 충분히 가치 있는 인사이트다. 하지만 고객의 라이프에서 신발 관리와 관련된 새로운 잠재니즈나 새로운 열망, 또는 고객이 슈드레서를 사용할 때의 맥락에 대한 인사이트는 주지 못한다. 즉, 아직 현장에서는 고객을 이해하기 위해 고객의 소셜 데이터를 수집한다고 하면서도, 정작 제품 관점에서 시작된 데이터로 고객이 제품의 어떤 속성을 좋아하고 싫어하는지 제한적인 인사이트만 얻고 있는 것이다. 이 같은 데이터를 분석해보면 출시한 제품의 기능 개선은 할 수는 있겠지만, 우리의 제품과 서비스에서 주지 못했던 새로운 고객 경험을 설계하기에는 역부족이다.

혁신은 언제나 더 높은 도전과 함께 출발하게 되어 있다. 모든 기업들이 자사와 경쟁사의 제품 리뷰를 통해서 차별화 포인트를 찾아서 만들어 낸다면, 그 차별화는 이미 경쟁력을 잃어버리고 만다. 고객은 점점 더 다양한 맥락을 갖고 문제를 겪기 때문에, 더 이상 경쟁사 대비 차별화 포인트를 만들어 내는 것이 핵심 역량이 될 수는 없다. 결국 고객의 데이터를 보는 것도, 봐야할 데이터의 종류도, 데이터를 바라보는 관점도 변화해야 함을 뜻한다.

고객 경험을 설계하려면 일단 고객을 이해할 수 있는 데이터가 필요하다. 그들이 집안에서 공기와 관련하여 어떤 잠재 니즈가 있는지, 밖에 미세먼지가 많을 때 어떤 고민거리를 가지고 있고 이를 어떻게 해결하고 있는지 등 고객의 열망과 불만사항을 알고 이를 해결하기 위해 이들이 하는 행동을 살펴볼 필요가 있다. 또한 그 행동이 얼마나 이들에게 중요한지, 그런 행동을 할 때 고객은 얼마나 고통스러운지 혹은 긍정적인지 살펴보는 것이다.

그동안에는 디자인씽킹 방법론에서 고객 여정 맵이라는 것을 그려서 고객이 어떤 행동을 하고 어떤 생각을 갖고 있으며, 해당 행동을 할 때 기분이 어떤지를 연구자가 관찰하고 인터뷰한 내용을 정리해서 살펴봤다. 하지만 관찰자가 주관적으로 행동을 기록한 것을 바탕으로 고객의 기분을 나타내기보다, 이를 소셜 데이터에서 찾아내서 조금 더 객관적으로 분석할 수는 없을까? DCX^{Data driven Customer} eXperience(데이터 기반 고객 경험) 프레임워크는 바로 이 궁금증에서 본격적인 프로세스 개발이 시작되었다.

어떤 사이트에 고객의 잠재니즈가 숨어 있을까?

소셜 리스닝을 통해서 고객의 잠재니즈를 찾으려면 이해하고자 하는 타깃 고객 선정이 가장 먼저 되어야 한다. 우리는 모두를 위한 보편적인 경험을 디자인하고자 하는 것이 아니기 때문이다. 무엇보다 설계하려는 고객 가치 주제와 관련한 다양한 고객군을 탐색해야 한다. 예를 들어 국내에 신규 세탁 O2O 플랫폼 서비스를 출시한다고 했을 때, 우리나라 인구 전체를 대상으로 할 순 없다. 아이를 위해 안

데이터로 경험을 디자인하라

심 세제로 세탁을 하고자 하는 부류인지, 서비스를 이용할 때 가성비를 가장 중시하는 부류인지, 가격이 얼마든 괜찮으니 고급 명품 세탁을 하고자 하는 부류인지 등 다양한 고객군을 브레인스토밍으로 탐색한다. 이 과정에서는 실제로 서비스 출시에 고민을 많이 하고있는 실무진과의 협업이 중요하다. 해당 문제를 깊이 이해한 사람일수록 더 많은 인사이트를 갖고 있기 때문이다.

해당 타깃에 대한 인사이트를 빅데이터 툴을 활용해서 얻는 방법도 있다. 구글은 특정 검색 키워드를 입력하면 특정 지역 및 기간을 기준으로 상대적인 검색 관심도 수치를 공개하고 있다. 검색 빈도가 점점 늘어나는 추세를 보이는 키워드가 무엇인지, 점점 대중의 관심도가 하락하고 있는 키워드가 무엇인지 파악할 수 있는 장점이 있다. 유사한 사이트로는 네이버에서 제공하는 네이버 데이터랩, SNS 검색량 동향을 제공하는 썸트렌드가 있다.[*]

요컨대 이 중 어느 1가지 방법만 선택하기보다는, 다각도로 고객의 문제에 접근하기 위해 사용자들이 남긴 다양한 트렌드 정보를 활용할 필요가 있다. 네이버 데이터랩은 시점에 따라 사람들의 관심이 어디에 있는지를 단편적으로 보여주는 지표로서 역할을 한다. 예를 들어 세탁에 대한 관심이 계절에 따라, 또는 아침, 점심, 저녁에 따라 언제 증가하는지 등을 볼 수 있을 것이다. 또는 스마트홈 솔루션

---

[*] 구글 트렌드 trends.google.com, 네이버 데이터랩 datalab.naver.com, 썸트렌드 some.co.kr

네이버 검색창에 해당 키워드를 얼마나 많이 검색하는지 보여주는 네이버 데이터랩과 SNS상에서 해당 키워드가 얼마나 많이 등장하는지 보여주는 썸트렌드 지표를 복합적으로 이용한다.

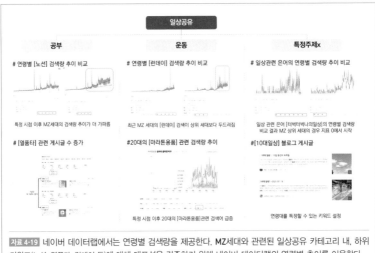

네이버 데이터랩에서는 연령별 검색량을 제공한다. MZ세대와 관련된 일상공유 카테고리 내, 하위 키워드(노션, 열품타, 런데이 등)에 대해 대표성을 검증하기 위해 네이버 데이터랩의 연령별 추이를 이용한다.

을 개발하는 기업이라면 디지털 세계에 빠져 사는 Z세대의 달라지고 있는 집의 의미를 이러한 트렌드 데이터를 통해 확인할 수 있을 것이다.

　데이터 기반 고객 경험 디자인은 기본적으로 데이터가 있어야 시

데이터로 경험을 디자인하라

작될 수 있다. 브레인스토밍과 트렌드 패턴 분석을 통해 다양한 후보 고객군이 후보로 탐색 됐으면, 실제로 크롤링을 진행할 타깃 사이트와 키워드를 선정할 차례이다. 고객이 자신의 이야기를 허심탄회하게 말할 수 있는 공간의 발견이 중요하다는 것이다. 명품 세탁 관련 서비스를 도출하기 위해서는 명품에 대해 많이 얘기하는 공간을 찾아가야 한다. 명품을 향유하는 사람들의 온라인 소통 채널을 찾아가야 그들의 관심사를 파악할 수 있다.

접근할 수 있는 공간을 발견했다고 해서 끝이 아니다. 해당 채널에 다운스트림downstream(상위 개념에서 하위 개념으로 이어지는 데이터) 분석이 가능한 충분한 양의 데이터가 있는지 살펴봐야 한다. 모 기업과 수행했던 프로젝트에서 신규 서비스 도출을 위한 여러 타깃을 고민하던 중 '미니멀리스트'가 후보로 나왔다. 미니멀 라이프를 지향하는 사람들이 모인 카페를 탐색한 결과, 게시판과 글의 개수와 여타 카페들과 달리 데이터가 많지 않아 해당 특성으로는 진행할 수 없다고 판단했던 적도 있었다.

카페 외에도 우리가 주목해야 할 디지털 공간이 있는데 바로 '라이프 스타일' 모바일앱 플랫폼이다. 이런 플랫폼은 고객의 자발적인 정보 공유가 질의응답식으로 이루어진다. 특히, 1장에서 다뤘던 '고객에 의한 가치'가 드러나는 모바일앱 플랫폼을 주목할 필요성이 있다.

대표적인 사례가 바로 '오늘의집'이다. 이 플랫폼은 인테리어라는 주제를 가지고 본인의 인테리어를 자랑하고 공유하며, 다른 사람의 인테리어를 보면서 즐거움과 정보를 얻는 공간이다. 그리고 부가적으로 다른 사람들의 사진에서 갖고 싶은 소품이 있으면, 쇼핑으로 편리하게 연결해주기도 한다. 이런 앱에 모인 사람들은 해당 분야에 엄청난 관심이 있고, 매우 적극적으로 본인의 불만을 이야기하기 때문에 관련한 주제의 맥락을 찾아내거나 페인 포인트를 캐치해내기에 유용하다고 할 수 있다.

타깃 채널을 정하는 것만큼 중요한 문제는 채널 내에서 어떤 방식으로 크롤링을 진행할 것이냐이다. 카페의 카테고리 전체를 크롤링할 것인지, 키워드 검색을 기반하여 크롤링할 것인지 선택해야 한다. 이 판단을 위해선 타깃 채널을 최대한 주의 깊게 살펴보는 수밖에 없다.

네이버 카페의 경우 별도의 운영진이 카페를 관리하여 어느 정도 독립성이 보장된 채널이므로 카페마다 특성이 다르다. 카테고리에 게시글을 올리는 형태는 모든 네이버 카페 공통이지만, 어떤 카테고

카페	블로그	크롤링 채널 선정 시 고려할 부분
• 관심사가 유사한 사람들이 집합되어 있음. • 평균 연령 20대 이상. • 로그인 및 인증을 요구. • 내용이 짧고, 주제가 일관적임.	• 자유로운 주제의 독백. • 평균 연령이 10대 이상. • 특정 키워드를 기준으로 검색하기 용이. • 내용이 길고, 주제가 일관적이지 않을 수 있음.	소셜 리스닝은 모든 채널을 통해서 진행할 수 있으니, 분석의 당위성과 편의성을 위해 다음과 같은 조건을 고려해보아야 한다. • 고객의 맥락을 반영해야 하므로, 어느 정도 내용이 길어야 한다. • 그림이나 사진보다는 글 위주의 리뷰가 분석하기 용이하다. • 데이터 표본이 일정량 이상 존재해야 한다. • 제목, 본문, 시간, 댓글 등의 정보를 포함하고 있는 것이 분석에 용이하다.

자료 4-20 소셜 리스닝 시 고려할 수 있는 주요 채널의 특징.

데이터로 경험을 디자인하라

리에 어떤 형태의 글이 올라오는지 파악해야 한다. 패션 카페를 예를 들면 사진을 주로 업로드하는 데일리룩ootd, outfit of today 게시판인지, 아이템을 살지 말지 결정을 부탁하는 투표 기능만 사용하는 게시판인지, 패션과 관계없는 글도 자유롭게 업로드가 가능한 게시판인지 살펴본다. 데이터 수집 전에 크롤링하길 원하는 채널의 성격을 명확히 파악해야 어떤 방식으로 크롤링을 진행할지 계획을 세울 수 있고, 수집될 데이터의 모습도 미리 예상할 수 있다.

사람들이 느끼고 있는 패션 관련 고민이나 궁금증을 수집하고자 하는 상황이라고 가정해보자. 패션 카페의 Q&A 게시판에 업로드되는 전체 게시글을 크롤링할 수도 있고, 게시판 구분 없이 '옷 관리' 검색어를 지정하여 '옷 관리'에 관한 모든 글을 수집할 수도 있다. 옷을

자료 4-21 타깃에 따라 달라지는 데이터 수집 접근 방법. 소셜 데이터에서 특정 고객군의 특성을 파악하고 싶다면 키워드 선정이 매우 중요하다.

관리하는 상황 맥락에 대한 모든 내용을 기대하는지, 주제에 제한 없이 자유로운 내용을 기대하는지에 따라 접근하는 방식은 달라진다. 이 밖에도 어느 기간에 작성된 게시글을 가져올지, 게시글 본문만 가져올지, 댓글도 가져올지 판단하는 것 역시 접근하고자 하는 채널과 키워드를 참고하여 결정한다.

이해하고자 하는 타깃의 특성에 따라 모여있는 채널을 찾지 못하는 경우도 있다. 모여있는 채널이 없거나 접근하기 어려운 경우다. Z세대에게 인기 있는 아이돌인 NCT와 에스파의 경우, 네이버 카페 기준 가입 회원 수가 600명도 되지 않았다. Z세대는 윗세대처럼 블로그나 카페를 잘 이용하지 않는 것이다. Z세대의 목소리를 듣기 위해서 네이버 카페만 뒤지는 것은 무의미한 일일 것이다.

Z세대가 남기는 디지털 흔적을 따라가 보니 그들은 주로 '위버스'

cafe.naver.com › sjdfdnfadf
SM 신인 걸그룹 에스파 대표 팬카페

약 540 명의 회원을 보유한 SM 신인 걸그룹 에스파 대표 팬카페 (새싹3단계 등급)입니다. SM 신인 걸그룹 에스파 대표 팬카페 : 가입은 필수

cafe.naver.com › smgirls
에스파 (aespa) 대표 팬카페 'SPACE'

약 810 명의 회원을 보유한 에스파 (aespa) 대표 팬카페 'SPACE'카페 (가지5단계 등급)입니다. [네이버 대표, 최초개설] SM ent. 4인조 여성그룹 …

cafe.naver.com › nctzone
NCT 엔시티 팬카페 :: NCT ZONE

약 590 명의 회원을 보유한 NCT 엔시티 팬카페 :: NCT ZONE카페 (씨앗4단계 등급)입니다. NCT 엔시티 대표 팬카페 입니다. NCT 127/NCT DREA…

cafe.naver.com › nct0409
NCT 엔시티 대표 팬카페 :: 영시티

약 370 명의 회원을 보유한 NCT 엔시티 대표 팬카페 :: 영시티카페 (씨앗3단계 등급)입니다. NCT와 소통하는 NCT 네이버 대표 팬카페 :: 태일/태…

자료 4-22 네이버 카페에서 '에스파 팬카페'나 '엔시티 팬카페'를 검색하면, 가입 회원수가 매우 적은 걸 볼 수 있다. Z세대는 윗세대처럼 블로그나 카페를 잘 이용하지 않는 것이다.

나 '리슨'이라는 새로운 플랫폼에서 덕질 문화를 소비했다. 그런데 해당 플랫폼에는 검색 기능이 없고 특정 키워드와 관련된 글만 보기엔 어려웠다. 심지어 외국인 팬들이 올린 번역 어투의 게시글도 많았다. 타깃이 모여있는 채널도 없고, 여차저차 Z세대가 모여있는 채널을 찾았더라도 데이터 확보가 불명확한 상황이다. 분명히 Z세대가 온라인에서 많은 시간을 보낸다는 것은 의심할 수 없는 사실이기에 그들의 디지털 흔적을 찾기 위해선 다른 방법으로 접근할 필요가 있었다.

디지털상에서 Z세대가 쓴 것으로 추정되는 게시글을 수집하기 위해 그들의 언어를 파고 들어갔다. 그들만이 사용하는 단어를 찾아 해당 단어가 들어간 문서를 골라내는 접근이었다. 키워드 관점에서 접근하여 ①단독으로 Z세대를 표현하는 키워드, ②마스터 키워드, ③ 관심 카테고리 중 Z세대의 키워드로 나눠 설정했다.

자료 4-23 네이버에서 '갓생 중간고사', '중간고사' 등의 키워드로 검색해서 나온 게시글. Z세대의 블로그 글(왼쪽)과 Z세대 자녀를 둔 어머니의 블로그 글(오른쪽)이 다름을 알 수 있다.

'K-고삼, 생카투어, 행회' 처럼 Z세대만 사용하는 키워드가 포함된 글은 해당 키워드가 쓰여진 글을 단독으로 수집할 수 있었다. 그러나 Z세대가 주로 관심을 가지고 사용하는 키워드지만, 동시에 다

자료 4-24 Z세대의 게시글을 수집하기 위한 200개의 키워드 셋.

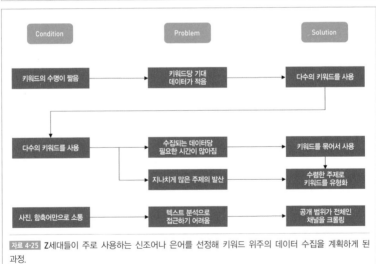

자료 4-25 Z세대들이 주로 사용하는 신조어나 은어를 선정해 키워드 위주의 데이터 수집을 계획하게 된 과정.

데이터로 경험을 디자인하라

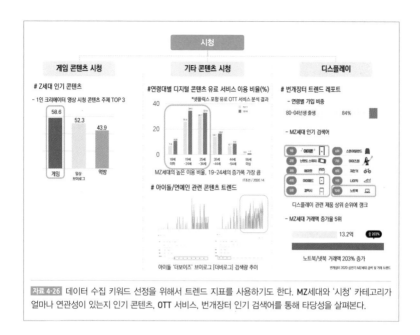

데이터 수집 키워드 선정을 위해서 트렌드 지표를 사용하기도 한다. MZ세대와 '시청' 카테고리가 얼마나 연관성이 있는지 인기 콘텐츠, OTT 서비스, 번개장터 인기 검색어를 통해 타당성을 살펴본다.

수의 광고글과 Z세대가 업로드했다고 볼 수 없는 게시글도 많았다. 예를 들어, '중간고사'라는 키워드로 네이버에 검색을 하면 Z세대 자녀를 둔 어머니의 블로그 글도 등장한다. 이를 처리하기 위해 '갓생, K-장녀' 같이 Z세대들만 사용하는 단어들을 마스터 키워드로 선정하여 'And 조합'으로 키워드끼리 묶어 수집했다. 즉, '갓생 중간고사'의 키워드로 검색하면 어머니의 블로그 글은 검색 조건에서 탈락하는 것이다.

소셜 데이터는
쓰레기가
너무 많이 섞여 있다

뉴스 기사와 SNS에 업로드된 글은 모두 텍스트 데이터라는 공통점이 있지만, 아주 큰 차이점이 있다. 뉴스 기사는 기자가 단어 하나하나에 의미를 담은 정돈된 글이라면, SNS 글은 일상적으로 의식하지 않고 쓰는 글이란 것이다. 텍스트 데이터를 처리하는 AI(텍스트 마이닝)를 처음 배울 때 분석 데이터로 뉴스 기사가 자주 사용되는 이유가 여기에 있다. 뉴스 기사에는 광고도, 오타도, 은어도 없다. 그러나 소셜 데이터에는 이 모든 게 다 있다. 이에 더하여, 수집된 게시글이 '펑' 돼 있는(게시자가 게시글 자체를 삭제하는 게 아니라, 내용을 삭제하고 내용 대신 '펑'이라고 적어두는 행위) 등 예상치 못한 상황들도 여럿 섞여 있다.

소셜 데이터에는 마땅한 규칙이 없다. 어느 채널에서 수집했느냐

데이터로 경험을 디자인하라

에 따라 문장의 길이부터 사용하는 단어의 종류들까지 천차만별로 다르다. 이 점이 소셜 데이터를 전처리하는 데 특히 시간이 오래 걸리는 이유이며, 분석하기 까다로워지는 이유이다. 필자가 수행했던 〈소셜 데이터 기반 브랜드 지수 예측 프로젝트〉에서도 프로젝트 전체 기간의 거의 70%를 소셜 데이터에서 쓰레기를 없애는 전처리 작업에 써야 했던 경험이 있다.

이렇게 소셜 데이터를 수집하고 분석할 때 예상치 못한 상황을 맞닥뜨리곤 한다. 한번은 키워드 검색을 할 때였다. 세탁^{laundry}과 관련된 데이터 수집을 기대하며 '세탁' 키워드로 작성된 글을 수집했다. 그런데 세탁 경험과는 무관한 엉뚱한 글이 많이 보이길래 살펴보니 '학벌 세탁'에 관해 작성된 내용이었다. '돈세탁'도 빠지지 않고 등장했다. 옷을 어떻게 관리하고 보관하는지에 관한 이야기를 기대하며 설정한 '옷 관리' 키워드 검색에는 '출산 후 옷을 못 입어요 몸매 관리 어떻게 하셨어요?'라는 내용이 함께 등장하기도 한다. 패션 카페를 특정하더라도 '관리'에는 '피부 관리, 건강 관리, 차량 관리' 등 다양한 내용이 나온다. 키워드를 '옷 관리'로 설정했음에도 이렇게 예상치 못한 데이터가 계속 등장하는 것이다.

소셜 데이터 분석에는 10개의 채널이 있으면 10가지의 전처리 방법이 요구된다. 타깃 채널을 카페로 한다면 카페별, 게시판별로 게시글 상단에 함께 등장하는 공지 문구가 다르게 나타난다. 공지 문구의 길이는 모두 제각기이기 때문에 동일한 글자 수 규칙을 줘서 삭제할 수도 없다. 이 밖에도 제목에 원하는 키워드가 포함돼 있어서 수집이 되었으나, 내용은 게시자의 변심에 의해 '펑' 돼 있는 상황도 있다. 같은 글을 반복해서 올리는 게시자도 있으며, 텍스트 분석을 해야 하는데 달랑 사진만 업로드되는 경우도 있다. 게시글 사이에 들어 있는 동영상 링크, 광고 링크도 역시 분석에 불필요하므로 제거를 해야 한다. 소셜 데이터 곳곳에 엄청나게 광고가 들어있다는 것은 두말 하면 잔소리일 정도로 당연한 이야기이다.

쓰레기 데이터를 버리고
진짜 고객 데이터 찾는 데 도움을 주는 AI

잠재니즈를 발굴하는 것은 텍스트 데이터를 분석하여 고객의 일상 속 언어 내에 있는 고객의 맥락을 찾아가는 과정이라 할 수 있다. 인터넷에서 확보할 수 있는 '일상적으로 의식하지 않고 쓰는 글'을 분석하는 것은 고객의 생생한 생각을 들을 수 있다는 분명한 장점이 있다. 하지만 그중 진짜 고객 데이터를 골라내는데 품이 든다는 명백한 단점도 있다. 즉, 주어진 답이 없다는 것이다. 데이터 마이닝에서는 이렇게 라벨이 없는 분석 과정을 '비지도 학습 방식'이라고 한다. 어떤 데이터가 쓰레기garbage 데이터인지 눈앞에 답(라벨)이 붙어있다면 좋겠지만, 현실은 각 데이터마다 쓰레기인지 아닌지 여부를 연구자가 직접 판단해줘야 한다. 100만 개 이상의 데이터를 연구자가 쓰레

데이터로 경험을 디자인하라

기인지 아닌지를 직접 분류해야만 하는 이 상황에서 활용 가능한 것이 바로 AI이다. AI는 이렇게 인간이 반복적으로 힘들게 해야만 하는 일을 도와줄 때 그 쓰임새가 매우 좋은 도구라 할 수 있다.

AI를 학습시킨다는 것은 간단히 말해 기존에 알고 있는 문제와 답을 공부시켜서, 새로운 문제를 만났을 때 답을 찾게 한다는 뜻이다. 우리는 AI가 쓰레기를 구분하도록 만들기 위해서 전체 데이터가 10만 개라면 약 1만 개의 데이터를 사람이 분류해서 쓰레기 여부를 판단한 뒤, 그 데이터를 AI에게 학습시켰다. [자료4-27]의 1)번과 같이 코더(데이터가 유용한지 아닌지를 0과 1로 라벨링하는 사람) 4명과 최종 판결을 내리는 판단자 1명이 3차 교차 검증을 통해 모델이 학습할 데이터의 답(쓰레기 여부)을 만들어 준다. 여기서 만드는 답이 AI가 앞으로의 데이터들도 쓰레기인지 아닌지 분류가 되는 기준이기 때문에, AI를 학습시키기 전 정확하고 상세한 기준을 만들어 진행해야 한다.

전체 텍스트 데이터의 일부를 가지고 라벨값을 만든 후에는 [자료 4-27]의 2)번과 같이 3개의 딥러닝 모델(CNN, LSTM, GRU를 활용해 만들었다)을 활용하여 AI를 학습시켰다. 그다음 첫 번째 딥러닝 알고리즘의 쓰레기 판단 결과와 두 번째 딥러닝 알고리즘의 결과를 비교했다. 비교 결과가 동일하다면 세 번째 딥러닝 알고리즘의 학습 데이터로 사용하고, 불일치한다면 세 번째 딥러닝 알고리즘에 넣어 쓰레기 여부를 판단하게 하였다. 이때 우리가 사용하는 딥러닝 알고리즘들은 은닉층hidden layer 구조를 어떻게 설계하냐에 따라 상이한 특성과 성능을 보인다. 장기 기억을 처리하는데 유용한 구조가 있고, 이미지 데이터를 처리하는데 유용한 구조가 있다. 어떻게 설계하면 어떤 데이터에서 성능적으로 좋은 결과를 내는지는 이미 수많은 선행 연구가 존재한다고 할 수 있다.

10만 개의 텍스트 데이터를 사람이 전부 판단한다는 것은 시간과

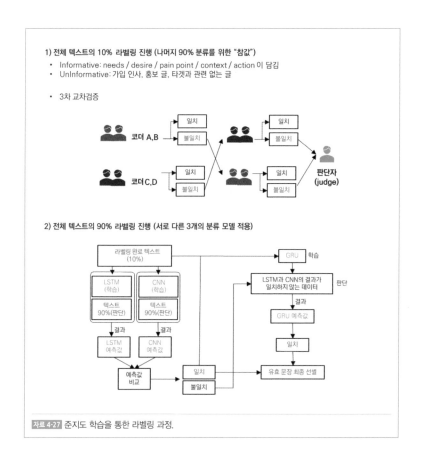

자료 4-27 준지도 학습을 통한 라벨링 과정.

데이터로 경험을 디자인하라

비용 차원에서도 효율적이지 못할뿐더러, 판단이 일관적이지 못할 가능성이 점점 커진다. 딥러닝 모델은 데이터를 가지고 학습한 대로 처음부터 끝까지 일관적으로 판단한다. 그러나 사람은 기분에 따라, 컨디션에 따라 쓰레기 여부를 주관적으로 판단할 수도 있다. 그에 비해 AI는 학습한 대로 일정하게 판단해준다는 장점을 가진다. 각 게시글은 서로의 의미를 보존하는 방향으로 각각의 단어와 문서의 의미가 수치화되고, 텍스트를 나타내는 고유값은 중간에 변형되지 않으며, 정답의 기준도 명백하게 일정하다.

이렇게 AI는 사람이 반복적으로 해야 할 일을 줄여줌과 동시에 시간의 효율도 높이고, 안정적인 판단도 대신해주는 이점이 있다고 할 수 있다. AI는 바로 이럴 때 활용해야 하며, 이런 영역이 AI가 가장 잘하는 영역이다.

5장

스텝 2

고객의 라이프
분석하기

데이터로 고객의 맥락을 분석해보자

**Data driven
Customer
eXperience**

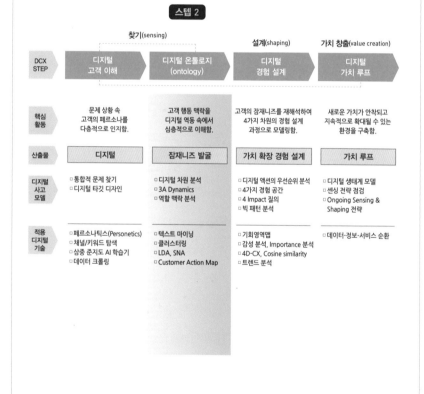

DCX 가치 창출 방법론

디지털 세계관에 적합한 문제 해결 및 고객 가치 디자인 방법론

스텝 2

	찾기(sensing)		설계(shaping)	가치 창출(value creation)
DCX STEP	디지털 고객 이해	디지털 온톨로지 (ontology)	디지털 경험 설계	디지털 가치 루프
핵심 활동	문제 상황 속 고객의 페르소나를 다층적으로 인지함.	고객 행동 맥락을 디지털 역동 속에서 심층적으로 이해함.	고객의 잠재니즈를 재해석하여 4가지 차원의 경험 설계 과정으로 모델링함.	새로운 가치가 안착되고 지속적으로 확대될 수 있는 환경을 구축함.
산출물	디지털	잠재니즈 발굴	가치 확장 경험 설계	가치 루프
디지털 사고 모델	□ 통합적 문제 찾기 □ 디지털 타깃 디자인	□ 디지털 차원 분석 □ 3A Dynamics □ 역할 맥락 분석	□ 디지털 액션의 우선순위 분석 □ 4가지 경험 공간 □ 4 Impact 질의 □ 빅 패턴 분석	□ 디지털 생태계 모델 □ 센싱 전략 점검 □ Ongoing Sensing & Shaping 전략
적용 디지털 기술	□ 페르소나틱스(Personetics) □ 채널/키워드 탐색 □ 삼중 준지도 AI 학습기 □ 데이터 크롤링	□ 텍스트 마이닝 □ 클러스터링 □ LDA, SNA □ Customer Action Map	□ 기회영역맵 □ 감성 분석, Importance 분석 □ 4D-CX, Cosine similarity □ 트렌드 분석	□ 데이터-정보-서비스 순환

자료 5-1 DCX 스텝 2. 분석, 데이터로 고객의 맥락을 분석해보자.

소셜 데이터에서 고객의 라이프를 분석하다

인스타그램, 페이스북, 틱톡과 같은 소셜 네트워크 플랫폼에서 디지털 세대들은 본인 일상을 다른 이와 공유한다. 유저들의 라이프 스타일 기록이 디지털 공간에 남는 것이다. 인스타그램에 고양이 사진이 올라오기 시작하면 해당 가정의 라이프와 잠재니즈가 달라짐을 의미하고, 페이스북에서 데이터 분석 커뮤니티에 가입했다면 데이터 분석에 관심이 있거나 공부하기 시작했다고 할 수 있다.

필자가 처음 페이스북에 가입했을 때는 보통의 30대 여성이 자주 쓰는 화장품 광고가 주로 보였지만, 요즘엔 패스트캠퍼스와 코드잇과 같은 데이터 분석 교육 프로그램이 뜬다. 때로는 초등영어 온라인 교육 콘텐츠가 보이기도 한다. 단 한 번도 페이스북에게 영어를 공부

해야 하는 초등학생 4학년이 집에 있고, 고객 데이터 분석 연구와 강의를 하고 있다고 알려준 적이 없는데 페이스북은 어떻게 나의 맥락과 니즈를 알아냈을까?

곰곰이 생각해보니 페이스북 계정으로 1년에 한두 번 아이와의 일상 사진을 페이스북에 게시한 적이 있었고, 4년 전쯤 'Tensorflow KR'이라는 딥러닝 데이터 분석 커뮤니티에 가입했었다. 그리고 페이스북 친구들의 대부분이 데이터 분야에서 일하는 교수님들과 데이터 분석 업무 담당자들이다. 그들이 올린 글을 공유하기도 하고, 좋아요 버튼을 눌러서 친구의 게시글에 대한 관심을 표현하기도 했다. 페이스북은 바로 내가 남긴 사진, 댓글, 좋아요, 친구, 친구의 포스팅 등을 바탕으로 맥락과 니즈를 찾아냈던 것이다.

페이스북은 계정이 남긴 흔적 데이터를 기반으로 계정의 맥락과 니즈를 찾아내어, 그에 맞는 광고를 노출한다. 사실 각각의 사용자 계정이 남긴 디지털 기록을 가지고 라이프를 얼마나 정확하게 분석해내느냐는 페이스북의 광고 매출에 아주 큰 영향을 미친다.

기업의 비즈니스가 무엇이든, 비즈니스의 타깃이 되는 고객의 라이프에 관심을 가져야 한다. 고객이 자발적으로 본인의 관심사와 흥미를 말하게 하면 가장 좋다. 예를 들면, 집과 연관된 맥락을 찾기 위해선 '오늘의집'과 같이 집과 관련된 잠재 고객들이 모이는 모바일 커뮤니티 플랫폼을 살펴보고, 그들의 관심사가 어떻게 바뀌고 있는지, 집에서 필요로 하는 것이 무엇인지 찾아보는 것도 방법이다. 또는 고객의 시청 데이터나 소비 데이터를 가지고 고객의 생애주기를 유추해 볼 수 있다. 초등학생 의자와 책상을 검색하기 시작한 고객은 아이가 초등학생이 되었거나, 바닥에 소음 매트를 구입하는 고객은 뛰어다니기 시작한 아이가 있다고 할 수 있다. TV 콘텐츠 기록으로 그 집안 성인의 관심사나 어린이 콘텐츠의 대상 연령으로 아이의 나이까지 유추해낼 수 있다.

다양한 데이터를 활용해서 우리 고객의 라이프와 그 속에 있는 잠재니즈를 파악하려고 노력하자. 만약 우리 내부에 그런 데이터가 없다면 우리 회사가 타깃으로 하는 고객들이 어디에 모여있는지, 디지털 세계 어디에서 시간을 보내는지, 어디에서 페인 포인트와 관련된 질문을 하고 답하는지 찾아보자. 그들의 커뮤니티 속에서 자연스럽게 나오는 사진과 일상에 대한 공유, 질문과 댓글 데이터 안에 고객의 니즈가 숨어 있다.

데이터 결합을 통한
고객의 맥락 찾아내기

지금까지 많은 고객의 내부·외부 데이터를 확보하는 것 자체가 목표였다면, 이제는 모아둔 데이터를 잘 꿰어내 분석하여 고객에게 새로운 가치를 주는 작업에 공을 들여야 할 차례이다. 이제 기업의 고민은 쌓아둔 데이터를 잘 연결해서 각 고객군이 갖고 있는 잠재니즈를 발견하고, 더 나아가 이상적인 개인화된 고객 경험을 주는 서비스

데이터로 경험을 디자인하라

를 만들어내는 것이다.

　대표적인 사례로 LG전자의 UP가전을 살펴보자. 그동안의 가전 제조업은 대중을 타깃으로 모두를 위한 하나의 제품^{One for all}과 품질로 승부하고 매스^{mass} 마케팅을 통해 고객의 마음을 잡았다. 그러나 O2O 서비스의 증가로 더 이상 세탁기, 냉장고가 우리 집의 면적을 많이 차지하면서까지 필요한 필수 가전이 아니게 되었다. 가전의 대체재가 빠른 속도로 시장에 등장하고 있는 것이다. 더군다나 가전이란 원래 제품을 산 그 순간부터 낡고 가치가 떨어진다고 본다. 이런 상황에서 LG전자가 2022년 세상에 선보인 UP가전은 고객의 맥락에 맞게 가전이 업그레이드되는 경험을 주고 있다. 고객이 반려동물을 입양하면 기존에 가지고 있는 공기청정기와 세탁기에 펫 모드 기능이 업데이트돼서, 펫 가전의 의미로 업그레이드된다. 마음이 허전하다고 느끼는 어느 날에는 냉장고가 고객의 기분을 알아주는 메시지를 냉장고 문에 보여주고, 신생아가 태어나면 공기청정기와 에어컨에 자연 바람 모드가 추가되는 것이다. 이 같은 경험은 가전을 쓰면 쓸수록 계속해서 업그레이드되어서, 시간이 지날수록 제품이 주는 의미와 가치를 더 깊어지게 하는 경험이다.

　이처럼 깊은 경험을 전달하려면 무엇보다 우리 고객이 어떤 맥락에서 어떤 니즈를 가지고 있는지를 센싱하는 것이 핵심이다. 고객이 반려동물을 입양했는지, 냉장고를 열고 있는 사람이 아들인지, 집에 귀한 손님이 오셔서 저녁 식사를 하는 상황인지 맥락을 캐치해내야 하는데, 이를 위한 데이터는 고객의 데이터를 잘 꿰어야 잡히기 시작한다.

그렇다면 각각의 집에서 잡히는 다양한 맥락을 어떻게 센싱할 수 있을까? 그동안 가전 회사들은 이 맥락을 찾아내기 위해 와이파이 센서에 쌓이는 기기 데이터를 분석해왔다. 사용성에 따라 고객군을

클러스터링도 해보고, 각 클러스터는 언제 주로 세탁기를 돌리는지, 어떤 모드로 돌리는지 등을 분석했다. 그리고는 '아, 이 집은 주로 남편이 출근하고 난 다음 오전 10시쯤에 아기 빨래를 돌리는 맥락을 가지고 있구나'하고 캐치해서, 10시에 세탁기 전원을 켜면 자동으로 '아기 빨래 모드'로 설정돼있는 경험을 주었다. 하지만 이러한 특정 가전의 기기 데이터만으로는 고객의 생각과 잠재니즈를 찾아내기에는 역부족이다.

맥락을 찾아내기 위한 방법은 무엇이 있을까? 첫 번째 방법은 다른 제품 기기 데이터와의 결합 분석이다. 지난밤 돌려놓았던 외투를 꺼내기 위해 아침에 스타일러 문을 여는 순간, 우리는 남편이 출근하는 상황임을 캐치해 볼 수 있다. 세탁기와 건조기 데이터를 연결해서 분석하면, 세탁기의 세탁 시간이 끝나기 30분 전쯤 건조기의 예열

데이터로 경험을 디자인하라

기능이 자동으로 켜져서 고객의 건조기 이용 시간을 획기적으로 줄일 수도 있다. 실시간 TV 시청 데이터와 냉장고 데이터가 연결되면, 고객이 유럽축구를 보면서 맥주를 꺼내기 위해 냉장고를 여는지 등의 상황을 인지할 수도 있을 것이다.

두 번째는 기기 데이터와 모바일앱 로그 데이터와의 결합이다. 앱 로그 데이터를 잘 분석하면 누가, 언제, 어디서, 무엇을, 어떻게, 왜와 같은 상황을 확인할 수 있다. 또한 앱에서 새로운 서비스를 론칭했을 때, 해당 서비스가 고객의 반응을 얼마큼 끌어냈는지에 대한 효과를 추정하는 것도 가능하다. 고객의 해당 앱과 웹사이트 유입 경로부터 검색과 클릭, 조회 기록 등 모든 것이 남기 때문에 구글 애널리틱스Google Analytics나 파이어베이스Firebase와 같은 전문 솔루션을 통해 그 행동을 추적할 수 있다. 고객이 앱을 설치하고 회원가입 후 기기를 연결하는 순간, 해당 기기를 사용하는 사람의 기본적인 정보를 얻게 된다. 만약 고객에게 "앱에 가족 구성원을 입력했을 때 구성원에 맞춤화된 서비스가 가능합니다"라고 안내하면, 어쩌면 고객이 스스로 가족 구성원 정보도 입력해줄지 모른다. 가족 구성원을 알게 되면 이 집에 필요한 세탁 모드가 맞춤 설정될 수 있고, 냉장고 디스플레이에 추천하는 음식도 달라질 것이며, TV에서 추천하는 채널도 어떤 구성원이 TV를 켜느냐에 따라 달라지는 경험을 줄 수 있다.

세 번째는 소셜 데이터와의 연결이다. 이를 통해 고객의 마음을 읽어낼 수 있다. 기기 데이터가 고객이 무슨 행동을 하는지 'What'에 대한 분석의 재료라면, 기기 데이터를 다른 데이터와 결합해서

'Why'와 같은 더 깊은 인사이트를 찾아내야 한다. 리뷰 데이터에서는 제품의 기능 평가와 관련한 인사이트를 얻을 순 있지만, 고객의 맥락에 대한 깊은 인사이트는 얻기 힘들다. 우리는 각 고객군들의 라이프 데이터를 분석해내야 한다. 애완견을 혼자 놔두고 여행을 가야하는 고객의 마음은 우리 제품의 리뷰에서 읽을 수 있는 것이 아니라, 오히려 팻 커뮤니티에서 찾아낼 수 있을 것이다.

마지막으로 소셜 데이터만으로도 구체적인 고객의 맥락을 읽어내기 힘들다면 생태계 안에 있는 플레이어들과의 데이터 협업 또한 고민해야 할 것이다.

이제 더 이상 데이터를 무작정 축적하지 말자. 그보다 데이터들을 어떻게 결합해서, 어떤 인사이트를 얻을 것인지를 먼저 생각하자. 또한 이렇게 얻은 인사이트를 활용해 실제 제품의 경험으로 설계하고, 각 맥락에 따라 개인화된 커뮤니케이션과 경험 제안이 가능한지가 더 중요하다.

데이터로 경험을 디자인하라

고객의 맥락을
이해하기 위한
3A 분석 프레임워크

               고객의 맥락을 이해하기 위해 데이터를 들여다볼 때 유용한 '3A 분석 프레임워크'를 소개한다. 3A 분석 프레임워크는 데이터를 사람에 대한 액터Actor(고객), 잠재니즈를 충족하기 위한 행동Action, 제품에 대한 사물Artifact로 구분하여 사고하고 분석하는 디지털 온톨로지digital ontology(디지털에서 찾은 여러 데이터의 연결을 통해 관계와 의미를 찾아갈 수 있도록 도와주는 것) 방법론이라고 할 수 있다.

    3A 분석 프레임워크는 리처드 배스커빌Richard L. Baskervilie, 마이클 마이어스Micheal D. Myers, 유영진 교수님이 개발한 디지털 세계에서 인간의 경험을 나타내기 위한 온톨로지에서 비롯되었는데, 고객 중심으로 데이터 안에 숨어 있는 다양한 맥락을 도출하는 데에 매우 용이

한 방법이다. 고객의 데이터를 액터, 행동, 사물 기반으로 추출해 내고 다양한 액터와 다양한 행동들, 그리고 데이터에서 찾은 다양한 사물들간 재조합을 통해 다이나믹한 분석이 가능하다. 기존에 보지 못했던 데이터 간 역동적인 상호 연결 관계를 발견할 수 있으며, 새로운 가치를 찾아내는데 창의적인 사고를 할 수 있게 되는 것이다.

[자료 5-3]에서 액터는 다양한 페인 포인트와 잠재 욕구, 역할을 가지는 고객으로, 다양한 페르소나로 정의될 수 있다. 행동은 그 페인 포인트와 잠재 욕구, 또는 역할을 수행하기 위해 액터가 보이는 행동들이다. 마지막으로 사물은 해당 행동을 하는 액터가 상호 작용하는 물체들이다.

예를 들면, 아토피가 있는 아이에게 하교 후 건강하고 맛있는 간식을 먹여야 하는 엄마(Actor)가 이 니즈를 해결하기 위해 아토피 커뮤니티 사이트의 다른 엄마들에게 물어보거나(Action), 얼마 전 서점에서 사둔 아토피 아이를 위한 요리책을 살펴보거나(Action), 일단 냉장고에 있는 재료들부터 살펴보고 해당 재료와 아토피 궁합을 검색하거나(Action)하는 다양한 상황들이 펼쳐질 것이다. 이때 그 맥락들 속에서 등장한 요리책, 아토피 엄마 카페, 냉장고, 검색 사이트와 같은 것들이 전부 사물(Artifact)이다.

데이터로부터 수많은 액터(페르소나)를 찾아내고, 각각의 액터가 보이는 다양한 행동과 이때 상호작용하는 다양한 사물들을 도출함으로써 고객의 다양한 맥락을 찾아낼 수 있다.

고객 한 사람에게도 아주 다양한 3A들, 즉 다양한 맥락이 찾아질 수 있다. 예를 들면 차경진이라는 사람은 시간과 장소, 역할에 따라 냉장고에 대한 맥락이 다르다. 필자는 아침에 냉장고에 아이 간식을 넣어놓으며 아이가 학교에 다녀와서 간식을 꺼내 먹기를 기대하며 메모를 해놓는 행동을 한다. 학교에 출근해 연구실에서 회의를 준비하며, 공간이 제대로 안 나와서 대충 눕혀 쌓아 놓은 음료수를 꺼내 손님에게 주면서 '음료수만 잘 정리되는 예쁜 냉장고면 좋겠다'는 생각을 한다. 오후가 되어서는 며느리로서 혼자 지내시는 아버님을 생각하며 과연 아버님 댁 냉장고에 반찬은 있는지, 잘 드시고 계시는지 궁금해진다. 또한 문득 아침에 냉장고에 넣어놓은 간식을 초등학생 아이가 잘 꺼내 먹었는지, 맛은 어땠는지도 궁금하다.

이렇게 고객은 시간과 공간과 역할에 따라 즉, 맥락에 따라 욕구와 행동이 달라지는 것을 알 수 있다. 고객은 한 가지 맥락만 가지고 있

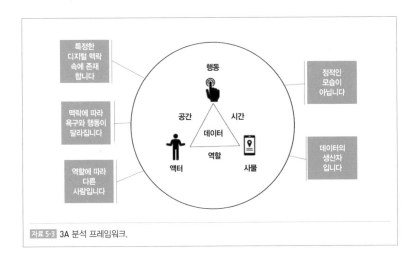

자료 5-3 3A 분석 프레임워크.

지 않다. 다양한 맥락을 가지고 있고, 매번 똑같은 정적인 모습이 아니라 시간에 따라 계속해서 달라진다. 3A 온톨로지 기반으로 찾아낸 맥락들은 기존의 획일화된 가치(예. 냉장고를 개선하기 위해 적재 용량과 에너지 효율을 향상)에서 벗어나, 보다 더 새롭게 의미를 주는 경험(예. 냉장고를 개선하기 위해 사용자의 니즈를 학습하여 식단 관리, 레시피 추천 등의 서비스를 할 수 있는 콘텐츠와 연결)들로 연결될 수 있다. 또한 서로 다른 3A들끼리의 결합은 다른 서비스, 다른 플랫폼과의 연결을 통해 더 큰 의미 설계가 가능해진다.

우리는 고객의 데이터에서 다양한 고객(Actor)들을 찾아내야 한다. 이들은 맥락에 따라 욕구와 행동(Action)이 다르고, 해당 상황에서 만지거나 보는 사물(Artifact)들도 다르다. 이렇게 3A 온톨로지에서 만들어지는 다양한 맥락에서 시작하면, 그다음으로 액터, 행동, 사물을 더 심도 있게 이해하기 위해 어떤 데이터를 추가로 더 들여다봐야 하는지가 보인다.

클러스터링을 통한
페르소나 군집화로
잠재니즈를 발굴하라

고객들의 맥락을 찾아내기 위해 비슷한 액터들끼리 묶는 방법인 클러스터링clustering을 해볼 차례다. 예를 들어, 수집한 1,000개의 리뷰 데이터가 1번 리뷰, 2번 리뷰, 3번 리뷰… 1,000번 리뷰의 형태라면 유사한 성격을 가졌다고 파악되는 비슷한 잠재니즈가 있는 리뷰들을 묶어 그룹으로 구성하는 것이다. 액터들, 즉 유사한 사람들끼리 군집화를 해놓으면 이들의 맥락을 조금 더 심도 있게 이해할 수 있다. 해당 군집의 특성을 파악하여 특정 군집으로 대표되는 페르소나를 탐구할 수 있는 것이다. 수천, 수만 개의 소셜 데이터를 군집화하여 대표성을 갖는 액터, 페르소나를 파악하는 과정이다.

우리는 소셜 데이터를 군집화 시켜 사람들이 공통적으로 얘기하고 있는 맥락을 찾아내고, 페르소나를 도출해야 한다. 1,000개의 리뷰는 모두 다른 문장으로 적혀있지만 그중 비슷한 문장, 비슷한 의미, 비슷한 상황을 지닌 리뷰도 있다. 그런 유사성들을 파악해내기 위해 리뷰에 들어있는 의미를 최대한 보존하는 방법으로 리뷰 텍스트를 벡터화시키고* 의미와 문맥이 유사한 리뷰들을 알고리즘을 통해 묶어낸다.

이렇게 묶은 리뷰들이 하나의 군집을 이루게 되며, 하나의 군집 안에는 의미와 문맥이 비슷한 여러 개의 리뷰들이 모여있다고 보면 된다. 예를 들어, '오버 사이즈 후드티 추천 받습니다'라는 리뷰는 '나이키 헤리티지 조거팬츠 사이즈 어떻게 갈까요?'라는 리뷰보다 '제품 두 개 중에 어떤 게 더 예쁜가요?'와 같이 '제품 중 추천을 받는다'는 맥락이 유사하여 군집이 형성된다고 볼 수 있다.

반대로 '나이키 헤리티지 조거팬츠 사이즈 어떻게 갈까요?' 리뷰는 '아크네 포바 사이즈 종결 좀 부탁드려요'라는 리뷰와 '사이즈' 관련 내용으로 클러스터를 맺게 될 가능성이 클 것이다. 물론 어떤 군집 알고리즘을 사용했는지, 어떤 벡터화 기법을 사용했는지, 어떤 종류의 데이터인지 등에 따라서 예상하지 못한 군집 결과가 나올 수 있다.

기본적으로 군집 알고리즘은 비지도 학습(기계학습의 일종으로, 데이터에 대한 정답이 없이 학습시키는 방법) 방식으로 정답이 없는 데이터 분

---

* 텍스트 데이터를 벡터로 치환하는 것으로, 쉽게 말해 텍스트를 컴퓨터가 이해할 수 있는 숫자로 표현하는 것이다.

데이터로 경험을 디자인하라

석 방법이다. 또한 결과 도출에 있어서 연구자의 판단이 많이 요구된다. 그럼에도 군집화 방식은 빅데이터의 특성을 묶고, 데이터의 특징 정보를 파악하는데 유용하기 때문에 널리 이용되고 있다.

텍스트 데이터 간의 유사도를 파악하는 문제는 자연어 처리NLP, Natural Language Processing에서 꾸준히 연구되는 영역이다. 텍스트 데이터 간의 유사성을 파악하고 그룹화시키기 위해 우리는 몇 가지 알고리즘을 이용한다. 클러스터링 방법에는 K-평균K-Means, 평균 이동Mean-Shift, DBSCAN, 계층적 클러스터링 등 다양한 알고리즘들이 존재하는데, 각 알고리즘마다 군집(클러스터)을 만들어내는 계산 방법이 약간씩 차이가 있다. 여기서는 비교적 이해하기 쉬운 병합 군집 방법 중 하나인 와드 클러스터링Ward Clustering으로 고객의 맥락을 구분해보자.

병합 군집Agglomerative Clustering 알고리즘은 초기에 각 포인트(데이터, 예. 리뷰 1개)들을 하나의 클러스터로 지정하여 가장 비슷한 두 클러스터를 계속해서 합쳐나가는 방식이다.

[자료 5-4]를 보면 가장 가까운 포인트끼리 하나의 클러스터로 병합되고 있다. 예를 들어, 1번 리뷰와 10번 리뷰가 가장 비슷하면 1번-10번이 합쳐진 클러스터가 생긴다. 마찬가지로 2번 리뷰와 100번 리뷰가 가장 비슷하면 2번-100번이 합쳐진 클러스터가 생기는 방식이다. 그리고 1-10번 클러스터와 3번 리뷰가 의미상 가까우면 1빈-10번-3번 클러스터가 생긴다. 이렇게 가장 가까운 두 클러스터

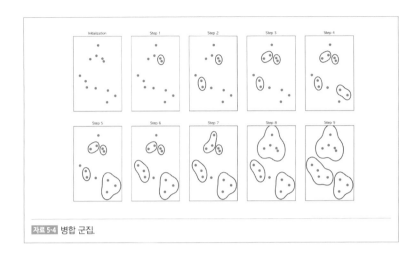

자료 5-4 병합 군집.

가 합쳐지면, 그다음 가까운 두 클러스터가 합쳐지는 방식으로 클러스터가 성장하면서 점점 더 멀리 있는 (다른 클러스터보다는 가까운) 클러스터를 포함하게 된다.

군집이 반복하여 진행되면 모든 포인트는 하나의 포인트를 가진 클러스터에서 시작하여 마지막 클러스터까지 이동하게 된다. 즉, 작은 클러스터들이 모여 큰 클러스터를 이루는 계층적 구조를 가지는 것이다. 따라서 병합 군집은 계층적 군집Hierarchical Clustering을 만드는 것과 같고, 계층적 군집의 특징은 트리 구조를 갖는 덴드로그램dendrogram으로 시각화가 가능하다는 점이다.

와드 클러스터링은 이런 특성을 가진 병합 군집 알고리즘 중 하나로, '비슷한' 클러스터를 찾는 계산 방식에 분산을 이용한다. 두 클러스터를 합칠 때 모든 클러스터 내의 분산을 가장 작게 증가시키는 방

데이터로 경험을 디자인하라

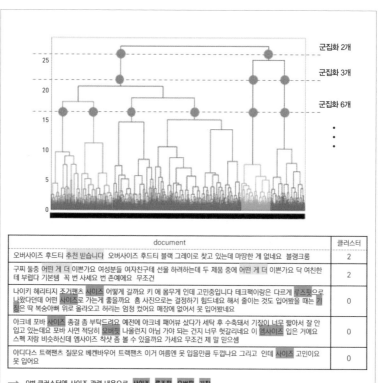

document	클러스터
오버사이즈 후드티 추천 받습니다 오버사이즈 후드티 블랙 그레이로 찾고 있는데 마땅한 게 없네요 블랭크룸	2
구찌 둘중 어떤 게 더 이쁜가요 여성분들 여자친구테 선물 하려하는데 두 제품 중에 어떤 게 더 이쁜가요 딱 여친한테 부럽다 기본템 꼭 번 사세요 번 존예에요 무조건	2
나이키 헤리티지 조거팬츠 사이즈 어떻게 갈까요 키 에 몸무게 인데 고민중입니다 테크팩이랑은 다르게 루즈핏으로 나왔다던데 어떤 사이즈로 가는게 좋을까요 흠 사진으로는 결정하기 힘드네요 해서 줄이는 것도 입어봤으 때는 기장은 딱 복숭아뼈 위로 올라오고 허리는 엄청 컸으요 매장에 없어서 못 입어봤네요	0
아크네 포바 사이즈 종결 좀 부탁드려요 예전에 아크네 패어뷰 샀다가 세탁 후 수축돼서 기장이 너무 짧아서 잘 안 입고 있는데요 포바 사면 적당히 오버핏 나올런지 아님 가야 되는 건지 너무 헛갈리네요 이 엠사이즈 입은 거에요 스펙 저랑 비슷하신데 엠사이즈 착샷 좀 볼 수 있을까요 가세요 무조건 제 말 믿으셈	0
아디다스 트랙팬츠 질문요 베켄바우어 트랙팬츠 이거 여름엔 못 입을만큼 두껍나요 그리고 인데 사이즈 고민이요 못 입어요	0

➡️ 0번 클러스터엔 사이즈 관련 내용으로 사이즈 루즈핏 오버핏 기장

2번 클러스터엔 제품 둘 중 선택, 추천 관련 내용으로 군집이 형성됨 추천 받습니다 어떤 게 더

자료 5-5 와드 클러스팅 군집 덴드로그램.

향으로 진행하기 때문에, 크기가 비교적 비슷한 클러스터가 만들어진다는 특징을 갖는 것이다. 계층적 군집을 이루는 병합 군집의 특징으로 인해 모든 클러스터를 끝까지 연결하면 결국 하나의 클러스터로 모이게 되고, 우리는 덴드로그램으로 해당 군집 과정을 시각화하여 군집들이 어떻게 나뉘고 연결되는지 정보를 얻을 수 있다.

덴드로그램에서는 클러스터의 거리를 나타내는 y축을 확인하여 두 클러스터가 합쳐질 때를 볼 수 있을뿐더러, 가지*의 길이는 합쳐진 클러스터 간의 거리를 보여준다. 즉, 가지의 길이가 길면 거리가 먼 곳에 있는 클러스터가 합쳐지고 있음을 나타내는 것이다. [자료 5-5]에서 하늘색과 보라색 클러스터가 합칠 때 생성되는 가지의 길이가 상대적으로 길게 있으므로, 두 클러스터 간의 의미적 유사성은 떨어져 있다고 본다. 이렇게 덴드로그램을 통해 몇 개의 군집으로 나누는 것이 가장 적절할지 정보를 얻을 수 있다.

우리는 이러한 알고리즘을 통해 도출된 결과를 보고, 데이터가 말해주는 각각 군집별 페르소나의 특징을 찾아낼 수 있다. 클러스터링을 통해 도출된 액터는 유사한 데이터끼리 묶여 비슷한 페인 포인트, 비슷한 맥락을 지닌 다양한 페르소나인 것이다.

이제 다음으로 해야 할 일은 이렇게 비슷한 맥락끼리 군집화된 데이터, 액터의 단위로 데이터를 더 구체적으로 분석하는 과정이 이어진다. 이때 다양한 분석 방법을 적용하여 해당 페르소나에게서 보이는 맥락적 특성을 분석해 낼 수 있다.

---

*트리 구조를 갖는 덴드로그램 맨 위에 수평선은 클러스터 두 개가 만났을 때 생기는 노드이고, 맨 위 수평선에서 그어진 두 개의 수직선을 가지라 한다.

데이터로 경험을 디자인하라

LDA 토픽 모델링,
어떤 맥락과
토픽이 중요할까?

앞에서는 클러스터링을 통해 소셜 데이터를 군집화 시켜 액터를 찾아냈다면, 이번 챕터에서는 액터의 맥락 속 행동들을 자세하게 살펴보고자 한다. 액터들은 하나의 행동만 하지 않고 처한 상황, 맥락, 시간에 따라 다른 행동을 한다.

예를 들어 의류의 향, 상태의 변화가 없는 옷 보관 방법이 궁금한 액터가 어떤 행동을 하는지 살펴봤다. 그들은 옷을 장기간 보관할 때 옷의 변형을 최소화할 수 있는 보관법을 문의하거나, 발생하는 습기에 의한 곰팡이나 변색 등에 걱정한다. 또한 얼마 안 입은 옷을 장기간 보관할 때 옷장 냄새나 주변 옷 냄새에 의해 오염되는 것을 걱정하고, 의류 커버를 이용해서 옷을 보호하고 싶지만 세탁소 비닐을 사용하는 것은 마음에 들지 않는다.

이렇게 액터의 무수히 많은 행동과 맥락을 발견하기 위한 과정으로, 해당 액터에게는 어떤 주제가 중요하게 언급되고 있는지 찾아보는 것이다. 이때 사용되는 데이터 분석 방법으로는 토픽 모델링Topic Modeling이 있다. 이는 텍스트 데이터에 자주 적용하는 비지도 학습 방식으로, 텍스트 뭉치를 하나 이상의 토픽(주제)으로 할당하는 방법이다.

LDALatent Dirichlet Allocation(잠재 디리클레 할당)는 토픽 모델링의 여러 방법 중 자주 쓰이는 기법으로, 확률적 알고리즘에 따라 텍스트 뭉치를 이루고 있는 토픽들을 구분해낸다. LDA 알고리즘으로는 문서별 토픽의 분포, 토픽별 단어의 분포를 모두 추정해낼 수 있다. 이 중 문서별 토픽의 분포란 쉽게 말해 문서 A, B, C를 모두 인풋input으로 입력시키면 문서 A는 토픽 1이 50%, 토픽 2가 30%, 토픽 3이 20%

Docs	Topic 1	Topic 2	Topic 3
Doc 1	0.400	0.000	0.600
Doc 2	0.000	0.600	0.400
Doc 3	0.375	0.625	0.000
Doc 4	0.000	0.375	0.625
Doc 5	0.500	0.000	0.500
Doc 6	0.500	0.500	0.000

자료 5-6 문서별 토픽의 분포 예시. Doc 1 문서의 내용은 토픽 1이 40%, 토픽 3이 60%로 이루어져 있다. 합은 1이다.

출처: ratsgo.github.io

데이터로 경험을 디자인하라

로 이루어져 있다는 아웃풋output이 나오는 것이다. [자료 5-6]을 보면 Doc 1 문서의 내용은 토픽 1과 토픽 3이 40%, 60%로 내용을 이루고 있고, 토픽 2는 등장하지 않았음을 확인할 수 있다. 이처럼 LDA를 통해 문서별 토픽의 분포를 추정해낼 수 있다. 즉, 해당 문서에 어떤 토픽이 어느 정도의 분포로 들어가 있는지 파악할 수 있는 것이다.

토픽별 단어의 분포는 다시 해당 토픽을 이루는 단어들은 어떤 것이 있는지 파악하게 해준다. [자료 5-7]을 보면 토픽 3을 이루는 단어는 Baseball, Basketball, Boxing, Money로, 스포츠에 대한 주제를 갖고 있음을 알 수 있다. 토픽 1은 Money, Democrat, Republican, Cocus, President의 단어로 정치에 대한 주제이다. 그렇다면 토픽 1과

Terms	Topic 1	Topic 2	Topic 3
Baseball	0.000	0.000	0.200
Basketball	0.000	0.000	0.267
Boxing	0.000	0.000	0.133
Money	0.231	0.313	0.400
Interest	0.000	0.312	0.000
Rate	0.000	0.312	0.000
Democrat	0.269	0.000	0.000
Republican	0.115	0.000	0.000
Cocus	0.192	0.000	0.000
President	0.192	0.063	0.000

자료 5-7 토픽별 단어의 분포 예시. 토픽 1은 Money, Democrat, Republican, Cocus, President의 단어로 이루어져 있다. 정치에 대한 주제임을 알 수 있다. 합은 1이다.

출처: ratsgo.github.io

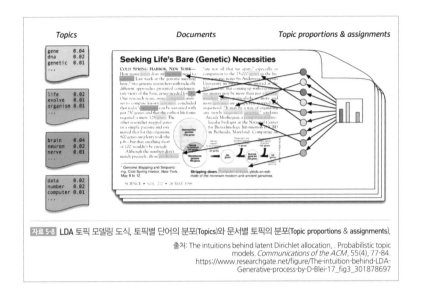

자료 5-8 LDA 토픽 모델링 도식, 토픽별 단어의 분포(Topics)와 문서별 토픽의 분포(Topic proportions & assignments).

출처: The intuitions behind latent Dirichlet allocation, . Probabilistic topic
models. *Communications of the ACM*, 55(4), 77-84.
https://www.researchgate.net/figure/The-intuition-behind-LDA-
Generative-process-by-D-Blei-17_fig3_301878697

토픽 3으로 이뤄진 Doc 1 문서는 스포츠와 정치에 대한 내용임을 유
추해 볼 수 있는 것이다.

토픽 1을 이루는 단어는 텍스트 뭉치 상에서 함께 나타난 단어들이
라 할 수 있다. 즉, 토픽 1을 이루는 단어끼리 연관이 있고, 토픽 2를
이루는 단어끼리 연관이 있고, 토픽 3을 이루는 단어끼리 연관이 있
는 식이다. 여기서 '연관'이란 표현을 사용한 이유는 확률적으로는 해
당 단어가 연관이 있으나, 수학적 알고리즘에 의해 도출된 결과이기
때문에 사람이 직관적으로 해석하기에도 의미가 있는지 검증이 필요
하기 때문이다. 도출된 토픽을 이용해서 사람이 추론하는 판단 과정
이 필수적으로 요구된다.

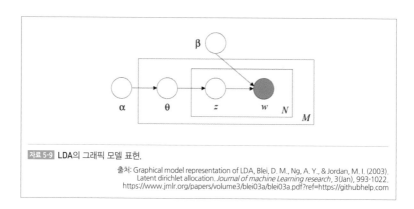

자료 5-9 LDA의 그래픽 모델 표현.

출처: Graphical model representation of LDA, Blei, D. M., Ng, A. Y., & Jordan, M. I. (2003). Latent dirichlet allocation. *Journal of machine Learning research*, 3(Jan), 993-1022. https://www.jmlr.org/papers/volume3/blei03a/blei03a.pdf?ref=https://githubhelp.com

우리 연구팀에서는 액터 뭉치 데이터에서 LDA 알고리즘으로 도출된 토픽으로 맥락들을 찾아냈다. 액터는 한 가지의 행동만 하지 않는데, 그 혼재된 행동을 토픽의 분포로 식별하고자 한 것이다. 토픽의 해석은 토픽을 이루는 상위 단어를 보며 해냈다. 그뿐만 아니라 액터의 원 데이터를 LDA 알고리즘을 통해 도출된 토픽 가중치를 활용해 각 토픽에 할당 시켜, 원문을 직접 읽으며 행동 뒤에 숨겨진 맥락을 파악해냈다.

예를 들어, [자료 5-10]은 패션 카페에 자유롭게 소통하는 게시판을 하나 선정해 글을 수집하여 LDA를 진행한 결과이다. 파이썬 젠심 gensim 라이브러리 pyLDAvis로 시각화 시켰다. [자료 5-10]에 보이는 토픽은 3개의 토픽 중 하나로, 상위 단어terms에 주로 브랜드명이 등장하는 것을 확인할 수 있다. 띠어리, 질스튜(질스튜어트), 솔리드 옴므, 타임 옴므, 알레그리, 톰 브라운 모두 패션 브랜드명이다. 브랜드명과 함께 '더 좋다, 어떻게 좋다, 추천해주다, 차이 있다' 등의 단

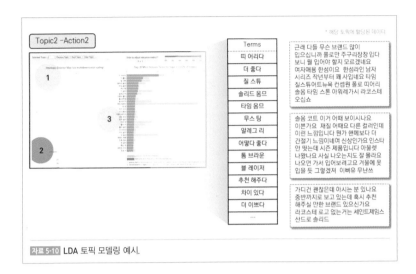

자료 5-10 LDA 토픽 모델링 예시.

어로 보아, 이 토픽은 어느 정도 가격대를 형성하고 있는 브랜드들에 대해 관심있어 하고, 브랜드 추천을 원하는 욕구desire를 보인다고 할 수 있다. [자료 5-10]의 오른쪽에는 해당 토픽에 할당된 원 데이터를 볼 수 있는데, 실제로 브랜드를 언급하며 묻고 비교하고 추천을 바라는 글들을 확인할 수 있다.

데이터로 경험을 디자인하라

CAM, 데이터로
고객의 맥락 맵을 만들자

CAMCustomer Action Map(고객 맥락 맵)은 데이터로 도출된 액터(하나의 페르소나)에서 보이는 맥락들을 행동과 사물 등으로 분석한 맵이라고 할 수 있다. CAM에서는 액터의 잠재 욕구와 페인 포인트 관점에서 데이터 분석 결과를 기술하고 가시화함으로써, 해당 액터가 어떤 맥락에서 어떤 행동을 보이는지 CAM을 통해 한눈에 파악하게 만드는 게 목적이다. CAM은 액터를 심층적으로 이해하는데 도움을 주고, 이후에 이어질 고객 경험 설계 단계에서 활용할 수 있는 강력한 재료가 된다. 앞서 진행한 데이터 분석 결과의 총집합이자, 7장에서 다룰 DCX 스텝 4단계에서 적극적으로 사용할 수 있는 주요 도구인 것이다.

앞서 수집한 소셜 데이터를 바탕으로 여러 개의 액터를 도출하고, 각 액터 당 CAM을 그려봤다. 이를 통해 우리는 각각의 페르소나를 행동별로 세분화하여 다양한 맥락을 구조적으로 이해할 수 있게 하고자 했다. 세탁 경험을 위한 페르소나를 설정할 때 '명품 세탁에 고민이 있는 집단'으로 파악하는 것과 '데일리로 착용하는 명품 제품을 세탁하는 것에 고민이 있는 집단', '수선과 복원을 완벽하게 해주는 명품 사용자들만 알고 있는 정보를 얻고 싶은 집단', '명품 세탁 비용이 합리적인지 의심스러운 집단'으로 세분화해서 파악하는 것은 고객의 맥락적 경험을 이해하는 깊이가 다를 수밖에 없다.

CAM의 구성 요소 중 하나인 행동은 해당 페르소나 집단의 데이터로 보여진 것을 작성하는데, 액터의 목소리에서 나온 진짜 경험이 고스란히 드러나게 된다. 해당 맥락에서 고객이 느끼는 감정 또한 관찰자의 상상을 통해서가 아니라, 데이터를 통해 딥러닝 과정을 거쳐 그 수치가 산출된다. 요컨대 페르소나가 취할 액션을 가상으로 생각해서 이해하는 게 기존의 디자인씽킹 방법론의 고객 여정 맵CJM, Customer Journey Map과 경험 지도의 방법이었다면, CAM에서는 소셜 데이터를 기반으로 다양한 맥락들의 행동과 사물 그리고 그 속에서 읽을 수 있는 감성을 수치로 나타낼 수 있다는 것이 차이점이라고 할 수 있다.

CAM의 핵심 구성 요소는 총 8가지로 액터Actor, 해결 목표Goal, 페인 포인트Pain Point, 행동Action, 맥락Context, 연결된 접점/사물Touch point/ Artifact, 만족도Satisfaction, 기회Opportunity이다. 각 구성 요소는 데이터를

통해 도출되거나 계산되는데, 그 방법은 다음과 같다.

① 액터Actor: 앞서 살펴본 클러스터링 분석을 통해 마이크로 세그먼트로 분리된 군집은 하나의 액터가 된다.

② 해결 목표Goal: 해당 액터가 해결하고 싶은 욕구를 열거한다. 각각의 페르소나에 보이는 행동들이 열거되면 해당 페르소나의 욕구를 원 데이터에 찾아 작성할 수 있다.

③ 페인 포인트Pain Point: 액터가 해당 맥락에서 행동을 취할 때 발생하는 불편사항들이 기술된다. 이 또한 각각의 행동들을 이해한 후에 원 데이터를 보고 작성할 수 있다.

④ 행동Action: LDA 토픽 모델링 분석과 매칭되어, 해당 결과를 토대로 작성된다. 마이크로 세그먼트 별로 LDA를 진행하여 도출된 토픽을 행동으로 구분한다. 행동의 숫자는 나열된 행동을 구분하기 위한 코드로, 흐름이 있는 맥락이 보이면 시퀀스에 맞게 순서대로 열거된다. 여기에 삽입되는 LDA 이미지는 LDA 알고리즘을 통해 도출된 토픽 모델링의 시각화 결과이다. 각 원의 크기가 클수록 자주 언급되는 행동이며, 각 원의 상호 거리가 멀수록 실제 의미상의 거리(유사성)도 멀어짐을 나타낸다.

⑤ 맥락Context: 행동이 발생한 이유나, 기타 단서로 참고할 사항들을 작성한다. 행동을 토대로 작성하는데, 각 토픽에 할당된 원문을 추적하였을 때 보여지는 맥락을 기록한다.

⑥ 연결된 접점/사물Touch Point/Artifact: 행동과 연결된 제품이나 사물들

을 포함하는 명사를 열거한다. 행동과 연결된 키워드로 볼 수 있는데, 이러한 사물들은 향후 경험 설계 단계의 아이디어 발상 때 중요한 재료로 활용된다.

⑦ 만족도Satisfaction: 해당 행동에 대한 데이터의 감성값이 긍정적인 감정인지 부정적인 감정인지 감성 분석Sentiment Analysis을 통해 수치화하여 나타낸다.

⑧ 기회Opportunity: ⑦번의 감성 분석 기반 만족도와 LDA 토픽 모델링에서 산출된 해당 행동 토픽의 중요도Importance를 고려하여 도출된 기회 점수이다. 기회 영역 맵 분석을 통해 도출된 결과로, 중요도에 비해 충분히 고객이 만족하고 있는 충분overserved 영역, 중요도에 비례해 고객의 만족도도 충족되면 충족well served 영역, 중요도는 높은데 고객이 만족하고 있지 못하는 불충분underserved 영역으로 구분한다.

이러한 형식에 따라 작성된 [자료 5-11]을 통해 CAM으로 매핑된 액터를 살펴보자. 데일리로 착용하는 명품 의류의 세탁이 어려운 액터에 대한 CAM이다. 액터가 실제로 보여준 액션 1을 살펴보면 명품 가방의 내부 오염 등을 관리하길 원하지만, 백화점 내에 위치한 세탁소 말고는 명품을 전용으로 하는 세탁소가 딱히 생각나는 곳은 없음이 보인다. 이와 관련하여 만족도는 −10으로 해당 액션들 사이에서 상대적으로 최하위 점수이다. 기회Opportunity의 경우 액션 간의 상대값으로 도출되며, 만족도는 낮은데 비해 해당 액션의 비중이 크므로 불충분underserved 영역으로 파악한다. 액션 2~4 역시 명품 세탁과

데이터로 경험을 디자인하라

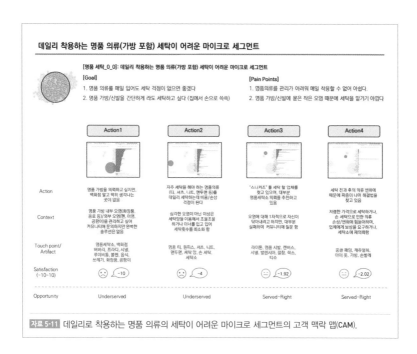

자료 5-11 데일리로 착용하는 명품 의류의 세탁이 어려운 마이크로 세그먼트의 고객 맥락 맵(CAM).

관련된 내용으로 세탁에 관한 경험이 도출됐음을 확인할 수 있다. 또한 관련 연결된 접점/사물Touch point/Artifact을 살펴보면 명품 브랜드명과 제품명이 직접적으로 거론되기도 하며, 어떤 '명사'들이 해당 맥락에서 함께 이야기되고 있는지 파악할 수 있다.

모든 작업은 수집한 소셜 데이터 분석 결과를 가지고 작성된다. 앞서 살펴봤던 클러스터링과 LDA 기법으로 유사한 맥락을 가진 데이터끼리 묶이고, 해당 데이터 안에서 토픽(주제)도 골라주었기 때문에 가능한 일이다. 물론 분석 결과를 액터의 입장에서 한눈에 파악하기 위해 CAM을 작성해야 하는 건 사람이 해야 할 몫이다. 데이터를 통

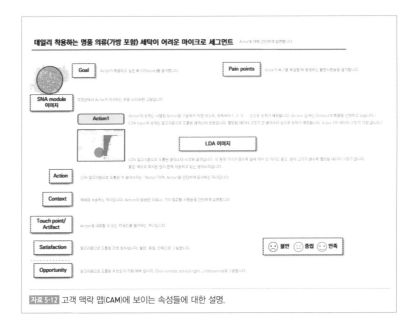

고객 맥락 맵(CAM)에 보이는 속성들에 대한 설명.

해 도출된 결과를 사람이 받아들이고 활용하기 쉽게 집약적으로 보여주는 건 사람의 영역이라 할 수 있다. CAM에 해결 목표Goal와 페인 포인트Pain Point를 작성하는 이유도 이와 같다. 데이터로 도출된 액션 간의 패턴을 발견하여 액터의 통합적인 해결 목표와 불편사항을 작성하는데, 이는 후에 CAM을 전략 수립 및 경험 설계에 필요한 정보로 한눈에 사용하기 위함이다.

사실 CAM을 작성하는 과정은 해당 액터 즉, 해당 군집에 속한 고객에 대해 더 깊이 이해하는 과정이라고 할 수 있다. 데이터가 말해주는 액터의 경험에 대해 집중하고 이입하면서, 고객 경험 설계를 위한 사고의 기반이 자연스럽게 쌓이게 되는 것이다.

데이터로 경험을 디자인하라

딥러닝 기반 감성 분석으로
고객의 마음을
측정하자

앞에서 소개한 CAM에서의 만족도Satisfaction의 수치, 즉 해당 고객군의 정량적 만족도는 AI 알고리즘으로 어떻게 측정할 수 있을까?

최근 고객의 글에 내재해 있는 고객의 주관적 태도나 감성을 추출해내는 분석 방법인 '딥러닝 기반 감성 분석'에 대한 관심이 높아지고 있다. 앞서 소개한 것처럼 소셜 데이터는 고객이 자발적으로 표현한, 가공을 거치지 않은 날 것 그대로의 정보에 가까워서 고객의 마음을 비교적 정확히 파악할 수 있다는 장점이 있다. 보통의 경우에는 고객의 마음을 읽기 위해 마켓 리서치, 즉 설문조사 방법을 쓰지만 이는 정형화되고 제한된 질문을 사용하여 고객의 깊은 마음을 이해하기 어렵다. 고객의 '진짜' 마음을 알고 싶다면, 또 그 마음의 깊이를 측정하고 싶다면 감성 분석에 대해 살펴볼 필요가 있다.

　대부분의 기업들은 고객의 마음을 알기 위해 상품 리뷰에 표시하는 별점과 같은 수치를 판단에 이용한다. 그러나 별점은 상품의 종합적인 만족도는 나타낼 수 있어도 상품을 이루는 어떤 속성이 실망스러웠는지, 만족한다면 왜 만족하는지 등의 깊이 있는 분석으로는 충분하지 않다고 할 수 있다.

　딥러닝 기반 감성 분석이란 무엇일까? 이 기술은 고객이 남긴 텍스트에 나타난 긍정적인 감정과 부정적인 감정을 판별해서, 이를 수치로 정량화하는 작업을 뜻한다. 감성 분류는 일반적으로는 긍정과 부정의 이분법으로 분류하지만, 경우에 따라서는 중립이 포함되기도 한다. 혹은 정도에 따라 0부터 10 또는 부정은 −10, 긍정은 10까지의 수치로 표현하기도 한다.

　그렇다면 딥러닝은 어떻게 텍스트 안에 숨겨져 있는 감정을 읽어낼까? 총 2가지 방법이 있다. 첫 번째는 해당 고객의 글에 별점과 같은 점수가 이미 있어서 AI가 해당 글과 정답label에 해당 되는 별점의 점수를 보면서 학습을 하게 하여, 새로운 글을 보여주면 점수를 예측하게 하는 방식이다. 이 방식은 라벨, 즉 별점이 정확히 존재하는 학습용 데이터가 충분하게 확보가 되지 않으면 성능이 잘 나오지 않는다. 또한 감성을 예측하고자 하는 글의 종류가 학습시키는 데이터의 종류와 비슷하지 않다면 역시 성능이 잘 나오지 않는다.

　예를 들면 영화 리뷰와 영화 별점 데이터를 학습시킨 AI는 영화와

데이터로 경험을 디자인하라

관련된 리뷰들 속의 단어와 문맥들만 학습했기 때문에, 인테리어 관련 커뮤니티에서 수집한 데이터의 감정을 정확히 측정해내지 못한다.

이런 한계점 때문에 또 다른 분석 방법도 존재한다. 두 번째는 감성 사전 기반의 분석으로, 자연어 처리 연구실 등에서 미리 구축해둔 감성 사전을 쓰는 방법이다. 이 분석은 어느 쪽 극성의 감성어가 많이 나오는지를 정량화해서 감성을 분석한다.

예를 들면, 감성 사전에는 '매우 화난다', '짜증난다', '그저 그렇다', '괜찮다', '매우 좋다' 등의 여러 단어들에 감성 점수가 구축되어있는데, 해당 문장에서 감성 점수를 가진 이러한 단어가 보이면 '매우 화난다(-2)', '짜증난다(-1)', '그저 그렇다(0)', '괜찮다(1)', '매우 좋다(2)'와 같은 긍정·부정에 대한 범주별 감성 점수를 부여하는 방식이다.

이렇게 계산된 감성 점수는 속성별 감성 점수로 나타낼 수도 있다. 예를 들면 이번에 우리가 출시한 제품의 속성별로 '기능', '향기', '살균력', '소음', '가격' 등의 각 속성별

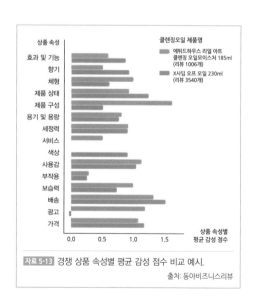

자료 5-13 경쟁 상품 속성별 평균 감성 점수 비교 예시.

출처: 동아비즈니스리뷰

감성 점수를 나타내면, 고객이 상품의 속성 중 만족하지 못한 부분과 만족하는 부분에 대해서 분석이 가능해진다.

고객 경험을 디자인 하는데 있어서 '감성 분석'은 해당 마이크로 세그먼트에서 보이는 각각의 맥락에서 고객이 느끼는 페인의 강도를 예측하는데 활용할 수 있다. 예를 들면 명품 가방을 세탁하는 경우 느끼는 페인의 강도가 다른 세탁 경험 맥락들에서 느끼는 페인의 강도보다 얼마나 달라지는지 등을 지수로 나타날 수 있게 된다. 더 나아가 명품 가방 세탁에서 보이는 맥락이 해당 세그먼트에서 얼마나 중요한 토픽인지 계산된 정보와 함께 살펴보면 해당 맥락이 우리의 기회의 영역인지 아닌지를 판단할 수 있게 되는 것이다. 이 부분은 다음 장에서 더 구체적으로 살펴보자.

데이터로 경험을 디자인하라

6장

스텝 3

4D-CX를 활용해
디지털 경험을 세이핑하기

데이터로 발견된 기회를
가치 있는 경험으로 설계해보자

DCX

**Data driven
Customer
eXperience**

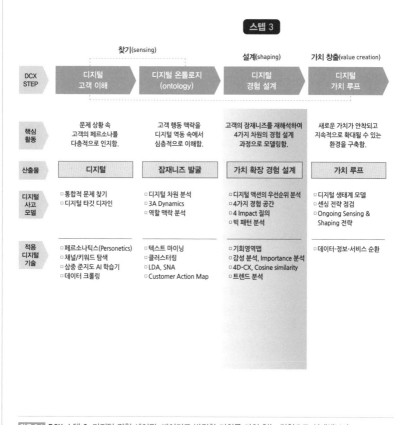

D C X 가치 창출 방법론

디지털 세계관에 적합한 문제 해결 및 고객 가치 디자인 방법론

스텝 3

	찾기(sensing)		설계(shaping)	가치 창출(value creation)
DCX STEP	디지털 고객 이해	디지털 온톨로지 (ontology)	디지털 경험 설계	디지털 가치 루프
핵심 활동	문제 상황 속 고객의 페르소나를 다층적으로 인지함.	고객 행동 맥락을 디지털 역동 속에서 심층적으로 이해함.	고객의 잠재니즈를 재해석하여 4가지 차원의 경험 설계 과정으로 모델링함.	새로운 가치가 안착되고 지속적으로 확대될 수 있는 환경을 구축함.
산출물	디지털	잠재니즈 발굴	가치 확장 경험 설계	가치 루프
디지털 사고 모델	□ 통합적 문제 찾기 □ 디지털 타깃 디자인	□ 디지털 차원 분석 □ 3A Dynamics □ 역할 맥락 분석	□ 디지털 액션의 우선순위 분석 □ 4가지 경험 공간 □ 4 Impact 질의 □ 빅 패턴 분석	□ 디지털 생태계 모델 □ 센싱 전략 점검 □ Ongoing Sensing & Shaping 전략
적용 디지털 기술	□ 페르소나틱스(Personetics) □ 채널/키워드 탐색 □ 삼중 준지도 AI 학습기 □ 데이터 크롤링	□ 텍스트 마이닝 □ 클러스터링 □ LDA, SNA □ Customer Action Map	□ 기회영역맵 □ 감성 분석, Importance 분석 □ 4D-CX, Cosine similarity □ 트렌드 분석	□ 데이터-정보-서비스 순환

자료 6-1 DCX 스텝 3. 디지털 경험 셰이핑, 데이터로 발견한 기회를 가치 있는 경험으로 설계해보자.

데이터에서
가치 확장의 기회를
찾아보자

앞서 고객 맥락 맵CAM을 작성하
며 액터, 즉 해당 페르소나의 다양한 맥락을 살펴볼 수 있었다. 이제
이런 궁금증이 들 것이다. 100개의 행동, 즉 맥락을 찾으면 100개를
모두 다 집중해서 봐야 할까? 100개 중에서 더 중요하거나, 덜 중요
한 걸 찾아낼 순 없을까? 결론부터 말하면 100개 중에서 기준을 정
해 우선순위를 찾아낼 수 있다. 여기선 맥락의 중요도와 만족도를 기
반으로 기회 점수를 산출하고, 해당 점수에 따라 우선순위를 파악할
수 있다.

중요도-만족도 행렬ISM, Importance Satisfaction Matrix은 서비스 속성을
평가할 때 사용하던 전통적 방식 중 하나이다. 서비스를 구성하는 다

데이터로 경험을 디자인하라

높음 ↑ 중요도 ↓ 낮음	**제2사분면**	**제1사분면**
	집중영역(Concentrate here) 높은 중요도−낮은 만족도	**유지영역**(Keep up the good work) 높은 중요도−높은 만족도
	제3사분면	**제4사분면**
	저순위영역(Low Priority) 낮은 중요도−낮은 만족도	**과잉영역**(Possible Overkill) 낮은 중요도−높은 만족도
	낮음　　　　　　　 ← 만족도 → 　　　　　　　 높음	

자료 6-2 IPA(Importance−Performance Analysis) 분석의 도식화. IPA에서 ISM 방식으로 발전해 왔다.

출처: Martilla, J. A., & James, J. C. (1977). Importance-performance analysis. *Journal of marketing*, 41(1), 77-79.

양한 속성을 고객에게 설문 조사하고 그 중요도와 만족도를 점수화
시켜 순위를 매기는 방법이다. 예를 들어, 학교 급식 서비스의 속성
은 음식 품질, 편의 시설, 청결, 합리적인 가격 등이 되고, 학생들은
각 속성에 대해 느끼는 중요도와 만족감을 평가하는 것이다. 그리고
최근에는 설문조사 데이터가 아닌 리뷰 데이터 분석 결과를 ISM에
적용하여 리뷰 데이터에서 보이는 제품의 속성을 평가하기도 한다.

　한양대 DCX연구실은 소셜 데이터로 해당 행동에서 보이는 중요
도와 만족감을 도출해내고, 이를 계산식으로 산출해 맥락(행동)별 기
회 점수를 도출하고자 했다.

　기회 영역 맵에서 중요도와 만족도를 도출하는 방법은 다음과 같
다. LDA 알고리즘을 통해 토픽이 도출되는 과정에서 토픽−문서 행
렬TDM, Topics-Documents Matrix을 갖는다. 이때 TDM을 통해서 각 토픽이

각 문서에서 차지하는 비중을 파악할 수 있다.

예를 들면, 토픽 1이 모든 문서에서 차지하는 비중과 토픽 2가 모든 문서에서 차지하는 비중을 알 수 있고 비교도 가능한 것이다. 모든 문서에 걸쳐 토픽 1이 제일 많이 등장했으면, 토픽 1의 크기가 가장 큼을 의미한다. 토픽의 크기가 크다는 것은 해당 행동이 데이터의 상당 부분을 차지한다는 것이므로, 중요성과 대응한다고 보았다. 행동에 대한 만족도는 앞서 설명한 딥러닝 기반 감성 분석을 통해 도출한다. 토픽을 차지하는 키워드별 감성 점수를 계산한 후, 토픽-키워드 행렬TKM, Topics-Keywords Matrix에 따라 감성값을 합산하여 토픽에 대한 만족도로 간주한 것이다. 쉽게 말해, 토픽을 이루는 텍스트 데이터의 감성 점수를 구하여 해당 행동에 대해 부정적인 표현을 많이 했는지, 긍정적인 표현을 주로 했는지 수치화하는 과정이다.

이렇게 각 행동의 중요도와 만족도를 구한 후에는, Opportunity =Importance+Max(Importance−Satisfaction, 0)으로 기회 점수를 산출한다. 이는 단순하지만 중요도와 만족도를 모두 고려하여 측정하는 산술식이다. 또한 단순히 식과 점수로만 행동을 판단하지 않고, 상대적인 중요도를 파악하기 위해 이를 좌표상에 표현하여 어느 위치에 행동이 자리하는지에 따라 직관적으로 영역의 중요도를 구사했다. 앞서 산출한 행동의 점수에 따라 [자료 6-3]의 A, B, C, D, E, F 영역에 매핑되는 것이다.

[자료 6-3]에서 중요하게 봐야 할 축은 총 3가지다. 비교할 행동들

데이터로 경험을 디자인하라

의 감정 평균값, 비교할 행동들의 중요도 평균값, 긍정과 부정을 나누는 경계인 y=0의 직선이다. A 영역은 고객이 기대조차 못한 내용이었지만 크게 만족한 영역으로 잠재적 감동을 이끌어 낼 수 있는 영역이고, D 영역은 고객이 결과적으로 불만족을 느꼈지만, 당장 딱히

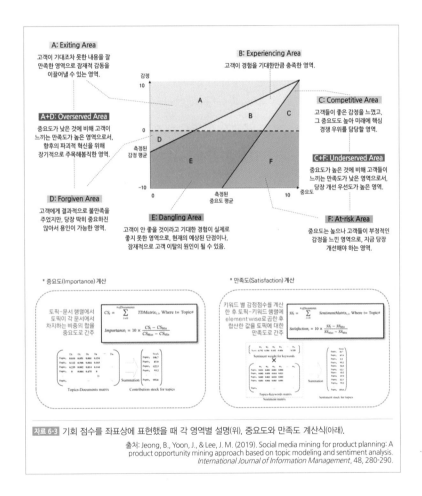

자료 6-3 기회 점수를 좌표상에 표현했을 때 각 영역별 설명(위), 중요도와 만족도 계산식(아래).

출처: Jeong, B., Yoon, J., & Lee, J. M. (2019). Social media mining for product planning: A product opportunity mining approach based on topic modeling and sentiment analysis. *International Journal of Information Management*, 48, 280-290.

중요하지 않아 용인이 가능한 영역이다. 이 2가지 영역은 중요도가 낮은 것에 비해 고객이 느끼는 만족도가 높은 영역으로, 향후의 파괴적 혁신을 위해 장기적으로 주목해볼 만한 행동들이 속한다 할 수 있다.

B 영역은 고객이 기대한 만큼 만족도 충족된 영역이라 볼 수 있고, E 영역은 고객이 좋지 않을 거라 기대한 경험이 실제로 좋지 못한 영역으로 현재의 예상된 단점이나, 잠재적으로 고객 이탈의 원인이라 볼 수 있다. C 영역과 F 영역은 여기서 가장 상대적 중요도가 높은 영역이다. C 영역은 고객이 좋은 감정을 느꼈고, 그 중요도도 높아 미래에 핵심 경쟁 우위를 담당할 영역으로 여겨지며, F 영역은 중요도가 높으나 고객들이 부정적인 감정을 느껴 당장 개선이 필요한 영역이기 때문이다.

여기서 참고할 점은 해당 매핑은 행동 간의 상대적인 감정과 상대적인 중요도로 비교된다는 것이다. 이렇게 각 액션의 중요도(언급량)와 만족도(감성 점수)를 기반으로 기회 영역을 도출해서 선택과 집중을 할 중요한 행동을 상대적으로 식별하여 기회영역 점수opportunity score를 기준으로 향후 제품·서비스 개선 방향을 도출할 수 있다.

데이터로 경험을 디자인하라

4D-CX를 활용해서 디지털 고객 경험을 설계해보자

　　　　　　　　　　지금까지 데이터 분석으로 다양한 욕망과 불만을 가진 여러 맥락에서의 액터를 도출하고, 그중 기회 영역 맵을 통해 우선순위를 찾아내어 상대적으로 기회로 여겨지는 액터들의 맥락들도 골라내었다.

　이제는 해당 액터를 위한 서비스 경험을 설계하는 단계로, 잠재니즈에 집중하여 4D-CX(4차원 입체적 고객 경험) 관점에서 고객의 경험을 디자인할 차례다. 하지만 데이터 분석을 통해 고객을 이해한 뒤 "이제 고객을 위한 경험을 생각하세요"라고 해도, 머리로는 이해했다고 하지만 그것이 아웃풋으로 바로 연결되기란 쉽지 않은 게 사실이다. 그래서 각각 맥락에서 파생되는 아이디어들을 고객 경험 설계로 연결시키는 프레임이 필요하다. 바로 이 단계에서는 디자인씽킹적 사고를 접목해 입체적으로 경험을 디자인하기 위한 단계별 프레임워크를 사용한다.

고객 경험 디자인 설계 과정은 크게 4단계로 나눠진다. 각 단계별 목적과 워크시트 활용에는 차이가 있는데, 무엇보다 중요한 것은 과정에 참여하는 인원이 데이터를 통해 도출된 잠재니즈를 충분히 이해했다는 전제하에 시작된다는 것이다. 경험 설계 아이디어 발산 워크숍에 참여한 사람들이 각각의 페르소나에서 찾은 고객 맥락 맵, 그리고 맥락 맵과 관련한 원문을 충분히 읽지 않은 상태에서 아이디어 발산 워크숍에 참여한다면, 좋은 경험 설계로 이어지지 못한다.

첫 번째 고객 경험 디자인 설계 단계는 개인별 아이디어 발산이다. 이 과정의 목표는 데이터를 통해 본 액터의 모습을 이해하여 액터의 페인 포인트를 해결하기 위해서 제공할 수 있는 서비스/데이터/디바이스/관련된 사람/주변 환경이 무엇인지 자유롭게 생각해보는 것이

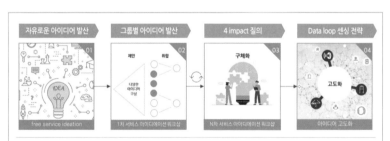

자료 6-4 고객 경험 디자인 설계 워크숍 프로세스. ①개인별 자유로운 아이디어 발산 → ②그룹별 아이디어 발산과 수렴 → ③그룹별 4 Impact 질의와 4D-CX 핵심 질문, 서비스 고관여자 인터뷰로 서비스 구체화 → ④서비스 관련 데이터 루프 센싱 전략을 통해 서비스 고도화

데이터로 경험을 디자인하라

다. 데이터 분석을 통해 뽑아낸 CAM(고객 맥락 맵)을 보고, 해결하고 자 하는 페인 포인트에 집중해서 개인적으로 아이디어를 발산한다. 두 번째 단계에 집중하기 위한 밑거름이 되는 재료를 만드는 과정 이다.

두 번째 단계는 그룹별 아이디어 발산과 수렴이다. 각자의 생각을 자유롭게 발산하며 서비스의 윤곽을 잡아가는 것이 목표이다. 액터 를 충분히 이해한 데이터 분석가, 서비스 기획팀, 서비스 개발자, 제 품 엔지니어가 모두 모여서 소규모 그룹을 지어 얘기한다. 모두 실무 진들이고 각 팀의 입장과 상황이 다르기 때문에 풍부한 아이디어가 발산되는 과정이다. 팀마다 입장은 다르겠지만 고객 관점에서 생각 하여 다양한 아이디어가 발산되고, 이는 고객을 위한 실현 가능성 높 은 서비스로 자연스럽게 수렴된다.

여기서 중요한 점은 이 과정의 목적은 다양한 아이디어의 발산이 므로 부정적인 피드백을 주고받거나 한계를 우선해서는 안 된다는 것이다. 자유로운 발산과 수렴 과정은 반복해서 진행된다. 다양한 사 람들이 워크숍에 참여했다 빠지고 계속 그룹이 다르게 형성되면서 그룹별로 발산되는 아이디어도 다양하게 나타나기 때문이다. 이렇게 발산과 수렴의 과정을 반복하다가 어느 정도 아이디어의 윤곽이 잡 혀 구체화할 수 있는 모습이 보이면 다음 단계로 넘어간다.

세 번째 단계는 서비스 구체화이다. 고객 경험 설계의 윤곽을 직 접적으로 잡는 과정이며, 시간을 가장 오래 가져야 하는 단계이기도 하다. 앞서 나온 몇 가지 아이디어에 대해 4D-CX의 입체적 경험을

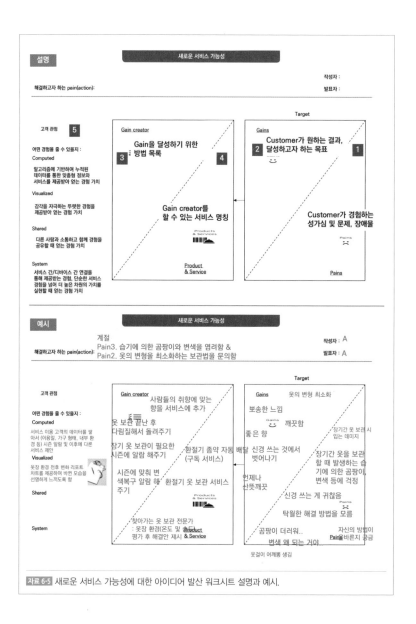

데이터로 경험을 디자인하라

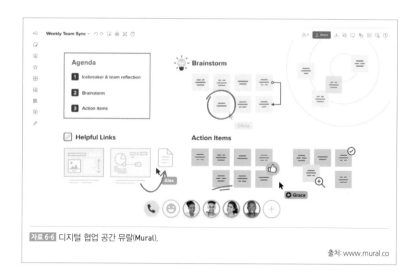

위한 추가 질의를 던져 서비스를 구체화 시킨다. 더 깊은 사용자 경험, 더 선명한 사용자 경험, 더 넓은 사용자 경험, 더 연결된 사용자 경험을 주기 위해 서로에게 핵심 질문key question을 던져 사고를 확장시킨다. 우리 서비스가 어떻게 더 고객 맞춤형으로 진화할 수 있을 것인지, 고객이 어떤 정보를 더 보고 싶어하는지, 사람들이 우리 서비스를 가지고 소셜에서 어떤 대화를 나누게 할 것인지 등 계속해서 핵심 질문을 던지고 응답하는 과정을 거친다.

　다음으로는 POEMS 프레임워크에 착안하여 서비스와 관련된 POEMS+α 요소에 대해 질의 응답하는 워크숍을 진행한다. POEMS 는 고객People, 제품Objects, 환경Environments, 메시지와 매체Messages & Media, 서비스Services의 이니셜로, POEMS 프레임워크는 계속해서 고객 관점, 더 풍부한 경험 설계 관점에서 서비스를 구체화하는 것이

더 깊은(Computed) 사용자 경험

- 우리 서비스를 어떻게 하면 더 고객 맞춤화 할 수 있는가?
- 우리 서비스에 깊은 경험을 위해 수집해야 할 데이터는 무엇인가?
- 우리 서비스가 기존과는 전혀 다른 의미를 가진다면 그 본질은 무엇인가?
- 고객들이 우리 제품에 대해 더욱 강한 애착(Lock-in)을 갖게 하기 위해서는 무엇이 필요한가?
- 우리 서비스가 고객의 어떤 욕구를 더 자극할 수 있는가?

Computed Experience Deep Impact

더 선명한(Clear) 사용자 경험

- 우리 서비스를 어떻게 하면 고객에게 더 시각적으로 표현할 수 있을까?
- 고객이 이 서비스를 통해 얻고자 하는 목표는 무엇이고, 이것을 시각적으로 어떻게 보여줄 수 있을까?
- 고객은 어떤 정보를 더 보고 싶어할까?
- 보다 더 간단하고 쉽게 사용할 수 있게 할 방법은 있는가?
- 우리 서비스에 어떤 감성을 더할 수 있는가?

Clear Experience Clear Impact

Shared Experience Wide Impact

Connected Landscape High Impact

- 사람들은 우리 서비스를 매개로 서로 간에 어떤 소통을 하고 싶어 하는가?
- 우리 서비스가 사람들에게 공감을 일으키는 핵심 요인은 무엇인가?
- 우리 서비스를 고객이 스스로 다른 고객에게 홍보하게 하려면 무엇이 있어야 하는가?
- 우리 서비스를 가지고 사람들이 소셜에서 어떤 대화를 나누게 할 수 있을까?

- 우리 서비스가 고객에게 서비스 그 이상의 의미가 되려면 어떻게 해야 하는가?
- 우리 서비스를 통해 어떻게 고객이 사회적 가치를 느끼도록 할 수 있는가?
- 우리 서비스와 시너지를 낼 수 있는 기기나 데이터 혹은 서드파티 서비스는 무엇인가?
- 우리 제품이 기존의 업계 관행을 다르게 바꿀 수 있으려면 무엇이 변화해야 하는가?
- 우리 서비스가 영향을 미치는 범위나 방식을 확대할 수 있는가?

더 넓은(Shared) 사용자 경험

더 큰(Connected) 사용자 경험

자료 6-7 4D–CX 핵심 질문.

	PEOPLE	Who could enhance the experience? (sales people, call centre reps, etc)
	OBJECTS	What physical things can be created? (electronics, tools, etc.)
	ENVIRONMENTS	In what kind of location or setting can this take place? (store, office, home, etc.)
	MESSAGES & MEDIA	What kind of information can be provided and how? (e.g. media, books, etc.)
	SERVICES	What services and support systems can be offered? (e.g. delivery, customized counsel, etc.)

자료 6-8 POEMS 프레임워크.

출처: pearl-strategy.ca

데이터로 경험을 디자인하라

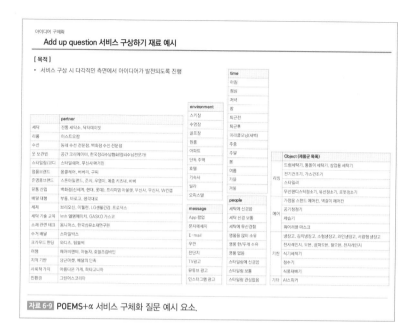

아이디어 구체화
Add up question 서비스 구상하기 재료 예시

[목적]
• 서비스 구상 시 다각적인 측면에서 아이디어가 발전되도록 진행

	partner
세탁	전통 세탁소, 닥터데이빗
리폼	이스트오랑
수선	동네 수선 전문점, 백화점 수선 전문점
옷 보관업	공간 리메이커, 한국정리수납협회정리수납전문가
스타일링/코디	스타일헤어, 무신사 매거진
명품브랜드	몽클레어, 버버리, 구찌
준명품브랜드	스포아일랜드, 준지, 우영미, 메종 키츠네, 바버
유통 산업	백화점(신세계, 현대, 롯데), 프리미엄 아울렛, 무신사, 무신사, W컨셉
배달 대행	부릉, 바로고, 생각대로
세제	브라오신, 이월린, LG생활건강, 프로닥스
세탁 기술 교육	lmh 엘레메이저, GASKO 가스코
소재 관련 테크	옴니어스, 한국섬유소재연구원
수거 배달	스마일박스
크라우드 펀딩	와디즈, 텀블벅
여행	에어비앤비, 야놀자, 호텔조컴바인
지역 기반	당근마켓, 배달의민족
사회적 가치	아름다운 가게, 파타고니아
친환경	그린어스코리아

environment: 스키장, 수영장, 골프장, 원룸, 아파트, 단독 주택, 호텔, 기숙사, 빌라, 오피스텔

message: App 팝업, E-mail, 우편, 전단지, TV광고, 유튜브 광고, 인스타그램 광고

time: 아침, 점심, 저녁, 밤, 퇴근전, 퇴근후, 미라클모닝(새벽), 주중, 주말, 봄, 여름, 가을, 겨울

people: 세탁에 신경씀, 세탁 신경 보통, 세탁에 무신경, 명품 많이 소유, 명품 한/두개 소유, 명품 없음, 스타일에 신경씀, 스타일링 보통, 스타일링 관심없음

	Object (제품군 목록)
리빙	드럼세탁기, 통돌이 세탁기, 상업용 세탁기 / 전기건조기, 가스건조기 / 스타일러 / 무선핸디스틱청소기, 유선청소기, 로봇청소기
에어	가정용 스탠드 에어컨, 벽걸이 에어컨 / 공기청정기 / 제습기 / 웨어러블 마스크 / 냉장고, 김치냉장고, 소형냉장고, 와인냉장고, 서랍형냉장고
키친	전자레인지, 오븐, 광파오븐, 철오븐, 전자레인지 / 식기세척기 / 정수기 / 식품재배기
기타	AI스피커

자료 6-9 POEMS+α 서비스 구체화 질문 예시 요소.

다. 해당 서비스 이용 페르소나와 가장 가까운 사람, 가장 잘 이해하고 있는 사람이 나와서 POEMS+α 요소와 관련된 질의에 해당 페르소나의 마음을 대입하여 답변한다. 이 과정에서 고객이 생각했을 때 불편한 부분, 전혀 상관없는 부분, 싫은 부분, 좋은 부분을 찾아 나간다. 모든 경험 설계의 방향과 핵심은 고객 관점에서 문제를 바라보고, 고객 입장에서 고려하는 것이다.

구체화 된 서비스의 윤곽이 드러나면 실제로 해당 서비스 고관여자를 대상으로 인터뷰를 진행하여 서비스를 구체화 시킨다. 빅데이터를 통해 정량적으로 밝혀진 인사이트들이 실제 이와 같은 맥락을

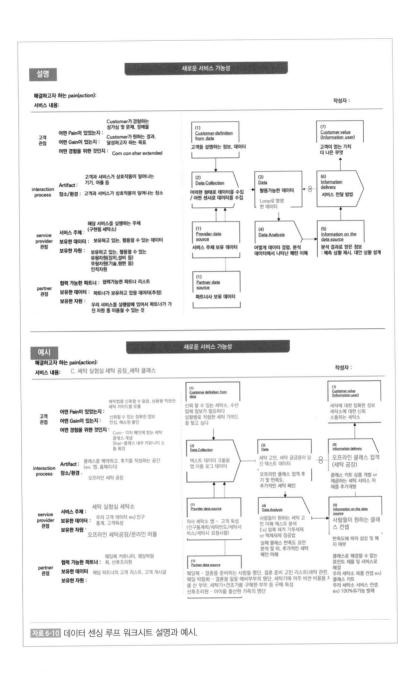

설명

새로운 서비스 가능성

해결하고자 하는 pain(action):
서비스 내용:

작성자 :

고객
관점
- 어떤 Pain이 있었는지 : Customer가 경험하는 성가심 및 문제, 장애물
- 어떤 Gain이 있는지 : Customer가 원하는 결과, 달성하고자 하는 목표
- 어떤 경험을 위한 것인지 : Com con shar extended

interaction process
- Artifact : 고객과 서비스가 상호작용이 일어나는 기기, 어플 등
- 장소/환경 : 고객과 서비스가 상호작용이 일어나는 장소

service provider 관점
- 서비스 주체 : 해당 서비스를 실행하는 주체 (구현될 세탁소)
- 보유한 데이터 : 보유하고 있는, 활용할 수 있는 데이터
- 보유한 자원 : 보유하고 있는, 활용할 수 있는 유형자원(장치,설비 등) 무형자원(기술,평판 등) 인적자원

partner 관점
- 협력 가능한 파트너 : 협력가능한 파트너 리스트
- 보유한 데이터 : 파트너가 보유하고 있을 데이터(추정)
- 보유한 자원 : 우리 서비스를 실행함에 있어서 파트너가 가진 자원 중 이용할 수 있는 것

(1) Customer definition from data
고객을 설명하는 정보, 데이터

(2) Data Collection
어떠한 형태로 데이터를 수집 / 어떤 센서로 데이터를 수집

(1) Provider data source
서비스 주체 보유 데이터

(1) Partner data source
파트너사 보유 데이터

(3) Data
활용가능한 데이터
Loop로 발생한 데이터

(4) Data Analysis
어떻게 데이터 결합, 분석 데이터에서 나타난 패턴 이해

(5) Information on the data source
분석 결과로 얻은 정보 : 예측 상황 제시, 대안 상황 설계

(6) Information delivery
서비스 전달 방법

(7) Customer value (Information user)
고객이 얻는 가치 더 나은 무엇

예시

새로운 서비스 가능성

해결하고자 하는 pain(action):
서비스 내용 : C. 세탁 실험실 세탁 공장_세탁 클래스

작성자 :

고객
관점
- 어떤 Pain이 있었는지 : 세탁법을 신뢰할 수 없음, 상황별 적합한 세탁 가이드 모름
- 어떤 Gain이 있는지 : 신뢰할 수 있는 정확한 정보 안심, 해소된 불안
- 어떤 경험을 위한 것인지 : Com- 각자 취인에 맞는 세탁 클래스 개설 Shar-클래스 내부 커뮤니티 소동 확장

interaction process
- Artifact : 클래스를 예약하고, 후기를 작성하는 공간 (ex. 앱, 홈페이지)
- 장소/환경 : 오프라인 세탁 공장

service provider 관점
- 서비스 주체 : 세탁 실험실 세탁소
- 보유한 데이터 : 우리 고객 데이터 ex) 인구 통계, 고객특성
- 보유한 자원 : 오프라인 세탁공장/온라인 어플

partner 관점
- 협력 가능한 파트너 : 웨딩북 커뮤니티, 웨딩박람회, 산후조리원
- 보유한 데이터 : 해당 파트너의 고객 리스트, 고객 게시글
- 보유한 자원 :

(1) Customer definition from data
신뢰 할 수 있는 세탁소, 수선 업체 정보가 필요하다
상황별로 적합한 세탁 가이드를 찾고 싶다

(3) Data Collection
텍스트 데이터 크롤링 앱 이용 로그 데이터

(1) Provider data source
자사 세탁소 앱 - 고객 특성 (인구통계학적/세탁빈도/세탁서비스/세탁시 요청사항)

(1) Partner data source
웨딩북 - 결혼을 준비하는 사람들 명단, 결혼 준비 고민 리스트(세탁 관련) 웨딩 박람회 - 결혼을 앞둔 예비부부의 명단, 세탁기에 아주 비싼 비용을 지 불 산 부부, 세탁기+건조기를 구매한 부부 등 구매 특성 산후조리원 - 아이를 출산한 가족의 명단

(3) Data
세탁 고민, 세탁 궁금증이 담긴 텍스트 데이터
오프라인 클래스 접객 후기 및 만족도, 추가적인 세탁 페인

(4) Data Analysis
사람들이 원하는 세탁 고민 이해 텍스트 분석 Ex) 압축 제거 가루세제 or 액체세제 정공법
실제 클래스 만족도 요인 분석 및 이, 추가적인 세탁 페인의 이해

(6) Information delivery
오프라인 클래스 접객 (세탁 공장)
클래스 키트 상품 개발 or 제공하는 세탁 서비스 자체를 추가개발

(5) Information on the data source
사람들이 원하는 클래스 컨셉
만족도에 따라 설강 및 폐지 여부
클래스로 해결할 수 없는 포인트 제품 및 서비스로 해결
우리 세탁소 제품 컨셉 ex) 우리 세탁소 키트
우리 세탁소 서비스 컨셉 ex) 100%유기농 빨래

(7) Customer value (information user)
세탁소에 대한 정확한 정보 세탁소에 대한 신뢰 소통하는 세탁소

자료 6-10 데이터 센싱 루프 워크시트 설명과 예시.

데이터로 경험을 디자인하라

겪어본 사람들에게 정성적으로 한 번 더 검증받는 기회이기도 하다.

네 번째 단계는 서비스 고도화다. 이렇게 구체화 된 서비스 안에서, 데이터 관점에서 줄 수 있는 경험을 추가로 생각해보는 것이다. 실제로 서비스가 이뤄진다면 발생 가능한 데이터가 무엇이고 수집 가능한 데이터는 무엇인지, 접목 가능한 공공 데이터가 있는지, 협력함으로써 가치가 증폭되는 서드파티third party 데이터(타 기업 또는 조직의 데이터)가 있는지 생각해본다. 이러한 각종 데이터가 서비스 이전 단계, 실행 단계, 이후 단계에서 어떻게 흘러가고 집합되는지, 그중에서 정보로 사용할 수 있는 것은 무엇인지 살펴본다. 어디서 나온 정보가 이 서비스를 어떻게 발전시킬 것인지, 데이터가 순환하는 과정을 고려하여 서비스를 고도화 시키는 것이다.

더 깊은 경험 기획 사례
: 개인화된 서비스를 위한 AI

지금까지 고객을 이해하기 위한 데이터의 수집과 분석에 대해 이야기했다. 그렇게 고객을 분석해서 고객에 대해 많이 알아냈으면, 이제 고객이 원하는 '더 깊은computed 경험'을 주는 것이 가장 중요하다. 앞에서 이야기한 4차원 입체적 고객 경험4D-CX은 대부분 수집된 데이터를 기반으로 설계한 AI를 통해서 가능해진다.

과거에 은행이 데이터를 쌓기 전에는 대출 창구에서 어떤 담당자를 만나느냐에 따라 대출 가능 여부와 대출 가능 금액이 달라지던 시절이 있었다. 이때 담당자들의 결정은 머릿속에 있는 그의 과거 대출 심사 경험을 바탕으로 이루어졌다. 그러다 보니 이자가 연체되는 사례가 많이 보이면 엄격한 심사를 했다가, 반대의 경우에는 대출을 더

데이터로 경험을 디자인하라

많이 해주는 등 대출 의사결정이 매우 주관적이었다. 이는 '전문가 시스템Expert System'이라는 것이 등장하면서 해소되었다. 대출 심사를 많이 해본 전문가들이 모여 각자의 경험을 한데 합쳐서 규칙을 만들고, 그 룰rule을 바탕으로 대출 심사를 하게 된 것이다. 예를 들어 '소득이 5천만 원 이상, 소속 회사가 100명 이상, 신용카드 3번 이하 연체의 조건인 사람에게는 5천만 원까지 대출이 가능하다' 등의 규칙을 가지고 있으면 어느 창구의 담당자를 만나든지 대출 가능 여부와 액수는 동일하다. 그러다 고객의 데이터가 많이 축적되면서 전문가들이 모여서 만든 규칙이 더 정교해지기 시작했다. 소득이라는 기준을 5천만 원이 아니라 4,850만 원이라고 더 구체적인 룰을 만들게 된 것이다. 이러한 시스템을 '통계 기반 시스템'이라고 하는데, 이는 AI도 데이터 기반이라는 점에서 비슷하게 보이기도 한다.

그렇다면 통계 기반 시스템과 AI는 어떻게 다를까? 언뜻 보면 과거 데이터를 기반으로 일관적인 결정을 한다는 면에서 두 시스템은 같지만, 사실 두 개념이 추구하고자 하는 목적은 다르다. 통계는 과거 데이터를 잘 설명하는 모델(룰)을 만드는 것이 가장 중요하다. 하지만 AI는 과거 데이터를 잘 설명하는 모델보다, 이전에 본 적이 없는 어떤 고객이 와도 이자 연체 가능 여부 예측 모델이 오류를 최소화하는 판단을 하는 것이 목적이다. 실제로 통계 시스템에서는 R2값과 같은 설명력 지표가 평가에 있어 중요하지만, AI에서는 MSE나 F1스코어, 크로스 엔트로피Cross Entropy와 같은 오류를 최소화하는 평가지표를 중요하게 본다. 통계와 AI는 모델을 만들 때조차 방향성이 다르기도 하지만, 더 큰 차이점이 있다. 통계는 과거 이런 특징의 고객들이 '어떤 경향성이 있다'고 설명하는 것에서 그치지만, AI는 '개인화된 추천 서비스'가 가능하다는 점이다. 잘 만들어진 일반화된 AI는 과거에 본 적 없는 새로운 고객이 나타나더라도 학습된 다양한 속성feature에 대한 정보를 바탕으로 개인화된 결정을 할 수 있다.

경험 디자인도 마찬가지다. 우리가 마켓 리서치 회사를 통해 설문 조사를 하게 되면 통계 기반으로 대략적으로 대중들이 선호하는 상품의 기능 및 스펙을 정의하거나 어떤 경험을 더 마음에 들어하는지를 유추inference할 수 있다. 하지만 디지털 시대에 줘야 하는 경험은 통계에서 찾아낸 1가지를 잘 만들어서 모든 고객군에 적용하는 서비스가 아니라, 다양한 니즈와 맥락을 찾아 각각의 맥락에 맞는 개인화된 콘텐츠나 개인화된 서비스이다.

그렇기 때문에 우리는 고객의 데이터를 가지고 분석을 할 때 공통적으로 보이는 특성만 찾아내는 것이 아니라, 오히려 그들 속에 보이는 다양한 맥락을 찾아내는 일에 주력해야 한다. 각각의 맥락에 가장 적합한 경험은 AI가 추천하게 하면 된다.

예를 들면, 스타벅스는 고객 맞춤형 개인화된 커피를 주문받은 최초 브랜드이기는 하다. 하지만 시럽과 휘핑크림 여부, 시럽이 3펌프인지를 고객이 매번 버튼으로 일일이 다 입력해야 한다. 매일 스타벅스에서 라테에 무지방 우유와 바닐라 시럽을 1펌프만 넣는 고객이 다음날 똑같은 시간에 매장을 방문하여 주문을 위해 스타벅스 앱을

데이터로 경험을 디자인하라

켜면, 또다시 퍼스널 옵션을 얘기할 필요 없이 미리 알아서 바로 주문할 수 있도록 할 수 있어야 한다. 혹시 너무 달다고 느꼈으면 고객이 이를 평가하도록 해서 다음 주문에 반영한다면, 더 맞춤화된 커피 맛을 느끼게 하는 경험을 고객에게 줄 수 있을 것이다. 기껏 고객의 주문 데이터를 열심히 수집하고 분석해놓고, 이를 경험 서비스에 적용하지 않는다면 고객을 이해하고 분석하는 것은 다 필요 없는 일이 될 뿐이다.

이번 챕터에서 설명하고자 하는 '더 깊은 경험'은 이런 개인화된 AI와 연관성이 깊다고 할 수 있다. 고객에 대한 데이터가 쌓이면 쌓일수록 AI는 디지털 세계에서 고객에게 더 깊은 경험을 전달할 수 있다. 예를 들면 앞에서 설명한 푸드 스타일러의 의미를 가지는 냉장고에서도 냉장고에 어떤 재료들이 들어오는지에 대한 데이터가 쌓일수록, 고객에게 추천한 요리가 어땠는지 냉장고 문 디스플레이를 통해 평가한 데이터가 쌓일수록, 고객에게 추천한 요리 리스트 중에 어떤 요리를 주로 선택하는지가 학습될수록, 푸드 스타일러는 요리 추천과 장바구니에 담을 식자재 추천 등이 해당 가정에 맞춤화되어 더 깊은 경험을 줄 수 있을 것이다. 이 같은 깊은 경험은 다른 푸드 스타일러에서는 또다시 새롭게 쌓아야 가능한 경험이기 때문에 깊은 경험으로 인한 효과는 해당 제품과 서비스에 강력한 록인 효과를 가져올 수 있게 되는 것이다.

사람들은 나를 잘 알고 있는 사람과 더 함께 시간을 나누고 싶어하듯, 고객도 나를 더 깊게 알아주는 제품과 서비스를 쉽게 떠나지 못한다. 그렇다면 이렇게 고객을 잘 알아주는 서비스를 데이터와 AI가 어떻게 만들어 낼 수 있을까?

AI는 개인화된 경험을 만들어 내는데 매우 유용한 도구이다. 예를 들어, 채소 카테고리의 물건을 주로 소비하는 고객에게 공산품이나 육류 할인 쿠폰을 보내는 가능성을 줄이는 것이다. 불특정 다수에게 모두 똑같은 쿠폰을 보내는 것이 아니라, 각 카테고리별 반복 구매 횟수와 이용하는 가격대에 따라 구매 성향이 비슷한 고객군끼리 세분화하여 타깃군별로 별도 쿠폰을 설계해야 하는 것이다. 실제로 우리나라의 홈플러스가 개인화된 쿠폰 큐레이션을 하고 있다. 구매 상품, 구매 카테고리, 그리고 최근 구매 기록 등으로 고객별로 적합한 쿠폰을 큐레이션했다. 무엇보다 자주 구매하는 상품을 제대로 알고, 해당 고객군에게만 할인 기회를 주는 방법으로 고객의 반응을 이끌어 낼 수 있다.

이렇게 쿠폰을 보내는 것에서 끝이 아니다. 세분화된 고객군별 개인화 쿠폰이 실제 효과가 있었는지, 개인화된 쿠폰을 받은 고객군과 기존과 같은 일반 쿠폰을 받은 고객군 사이에서 쿠폰 사용률에 어떤 차이가 있을까를 분석해봐야 한다. 전체적으로 개인화된 쿠폰의 사용률이 조금 더 높다 하더라도 어떤 세부 고객군의 사용률이 상대적으로 적은지, 그렇다면 개인화된 쿠폰 종류를 다시 설계하거나 전송 시기나 문구를 고객군별로 어떻게 개선할 것인지에 대한 논의가 뒤따른다.

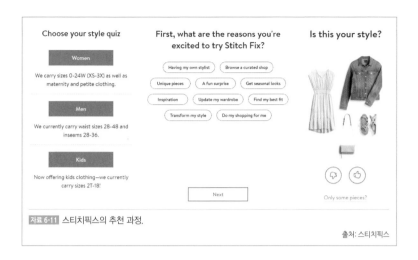

Choose your style quiz

Women

We carry sizes 0-24W (XS-3X) as well as
maternity and petite clothing.

Men

We currently carry waist sizes 28-48 and
inseams 28-36.

Kids

Now offering kids clothing—we currently
carry sizes 2T-18!

First, what are the reasons you're
excited to try Stitch Fix?

Having my own stylist   Browse a curated shop

Unique pieces   A fun surprise   Get seasonal looks

Inspiration   Update my wardrobe   Find my best fit

Transform my style   Do my shopping for me

Next

Is this your style?

Only some pieces?

자료 6-11 스티치픽스의 추천 과정.

출처: 스티치픽스

또 다른 예를 들어보자. 미국의 온라인 구독형 패션 서비스 몰인 스티치픽스는 AI에 기반해서 고객의 패션 스타일링 경험을 혁신한 기업이다. 스티치픽스는 고객에게 쇼핑 스타일과 관련한 퀴즈를 내서 고객이 원하는 스타일을 확인한다. 고객이 답한 데이터를 바탕으로 AI가 아이템을 추천하고, 전문 스타일리스트가 아이템을 선정하여 배송을 하는 방식이다. 고객은 집에서 AI와 스타일리스트가 함께 결정한 다섯 벌의 옷을 선물 상자로 받을 수 있다. 그리고 받은 물건을 입어본 후 마음에 드는 옷은 구매하고, 마음에 들지 않는 옷은 무료로 반품할 수 있다. 고객의 취향에 맞추어 매칭하는 AI 알고리즘은 고객의 피드백과 반품되는 옷에 대한 데이터를 축적하면서 지속적으로 해당 고객의 스타일 추천 알고리즘을 업데이트한다. AI는 점점 더 해당 개인의 취향을 만족시키기 시작했으며, 이로 인해 구매율과 고객 수도 지속적으로 증가하고 있다. 어떤 고객들은 자신의 몸 어느 부분을 가리고 싶은지, 어떤 스타일과 색깔은 특히 싫은지, 이번에 주문하는 옷은 친구 결혼식 하객 의상인지와 같이 아주 디테일한 개인 정보까지 스티치픽스에 주고 있는데, 이런 구조가 바로 고객의 의해 더 깊어지는 경험 가치에 해당된다고 할 수 있다.

이와 비슷한 시도들이 국내 패션업계에서도 시도되고 있다. 트라이본즈라는 셔츠 전문 기업은 AI 기반으로 맞춤 셔츠를 제작해주는 온라인 플랫폼 '셔츠 스펙터'를 론칭했다. 해당 AI는 LF몰에서 가지고 있는 100만 명 이상의 데이터를 학습해서 한국인에 최적화된 패턴을 추천해주는 AI 기반 서비스로, 직접 숍을 방문할 필요 없이 온라인에서도 개인별 체형에 맞춘 셔츠 주문이 가능하다. 자신만의 개성을 살리고 싶어하는 젊은 디지털 세대에게 셔츠 칼라부터 소매 디자인, 단추 종류, 밑단 라운딩, 스트라이프 유무까지 선택권을 준다.

또 CES 2022에서 맞춤형 안경 제조 기술로 화제를 모은 콥틱의 안경 브랜드 '브리즘'은 3D 커스텀 안경을 선보였다. 3D 커스텀 안경은 3D 스캔과 빅데이터 기술로 확보한 고객 데이터를 통해 얼굴 크기와 코, 귀, 높이 등 세부 형태에 맞춰, 오프라인에서 안경사가 손으로 안경을 맞춰줄 때보다 더 잘 맞는

자료 6-12 CES 2022에서 Health & Wellness 부문 혁신상을 수상한 콥틱의 브리즘 3D 안경.

출처: 벤처스퀘어

데이터로 경험을 디자인하라

느낌을 준다.

이렇게 AI는 자신만의 라이프 스타일과 취향을 확고하게 내세우는 디지털 세대에게 개인화된 더 깊은 경험을 디자인하는데 매우 효과적이라고 할 수 있다. 디지털 세대가 살아가는 세계는 너무 많은 제품과 선택지가 있어서 오히려 선택은 갈수록 어려워진다. 쇼핑하는 것이 즐거움이 아니라 시간과 노력이 드는 고통으로 느껴지게 되는 순간 해당 쇼핑몰은 경쟁력을 잃게 될 것이다. 이제는 데이터와 AI를 활용해서 민감하게 고객의 취향을 읽어내고 그들에게 딱 맞는 스타일을 제시할 수 있어야 한다. 자신만의 스타일을 찾아주는 의미를 주는 쇼핑몰이 있다면 고객은 그 누구보다 적극적으로 본인의 취향 데이터를 내놓을 것이다. 마치 스티치픽스의 고객들처럼 말이다.

AI를 통한 개인화된 고객 경험은 지속적인 데이터와 알고리즘 업데이트를 통해 나올 수 있다. 고객에 대한 지속적인 센싱, 그리고 센싱된 데이터를 통해 개선되는 고객 경험은 디지털 경험 설계에서 매우 중요한 루프라고 할 수 있다. 이 지속가능한 가치 루프에 대해서는 7장에서 더 자세히 알아보도록 하겠다.

더 넓은 경험 기획 사례
: 디지털 세대는 디지털 세계에서
모이고 싶어한다

디지털 세대는 디지털 세계에서 모이고 싶어한다. 이 같은 고객에게 '더 넓은shared 경험'을 제공한 경험 기획 사례를 살펴보자.

혹시 구매하고 싶은 옷이 생기면 어디에서 정보를 얻고 싶은가? 만약 A 브랜드의 오버사이즈 코트를 구매하고 싶은데, 키에 비해 어깨가 있는 편이라 사이즈를 M으로 가야 할지 L로 가야 할지 모르겠을 때 누구에게 묻는 게 가장 좋을까? 가지고 있는 옷에 문제가 생겼을 때도 마찬가지다. B 브랜드의 시그니처 디자인 니트를 뜨거운 물에 잘못 세탁해서 줄어들었다. 인터넷에선 보통 줄어든 니트는 린스에 담가 풀어주라고 하는데 이게 나의 니트에도 적용되는 말일까? 그 니트가 소중한 옷이라면 더더욱 함부로 시도해 보지 못할 것이다.

해당 질문에 답을 해줄 수 있는 사람은 백화점 직원, 인터넷 쇼핑몰 리뷰, 언박싱 유튜버 등으로 정보의 원천은 다양하다. 그러나 '누구의 말을 가장 신뢰할 수 있는가?'라는 질문의 답은 지금 사고 싶은 물건을 갖고 있는 사람, 문제가 생긴 물건과 동일한 물건, 동일한 문제를 해결한 사람 혹은 실패한 사람에게 묻는 것이다.

실제로 네이버 모 패션 카페에서는 정확한 제품명을 공유하며 질문하고 답변한다. 특정 제품명을 거론하며 해당 제품 구매에 관심 있는 사람들이 사이즈와 핏, 코디 등 직접 입어본 사람들이 답변할 수 있는 질문들을 업로드한다. 자신의 신체 스펙과 함께 A 브랜드 니트 사이즈를 어떻게 골라야 할지 고민 글을 올리면, "그 니트는 여유 있게 입으면 목이랑 배 부분이 뜨니 감안하고 사세요"는 댓글이 실시간으로 달린다.

최근 필자가 모 기업과 O2O 세탁 경험 프로젝트를 진행할 때였다. 디지털 세대들이 패션의 궁금증을 해결하기 위해 만든 단톡방을 본 적이 있는데, 그 단톡방에서 수백 명의 사람들이 세탁물 사진을 올리고 이를 해결하는 방법을 나누는 톡들이 실시간으로 엄청나게 쌓이는 것을 목격한 바 있다. 또한 회원 수와 카페 등급 등을 고려하여 타깃 사이트를 선정한 후 패션 관련 카페들에서 데이터를 수집한 결과, 디지털 세계에서 사람들은 소유한 의류의 관리법에 대해 경험자에게 의견을 구하고, 보유한 제품 종류에 따라 세탁법에 대해 질문하는 모습이 명확하게 나타났다. 의류 관련 고민에 대해 타인의 추천과 의견을 수용하여 판단 기준으로 삼고자 하는 액터의 모습이었다. 그뿐만 아니라 자신이 소유한 제품의 관리 방법을 질문할 때 제품명을 공개하여 해당 제품 보유자만이 알 수 있는 세탁 전/후 의류 형상 변화에 대한 정보, 세탁코스, 세탁 용품 등 세탁기를 사용한 제품 관리 방법 등을 물었다.

해당 액터들은 "소유하고 있는 의류의 세탁, 정리, 보관 등 관리법에 대한 추천을 받고 싶다", "특정 제품 보유자만이 알 수 있는 정보를 구하고 싶다"와 같은 궁금증을 가지고 있었다. 해당 원문들을 분석하면, 신규 서비스 콘셉트로 '고객이 만들어가는 세탁소'로 구상할 수 있을 것이다. O2O 세탁 서비스를 론칭할 때, 앱 내에 디지털 세계에서 상호 간의 세탁 지식 공유의 장을 만들어 상황에 맞는 구체적이고 믿을 만한 세탁 정보를 찾을 수 있도록 하는 것이다. 기존에 존재하는 디지털 커뮤니티 상에서 산발적으로 이뤄지고 있던 담론을 한곳에서 수월하게 진행할 수 있도록 도와주는 공간말이다. 이런 공간을 디지털 세계에 하나의 플랫폼으로 기획하는 것들이 액터들의 맥락에서 이어질 수 있는 것이다.

또한 고객들이 머물고 싶어하고 함께 놀게 하는 공간을 만들어주는 경험도 중요하다. 우리는 데이터를 통해 사람들이 자발적으로 세탁 경험을 질문하고 답변하는 것을 확인했기 때문에, 서로 더 재밌게 이야기하도록 북돋아 주는 방법을 구상할 수 있다. 데이터 분석 결과 집중하기로 한 핵심 고객은 세탁 전 과정에서 다른 사람의 의견을 추천받고 싶은 욕구가 크다는 점, 특정 제품에 대해 같은 제품 소유자

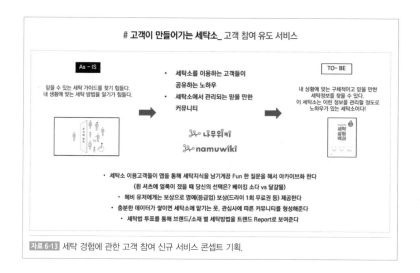

세탁 경험에 관한 고객 참여 신규 서비스 콘셉트 기획.

들끼리 만나고 싶다는 점이었기 때문에 이에 집중하여 디지털 공간을 만들어줘야 한다는 결론이 도출됐다.

문제의 핵심을 데이터로 발견했기 때문에 그 이후의 구체적인 속성들이 데이터들에서 찾은 맥락들과 연결되어 자연스럽게 설계될 수 있었다. 예를 들면 실제로 사람들이 궁금해하고 재미있는 질문을 던져 답변을 아카이브화 하는 방식으로 시작할 수 있다. '흰 셔츠에 얼룩이 졌을 때 당신의 선택은? 베이킹소다 vs 달걀물' 등의 질문을 통해 사람들의 참여율을 높일 수 있는 것이다. 세탁 방법 공유 횟수 등 활동 이력에 따라 이용자의 세탁 전문가 등급을 나타내줄 수도 있다. 많이 참여할수록 세탁 전문가로 공신력을 인정해주고, 이로 인해 더 활발한 활동을 장려하는 식이다. 당근마켓에서 '매너 온도'를 표현하여 사람들의 재미를 불러온 것처럼 물빨래 토론 2회차, 메종키츠네

빨래 3회차 등 카테고리별로 특성에 따른 등급을 나타내는 검증된 방식을 사용할 수도 있을 것이다.

요컨대 이와 같이 함께 공유하는 경험의 핵심은 이용자들이 커뮤니티에 참여하면 할수록 더 연결된 경험을 느낄 수 있도록 설계돼야 한다는 것이다. 이용자가 공간에 더 적극적으로 참가할수록 이용 고객의 특성이 더욱더 명확해지므로, 해당 공간 내부에서 맞춤 세탁 정보를 획득할 수 있는 기회가 높아지는 가치를 전달할 수도 있다. 이는 이용 고객의 앱 활동 이력과 라이프 스타일 선택 옵션, 세탁 서비스 이용 옵션 등의 데이터를 통해 가능하다. 또한 이용자들 사이에서 자주 바이럴되는 세탁법·아이템을 합산하여 랭킹으로 시각화하거나, 세탁 트렌드 리포트도 주기적으로 제공하여 해당 공간에서 이루어진 유니크한 정보를 전달할 수도 있다. 이는 다시 이용자들에게 해당 디지털 공간에 참여하게 만드는 동인으로 작용할 수 있을 것이다.

데이터로 경험을 디자인하라

더 선명한 경험 기획 사례
: 엄청난 AI 기술이 아니어도
시각화면 충분하다

                          고객에게 '더 선명한clear 경험' 을 제공하는 건 엄청난 AI 기술이 아니어도 가능하다. 고객의 입장에서 필요한 정보를 잘 정리해서 시각화하여 보여주는 것만으로도 충분하다. 다음 기획 사례를 살펴보자.

   이유식을 먹는 아이가 있는 가정에서 냉장고에 대해 갖고 있는 불편사항은 무엇일까? 이유식과 관련하여 작성된 약 25만 개의 데이터를 바탕으로 결과를 분석했더니, 사람들이 실제로 이유식에 대해 어떤 맥락과 고민이 있는지 알 수 있었다. 필자가 진행했던 과제의 목표는 이유식과 관련된 사람들을 위해 '냉장고'를 통해 어떤 경험을 줄 수 있을지 설계하는 것이었다.

   '이유식' 키워드로 수집된 데이터를 통해 아이 건강을 위한 음식에 대한 고민, 아이 대장 활동에 대한 고민, 이유식 식기 도구 디자인에 대한 고민 등 다양한 맥락에서의 고민을 확인할 수 있었다. 그중 냉장고 디스플레이 또는 냉장고와 연결된 IoT 애플리케이션을 활용한다면 충분히 해결 가능한 고민도 있었다.

예를 들면, 아이 청결에 관심이 있는 세그먼트에서 냉장고 청결 상태를 고민하는 맥락이 도출되었다. 그중 냉장고 내부의 청결도와 정리정돈 상태를 유지하고 싶어하는 욕구에 집중했고, 해당 니즈를 충족시켜주는 다양한 방법을 고민했다. 우리는 냉장고와 연결된 모바일앱 또는 냉장고 문에 보이는 대시보드를 통해, 바로 냉장고 청결 관리를 위한 정보가 한눈에 담긴 대시보드를 전달하는 방법을 기획하게 되었다. 아이를 위한 음식이므로 민감하게 반응할 수밖에 없는 이유식 관련 고객 중에서도 특히 청결을 중요시하는 세그먼트인 만큼, 냉장고 청결 관리 중에서도 냉장고 내 살균에 대해 걱정하는 모습이 데이터에서 매우 중요한 토픽과 고민의 강도가 높은 맥락으로 드러난 것이다.

또한 이에 더해 고객의 경험 설계를 위해 집중한 맥락은 '부모로서 스스로 가지는 불안한 마음'이었다. 이유식에 대한 데이터 원문을 살펴보면서 파악한 맥락 중에는 부모가 항상 자신이 아이에게 제대로 하고 있는지 불안해하는 모습이 함께 보였고, 감성 분석에서도 부정적인 마음이 강하게 드러나고 있었다. 자신의 어떤 행동이 아이에게 나쁜 영향을 끼칠까 걱정하는 마음을 가지며, 그에 따라 다른 사람은 어떻게 하고 있는지 확인하고 싶어했고, 그에 비해 본인은 잘하고 있

데이터로 경험을 디자인하라

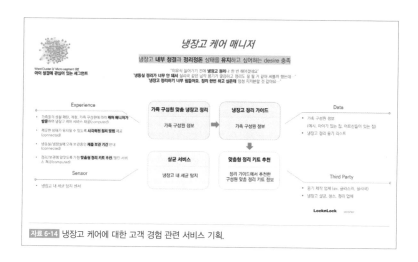

냉장고 케어에 대한 고객 경험 관련 서비스 기획.

는지 확인받고 싶어하는 행동을 보인 것이다.

이 2가지 페인에 특히 집중한다면 고객이 원하는 경험은 명확했다. 냉장고에 센서를 달아 살균 수치를 탐지하여 앱 내 대시보드에 보여주는 것이다. 통상적인 적정 살균 수치를 함께 밝혀 일정 수준 아래로 수치가 떨어지면 '아이를 위해 청결도를 유지해달라'는 경고 메시지를 보내거나, 직접 케어 매니저가 방문 점검할 수도 있다. 여기서 그치는 것이 아니라, 대시보드 한쪽에 이유식을 만드는 다른 가정의 냉장고들은 어떠한지 평균적인 살균 수치를 주기적으로 업데이트하여 비교하여 보여준다면 '내 냉장고는 얼마나 깨끗할까? 내가 잘하고 있을까?' 하는 불안함도 상쇄시킬 수 있을 것이다. 우리 집 냉장고의 건강지수는 상위 몇 %인지 보여준다면 고객에게 '내가 아이를 잘 키우고 있구나' 하는 안심까지 제공할 수 있는 것이다.

고객의 경험 설계를 위해서 엄청난 알고리즘이 필요한 것은 아니다. 고객에게 어떤 경험을 줄지는 고객 관점에서 해당 맥락을 이해하고 분석해서 이를 해결할 수 있는 서비스를 전달하는 것이다. 고객 입장에서 필요한 정보를, 원하는 때에, 원하는 장소에서, 원하는 방식으로 보여주는 것만으로도 엄청난 가치를 줄 수 있다. 사실 고객이 어떤 맥락을 가지고 있는지, 각각의 맥락에 어떤 정보를 필요로 하는지, 어떤 감정을 느끼는지에 대한 공감과 이해가 이런 경험을 만들어 낸다.

요컨대 핵심은 고객의 입장에서 시작하고, 특별한 기술이 없어도 고객이 해당 맥락에서 원하는 정보를 선명하게 느끼게 하는 것, 이것이 디지털 세계에서 줄 수 있는 또 하나의 중요한 경험이라고 할 수 있다.

더 큰 경험 기획 사례
: 제품과 생태계의 확장으로
시스템적 경험을 만들어내다

디지털 시대의 고객 경험은 누가 더 크게 연결connected하고, 누가 더 많이, 잘 연결하느냐가 핵심 경쟁력이 된다. 더 넓은 경험에서 사람과 사람을 연결하여 가치를 창출하듯이, 제품과 제품을 연결하고, 제품과 서비스를 연결하고, 온라인과 오프라인을 연결하고, 제품과 새로운 생태계를 연결한다. '어떻게 제품과 서비스와 생태계를 연결해 가치를 낼 것인가?'가 이번 챕터에서 소개할 '시스템적 경험'이다.

냉장고에 대한 고객 경험을 설계할 때 자칫 잘못하면 냉장고에만 집중을 하게 된다. 냉장고가 가지고 있는 식품 저장 기능, 저온 보관 기능에만 집중하면 고객이 원하는 탁월한 경험 혁신이 나오기가 어렵다. 특히 연결된 경험을 설계하기 위해서는 문제를 바라보는 관점의 확장이 필수적으로 요구된다. '이게 가능할까?'라고 그저 상상만 했던 것들이 생태계적 결합, 데이터 연결을 통해 당연히 가능해지는 디지털 세상이 이미 왔다. 냉장고를 통해 줄 수 있는 경험이 다른 생태계와 무궁무진하게 연결되어 고객에게 새로운 가치를 줄 수 있는 것이다.

기존의 냉장고가 고객에게 제시하고 있는, 고객의 삶에서 차지하고 있는 영역인 '냉장고의 경계'를 허무는 게 핵심이다. 냉장고의 경계를 허물고, 가정 내에서 이뤄지는 경험이라는 공간의 경계도 허물고, 우리가 해결할 수 있는 문제라는 경계를 허문 사고의 확장이 시스템적인 경험 설계에서 필수적으로 요구된다.

필자가 앞서 소개한 푸드 스타일러 경험 설계 프로젝트에서 데이터에서 발견한 고객의 불편함 중에 '음식을 만드는 게 귀찮지만 그래도 집에서 음식을 만들어 먹는다'는 것과 '본인이 직접 손수 음식을 차려야 직성이 풀린다'는 액터를 발견했다. 장 보는 게 귀찮지만, 그럼에도 장을 직접 봐야 하고 직접 음식을 해야 마음이 편안한 맥락에 집중하여 스마트 장보기 서비스를 고안했다. 이때 냉장고를 직접 관리하며 음식 준비를 하게 하되, 수고를 덜어주는 방향으로 경험을 설계해야 했다.

냉장고 내부에 쌓여가는 식재료 관리를 돕기 위해 내장 카메라를 통해 냉장고를 확인하여 늘 신경 쓰지 않아도 식재료를 체크해 줄 수 있다. 썩으면 버리라고 안내하고, 썩기 전에 유통기한이 임박하면 오

데이터로 경험을 디자인하라

늘은 이 재료를 사용할 차례라고 알려준다. 이렇게 식재료를 관리해 주면서 부가적으로 확인 가능한 부분은 늘 먹는 재료가 지금 냉장고 안에 없는 경우라면 식자재 구매를 추천해줄 수 있을 것이다.

여기서 더 나아가면 온라인 식재료 구매 내역 데이터, 오프라인 영수증 데이터와 연결해 새로 반입되는 재료와 그 주기까지 알 수 있는 경험을 줄 수 있다. 식생활의 주기가 쌓인다는 것은 추세가 생긴다는 것이고, 과거 데이터를 통해 오늘 새로운 음식을 도전해보고 싶은지 아니면 늘 먹던 걸 먹고 싶은지 정교한 추천을 가능하게 할 수도 있다. 식재료 구매 패턴이 쌓이게 되면 냉장고가 사용자를 이해하게 되는 방향도 점점 더 정교해지는데, 여기서 더 나아가 푸드 생산자 정보까지 연동한다면 생산자 연계 직거래 푸드 플랫폼을 냉장고 안에서 구현할 수 있을 것이다.

예를 들어 냉장고에 자주 사용하는 스마트 주문 버튼을 만들어 놓으면, 냉장고가 알아서 나에게 추천해줬을 때 버튼만 누르면 결제나 주문과정 없이 알아서 식재료가 집까지 배송이 되는 시스템이 구현될 수 있다. 만약 시킨 음식이 별로면 무게 인식 센서로 인해 특정 식재료가 오랫동안 묵어가고 있다는 사실이 감지되고, 그 식재료를 사용하는 냉장고 파먹기 레시피를 추천해주거나, 해당 식재료의 선호도가 낮다고 판단하여 다음 구매에서는 추천 목록에서 배제될 것이다. 냉장고 내부 식재료 유통기한 관리만 하는 게 아니라, 식자재 유통망까지 연결되면 바깥에서 사오는 것도 가능하고, 언제 뭘 먹는지에 따라 직접 생산자랑 연계 시킬 수도 있다. 구매 데이터와 직접 음

스마트 장보기에 대한 고객 경험 관련 서비스 기획.

식을 만들어 먹는 요리 데이터를 합치면 선호 가능성이 높은 레시피까지 추천해줄 수 있다.

또한 온라인 데이터와 오프라인 데이터 간의 경계도 허물어지고 있다. 냉장고 카메라로 오프라인 재고를 확인하고, 온라인 구매 내역이 있으면 온라인 영수증으로 재고를 확인해서 스마트 버튼으로 온라인 주문을 넣고, 냉장고 파먹기 조리법을 냉장고 앞 디스플레이에 띄어 추천해 주기도 하는 것이다.

온·오프라인 영역이 연결됐을 때 우리는 고객을 더 풍부하게 이해할 수 있고, 고객에게 더 확장된 경험을 선사할 수 있다. 이를 통해 나 자신보다 우리 집 가족 구성원들의 식성을 더 잘 아는 냉장고가 만들어지는 것이다. 이에 더하여 가족 구성원들이 손목에 차고 있는 건강 정보를 참고하고, 하루에 소모한 칼로리까지 계산해서 음식을 추천해준다면 어떨까? 냉장고를 단지 식재료를 보관하기 위한 용도가 아니라, 우리 가족 구성원들의 푸드 스타일과 건강 정보를 학습해서 남아있는 식재료와 건강 상태에 맞게 요리를 추천해주고 영양소까지 관리해준다면 어떨까? 이런 경험을 얻을 수 있다면 이 냉장고가 비싸더라도 가족의 건강을 지키는 의미적 가치 때문에 구매하는 사람들이 생겨날 것이다.

경계 안에서 줄 수 있는 경험보다 경계를 벗어났을 때, 탈脫경계 했을 때 주는 경험이 훨씬 다채롭다. 우리의 제품을 구매하는 고객들에게 서드파티와의 협력, 생태계 안에서 협력을 통해 더 많이 연결된 가치, 연결된 경험을 제공해주는 것이 앞으로의 시장에서 경쟁력이 될 것임을 의심할 여지가 없다.

오프라인 매장의 시스템적 경험 설계에 성공한 회사가 있다. 바로 '아마존고Amazon Go'다. 주말 마트에 가면 물건을 고르는 것도 일인데, 긴 계산대 줄을 기다리며 시간이 아깝다 느낀 적이 있을 것이다. 이렇게 한 번 장을 보고 돌아오면 하루에 쓸 에너지가 소진된 기분을 느끼곤 한다. 그런데 장을 보고 계산하는 과정을 획기적으로 줄인 사례가 바로 2016년 미국 시애틀 아마존 본사에서 포문을 연 아마존고다. 아마존고의 캐치프레이즈는 'No Lines, No Register, Just Grab and Go!'로 말 그대로 계산대도 없고 계산을 기다리는 줄도 없이, 원하는 물건을 집어서 나가면 자동 결제가 되는 구조이다. 공간은 약 50평 남짓하지만, 시애틀 IT 빌딩 숲에 근무하는 사람들이 주로 사는 물건들로만 채워져 있기 때문에 소비자 입장에서는 부족함이 없다. 공간을 유용하게 사용할 수 있었던 이유는 아마존닷컴에 쌓이고 있는, 세상 어디에서도 볼 수 없는 방대한 데이터 덕분이다.

아마존은 전 세계 어느 회사보다도 지역별, 나이별 구매 성향을 매우 정확히 알고 있다. 아마존 서버에는 고객들의 관심 품목, 클릭 로그, 구매 이력 등의 상세한 데이터가 쌓여있다. 심지어 구매한 이력이 없어도 아마존에 방문만 하더라도, 어떤 책을 몇 초 동안 살펴봤는지까지 데이터로 수집된다. 이렇게 수집된 데이터를 지역별로 정렬하면 해당 지역 사람들의 특성까지 발견할 수 있는 것이다. 축적된 데이터를 통해 해당 지역, 해당 시기에 팔릴 거라 예상되는 물품을 해당 지역 물류창고에 미리 배송해두면 더욱 빠른 배송이 가능해진

자료 6-16 시애틀의 아마존고.

출처: GeekWire

데이터로 경험을 디자인하라

다. 이런 데이터를 통해 아마존이 오프라인 마트로 사업을 확장했을 때도 지역별 맞춤 상품 포트폴리오를 구성할 수 있었던 것이다. 시애틀 아마존고 상품 포트폴리오도 이러한 방식으로 구축됐다. 즉, 아마존은 쿠팡이 하고 있는 로켓 배송을 데이터와 AI 예측으로 매우 정밀하게 해내는 역량을 보유하고 있는 것이다.

아마존은 고객 맞춤 상품 포트폴리오를 구성하는 역량이 있었기 때문에 오프라인 마트의 공간 크기를 획기적으로 줄일 수 있었고, 그 이후 무인 상품을 보조하는 기술이 따라온 것이다. 고객이 물건을 집어 들면 모바일폰으로 가상의 장바구니 안에 물건이 채워지는 걸 확인하고, 카메라 센서와 사물 인터넷 센서, 이미지 인식 기술을 활용해서 누가 어떤 물건을 집었는지 인식한다. 인공지능 기술이 결합하여 새로운 의미를 주는 유통 공간이 만들어졌고, 시스템적인 고객 경험 가치를 창출한 것이다.

우리나라에도 완전 무인 결제 이마트24 편의점이 서울 코엑스 스타필드에 오픈했다. 고객이 집은 상품이 자동 결제되어 바코드를 찍는 계산대가 필요 없는 매장으로, 한국판 '아마존고'라고 불린다. 편의점 문 앞에 QR코드를 찍으면 문이 열리고 이마트24의 출입구 앞에 들어서면 'Just Pick and Go!'라는 캐치프레이즈가 눈에 보인다. 천장에 설치

자료 6-17 이마트24 스마트코엑스점 전경.
출처: 이마트24

무인점포	대표업체	기술적 특징	비용 및 기술 난이도
컴퓨터비전 무인점포	아마존고, 타오카페, 테이크고	컴퓨터비전, 딥러닝, 감응신호장치, 생체인식	쇼핑에 최적화됐으나, 기술적 난이도 높음
RFID 무인점포	빙고박스, 세븐일레븐	RFID	비용 다소 높음, 셀프 계산과 유사
QR코드 무인점포	비엔리펑, 샤오e웨이디엔	QR코드	저비용, 일반 편의점과 유사

자료 6-18 무인점포 기술유형.

출처: 중상산업연구원

된 AI 카메라 21대와 라이다LiDAR 카메라 6대가 매장 내 고객의 동선을 파악하고 있다. 특히 신세계아이앤씨가 자체 개발한 라이다 카메라는 매장 내 움직임을 3D 데이터로 파악해서 물건과 고객의 위치를 정확히 파악한다. 상품 진열대의 중량 인식 센서를 사용해 고객이 상품을 집으면 구매하는 것으로 파악하고, 제자리에 내려두면 반품 처리된다. 매장 내에서 상품을 뜯어서 소량 먹고 다시 두어도 무게 센서가 감지해서 상품이 훼손된 것으로 간주하고 결제 처리한다. 아직은 사업 초기라 쇼핑 행동과 쇼핑 데이터를 축적해서 결제 정확도와 기술을 좀 더 고도화시켜야 하지만, 가까운 미래에 우리는 이런 AI 기반 매장을 어렵지 않게 보게 될 것이다.

근본적으로 지금의 아마존을 만들어낸 고객 경험의 힘은 바로 '거꾸로 생각하기Backward Thinking'이다. 아마존의 CEO 제프 베이조스는 '고객에게 집착하라'는 원칙 하에 이미 보유한 상품과 서비스 역량에서 시작하는 것이 아니라, 거꾸로 고객에서부터 시작하는 혁신 프로

데이터로 경험을 디자인하라

세스를 갖추고 있는 것이다. 어떤 회사와 관련된 불쾌한 경험을 겪은 고객이 디지털 세계에서 자신의 경험을 퍼뜨리는 것처럼, 반대로 잊을 수 없는 좋은 경험을 한 고객도 다른 사람들에게 전파한다는 것을 이해하고 이러한 정신을 모든 직원들과 공유한다. 그러다 보니 아마존에게 가장 중요한 것은 고객을 공감해서 얻어낸 인사이트다. 고객이 원하는 서비스라면 사업을 경계 없이 빠르게 구현해서 세상에 내놓는다. 이때 비즈니스를 구현해내는 모든 단계에서 그들만의 고객 경험 프로세스가 잘 정착되어 있는데, 그 프로세스를 들여다보면 가장 먼저 시작하는 일이 고객의 페인 포인트를 찾아내는 것이다.

고객의 마음을 읽어내기 위해 아마존은 고객들이 남기는 온·오프라인의 모든 데이터를 연결해서 본다. 예를 들면 행동 데이터, 또 소셜 미디어 세계에 남기는 리얼한 목소리들을 모으고 분석하는 일에 아낌없이 투자했다. 또한 고객에게 개인화된 경험을 주기 위해 AI 기반 추천 기술에도 엄청난 투자를 해왔는데, 수억 명의 고객이 남긴 로그 데이터를 기반으로 만들어진 AI 추천 시스템으로 개인화된 인터페이스, 개인화된 상품 리스트, 개인화된 결제 시스템을 경험할 수 있도록 하고 있다.

데이터 기반 고객 경험 디자인은 이처럼 고객에서 시작해서 오직 고객을 공감하기 위해, 온·오프라인과 생태계를 넘어서는 데이터들의 결합을 통해 그들의 맥락과 잠재니즈를 찾아내는 것이다. 기업은 이를 통해 기존 산업에서 보여줬던 과거의 방식을 무너뜨리고, 새로운 미래의 디지털 고객 경험을 그려 나갈 수 있을 것이다.

7장.

디지털 시대 변화 이끌기

지속가능한 디지털 가치 루프를 만들자

**Data driven
Customer
eXperience**

DCX 가치 창출 방법론

디지털 세계관에 적합한 문제 해결 및 고객 가치 디자인 방법론

스텝 4

	찾기(sensing)		설계(shaping)	가치 창출(value creation)
DCX STEP	디지털 고객 이해	디지털 온톨로지 (ontology)	디지털 경험 설계	디지털 가치 루프
핵심 활동	문제 상황 속 고객의 페르소나를 다층적으로 인지함.	고객 행동 맥락을 디지털 역동 속에서 심층적으로 이해함.	고객의 잠재니즈를 재해석하여 4가지 차원의 경험 설계 과정으로 모델링함.	새로운 가치가 안착되고 지속적으로 확대될 수 있는 환경을 구축함.
산출물	디지털	잠재니즈 발굴	가치 확장 경험 설계	가치 루프
디지털 사고 모델	▫ 통합적 문제 찾기 ▫ 디지털 타깃 디자인	▫ 디지털 차원 분석 ▫ 3A Dynamics ▫ 역할 맥락 분석	▫ 디지털 액션의 우선순위 분석 ▫ 4가지 경험 공간 ▫ 4 Impact 질의 ▫ 빅 패턴 분석	▫ 디지털 생태계 모델 ▫ 센싱 전략 점검 ▫ Ongoing Sensing & Shaping 전략
적용 디지털 기술	▫ 페르소나틱스(Personetics) ▫ 채널/키워드 탐색 ▫ 삼중 준지도 AI 학습기 ▫ 데이터 크롤링	▫ 텍스트 마이닝 ▫ 클러스터링 ▫ LDA, SNA ▫ Customer Action Map	▫ 기회영역맵 ▫ 감성 분석, Importance 분석 ▫ 4D-CX, Cosine similarity ▫ 트렌드 분석	▫ 데이터-정보-서비스 순환

자료 7-1 DCX 스텝 4. 변화 이끌기, 지속가능한 디지털 가치 루프를 만들자.

지속가능한
가치 루프를 만들어보자

    지금까지 고객의 데이터에서 시작하여 고객의 문제와 니즈를 발견하고, 이를 기반으로 경험을 디자인하는 방법론을 살펴보았다. 경험은 데이터를 기반으로 하여 가능해진 더 개인화된, 더 깊은 경험일 수도 있고, 디지털 속에서 사람들끼리의 연결, 사물과 서비스 간의 연결, 생태계 간의 연결을 통한 확장된 경험일 수도 있다.

    이렇게 디자인된 경험은 가격을 더 지불해서라도 제품과 서비스를 사용하고자 하는 충성도 높은 고객인 '팬'을 만들어내고, 이는 곧 기업의 고객 확대와 매출 증대로 이어진다. 그런데 여기서 간과하지 말아야 할 것은 데이터 기반 경험 디자인은 한 번의 서비스 설계로 끝나지 않는다는 점이다. 지속적인 데이터 센싱과 축적을 통한 반복적인 개선이 반드시 수반되어야 한다.

고객의 데이터를 추가로 센싱하면서 기존에는 보이지 않던 새롭게 등장한 고객 니즈를 발견할 때가 있다. 급하게 변동하는 디지털 세대의 새로운 변화를 발견하기 위해서는 지속적인 센싱이 필요한 것이다. 또한 앞서 디자인한 경험에 대해 고객이 어떻게 느끼고 있고, 어떻게 반응하고 있는지 살펴볼 필요가 있다. 고객의 반응을 끊임없이 센싱하고, 분석해서 추가적인 개선의 기회를 찾아야 하는 것이다.

스타벅스로 예를 들어 데이터로 인한 지속적인 가치 루프에 대해 생각해보자. 스타벅스 사이렌 오더의 처음 의도는 매장에 도착해 줄을 서서 기다리지 않고, 미리 주문해서 간단히 픽업하게 하는 것이었다. 기다리는데 시간을 쓰기 어려운 바쁜 고객의 불편을 해결하기 위해 설계된 새로운 경험이었다. 그런데 스타벅스팀이 사이렌 오더로 쌓인 데이터로 새롭게 알게 된 사실은 고객들은 사이렌 오더를 전혀 다른 방식으로 이용하기도 한다는 것이다. 고객들은 커피숍 내에서 자리를 미리 차지하고, 착석 후에 사이렌 오더로 주문하는 경우가 많이 발견됐다. 이는 고객들이 사이렌 오더를 매장 안에서 기다리는 시간을 해결하는 용도가 아니라, 매장 내에서 자리를 맡고 있어야 하는 불편함을 해결하는 용도로 쓰고 있었던 것이다.

사이렌 오더에 기록되는 데이터를 살펴보면 어떤 사람이 매장을 왔다가 자리가 없어서/대기시간이 길어서 그냥 돌아가는지, 매장 내에서/매장 밖에서 주로 이용하는지 등의 추가적인 정보를 알 수 있다. 더 나아가 사이렌 오더 후 고객이 스타벅스에서 가지는 맥락이 어떻게 바뀌는지도 소셜 데이터를 통해 수집 가능하다.

예를 들어, 사이렌 오더를 하고 스타벅스 카드 잔액이 만 원 이하가 되었을 때 자동 결제되는 시스템에 대해 고객이 느끼는 감정, 카카오톡으로 선물 받은 기프티콘을 사이렌 오더 지갑에 등록할 수 없을 때의 불편함, 사이렌 오더로 주문했는데 매장에 막상 자리가 없는 불편함 등 고객의 맥락을 더 센싱하면 사이렌 오더와 관련한 경험 개선에 대한 아이디어로 이어질 수 있다. 기프티콘을 손쉽게 스타벅스 앱에 등록하게 하거나, 또는 사이렌 오더에서 매장 내 자리를 예약할 수 있게 한다든가, 또는 사이렌 오더의 잔액이 만 원 이하로 떨어질 때 고객에게 물어보고 결제를 한다는 식의 개선을 생각해볼 수 있는 것이다.

특히나 이 책의 4D-CX 중에서 '더 깊은 고객 경험computed experience'에 해당하는 경험은 고객의 데이터를 축적하면서 깊어지는 경험을 설계할 수 있다. 고객이 사이렌 오더로 바닐라라테를 주문할 때 매번 기본 시럽 횟수인 3펌프를 1펌프로 줄였으면, 혹은 저녁에는 주로 커피류보다는 신선한 과일주스를 먹었다면 시간대와 고객의 특성에 따라 적합한 메뉴가 보여야 하는 것이다. 또는 사이렌 오더 대기를 하다가 생각보다 대기시간이 길어져 주문을 취소할 때, 유사한 상황을 3번 이상 겪고 있다면 죄송하다는 메시지와 함께 쿠폰을 전달하거나, 다음에 방문했을 때 신메뉴 베이커리를 시식할 수 있게 조그마한 조각 케이크를 함께 전달할 수도 있을 것이다.

데이터로 경험을 디자인하라

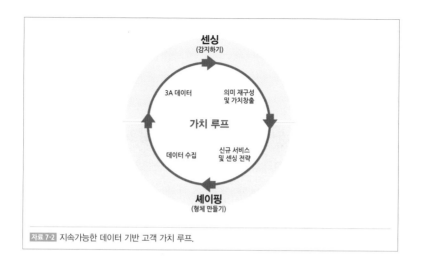

센싱
(감지하기)

3A 데이터　　　　　의미 재구성
　　　　　　　　　및 가치창출

가치 루프

데이터 수집　　　　　신규 서비스
　　　　　　　　　및 센싱 전략

셰이핑
(형체 만들기)

자료 7-2 지속가능한 데이터 기반 고객 가치 루프.

즉, 데이터 기반 고객 경험 디자인은 고객의 마음을 얻을 수 있도록 지속적으로 고객을 센싱하고, 다시 경험을 끊임없이 개선하는 프로세스에서 나온다. 고객 입장에서 생각하고, 고객 관점에서 센싱하고, 고객을 위해 개선해야 지속가능하고 혁신적인 고객 경험이 만들어질 수 있는 것이다.

지속가능한 데이터 기반 고객 가치 루프 설계에서의 또 하나의 핵심은 데이터 센싱 전략이다. 수집된 데이터에서 즉시 실현 가능한 서비스를 만들어내고, 해당 서비스에서 도출되는 데이터로 발전될 수 있는 또 다른 서비스들을 도출함으로써 지속적인 데이터 센싱을 통한 서비스 확장이 가능해지게 되는 것이다.

구독 요금제 세탁 O2O 서비스를 출시하는 상황을 예로 들어보자. 출시 직후엔 고객에 대한 데이터가 전혀 없지만, 서비스를 실행하면서 회사는 데이터를 쌓을 수 있게 된다. 고객이 세탁 서비스를 언제 이용했는지, 서비스 접수 시간은 언제인지, 어떤 의류 종류를 맡기는지, 어떤 브랜드 옷을 맡기는지, 구독한 요금제는 어떤 방식으로 소진하는지 등의 데이터가 수집되는 것이다. 세탁 서비스 이용 주기와 빈도는 해당 고객의 세탁 라이프 스타일 형태를 보여주고, 고객의 세탁 민감도나 브랜드 선호도 같은 취향도 데이터를 통해 도출되어 고객을 이해하는 정보로 사용할 수 있다.

구독 요금제 서비스에 반응한 정보와 고객이 보여준 세탁 라이프 스타일, 고객 취향 정보는 기존의 세탁 구독 요금제 서비스를 발전시키는데 사용 가능하다. 처음 요금제가 일반 상식에 기반한 제품 위주의 구독제였다면, 여기서 탈피하여 이용 주기와 고객 취향에 따른 구

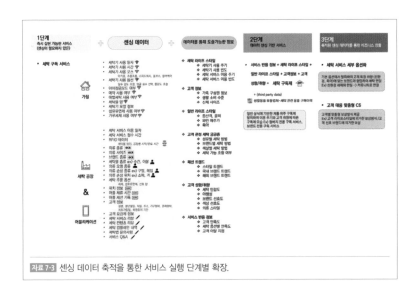

자료 7-3 센싱 데이터 축적을 통한 서비스 실행 단계별 확장.

데이터로 경험을 디자인하라

독제의 모습을 갖추는 방식으로 서비스 개선이 가능해지는 것이다.

예를 들면, 해당 고객의 세탁 라이프에 맞게 일종의 청바지 전용 구독 서비스, 특정 브랜드 전용 구독 서비스로 서비스가 발전할 수 있다. 이 과정에서 생활용품 유통업체와 데이터 협력이 일어난다면 세탁 관련 용품 구매 이력 데이터까지 더해 더욱 고객을 이해하는 형태가 잡혀진다. 프리미엄 안심 세제만 구매한 고객인지, 핫딜 이벤트만 노려 구매하는 고객인지에 따라 추천받길 원하는 요금제는 달라질 것이다.

발전된 서비스는 다시 데이터를 생성하고, 이는 앞서 도출된 정보를 강화시키기도, 새로운 정보를 보게 하기도 한다.

우리 조직은
왜 변해야 하는가?

　　　　　　　　　다윈은 변화에 적응하는 종이
끝까지 살아남는 종이 될 거라고 말했다. 하지만 다윈이 지금의 디지
털 세상에 살고 있다면 여전히 '변화에 적응하는 종'이 살아남는 종이
라고 말할까?

　디지털 트랜스포메이션이 화두가 되면서 빅데이터와 인공지능의
도입이 세계적인 디지털 기업뿐만 아니라 제조, 유통, 자동차, 금융,
교육 등 거의 모든 산업에 걸쳐 중요해지고 있다. 많은 기업들이 디
지털 기술을 도입하지 않거나 데이터를 모으지 않으면 안 될 것 같아
서, 또는 산업의 변화에 따라가야 할 것 같아서 너도나도 새로운 디
지털 기술을 도입하고 있다.

　새로운 기술을 급하게 도입은 했는데, 데이터 엔지니어와 분석가

　　　　　　　　　　　　　　　　　　　　　데이터로 경험을 디자인하라

가 없어 데이터를 그대로 쌓아두고 괴로움을 느끼는 기업들도 있다. 클라우드 인프라를 구축하고 데이터를 확보한다고 해서 고객을 위한 혁신적인 가치가 저절로 만들어지는 것이 아니다.

급변하는 디지털 시대에 넘쳐나는 데이터와 디지털 기술만 붙들고 있을 게 아니다. 오히려 기술 관점에서 벗어나 현재 시장에서 주던 기존 가치가 아닌, 새롭게 고객에게 줄 수 있는 혁신적인 가치를 생각해보자. 지금과는 다른 새로운 일하는 방식, 새로운 고객 경험의 근본적인 의미부터 찾아야 한다. 뜨거운 냄비에 삶아져 죽은 개구리가 변화에 적응을 못 해서 냄비 안에서 죽었을까? 아니다. 변온동물인 개구리는 변화에 적응을 못 해서 죽은 게 아니라, 끓고 있는 냄비 밖으로 뛰쳐나오는 근본적인 혁신이 없었기 때문에 냄비 안에서 삶아져 죽은 것이다.

최근 대기업 임원을 하다 스타트업을 창업한 대표님과 얘기를 나눌 기회가 있었다. 그는 앞으로 대기업이 디지털 데이터를 많이 가지고 있는 네이버나 카카오, 그리고 애자일하게 상상력과 추진력으로 일하는 젊은 스타트업을 이기기 쉽지 않을 것이라고 말했다. 이미 많은 인재들이 대기업을 빠져나가고 있기도 하지만, 더 큰 문제는 대기업에서는 디지털 고객을 위한 서비스를 30~40대가 기획하고 50대가 결정하기 때문이라는 것이다. 상품기획팀에 젊은 디지털 세대를 새로 영입하기 시작했지만, 막상 회의 때는 의사결정을 하는 상사가 뭘 좋아할지를 고민하고 우선시한다.

필자가 여러 대기업과 산학 프로젝트를 수행하면서 느낀 점이 있다. 기업들의 데이터 기반 고객 경험 기획은 처음에는 분명 매우 혁신적이고 창의적인 아이디어에서 시작한다. 하지만 공룡 대기업의 조직 구조 속에서 전통적인 방식인 마켓 리서치를 검증하고 수많은 수직 구조의 의사 결정자들을 거치면서, 결과적으로는 가장 대중적이고 가장 안전하고 가장 시시한 그저 그런 서비스로 도출되는 것이었다. 디지털 세대를 위해 출발한 새로운 아이디어도 결국에 전통적인 대기업의 의사결정 구조를 거치면서 근본적인 창의성을 잃어버리게 되는 것이다.

우리가 가지고 있는 예전 것을 버려야 한다. 데이터로 일하는 새로운 방식, 고객 경험을 디자인하는 방법도 기존의 상품 기획 프로세스에서 벗어나 새로운 관점으로 모두 다 바꿔야 한다. 기존의 틀에서 벗어나는 근본적인 변혁이 없이 그저 남들이 하는 디지털 서비스, 남들이 도입하는 디지털 기술 도입에 급급하다 보면 우리는 언젠가 냄비에 삶아져 죽은 개구리가 될지도 모른다.

올드 스타일을 버리고 데이터로 일하는 뉴 스타일 조직으로

오늘날처럼 넘쳐나는 데이터와 빠르게 변하는 디지털 세대를 고려한다면, 일단 우리는 새로운 스타일의 일하는 사고와 조직 구조를 가져가야 한다. 끓는 냄비 속에서 디지털 변화에 적응했지만 결국 냄비 안에서 죽고 만 개구리 이야기의 핵심은 끓는 냄비를 뛰쳐나오는 '근본적인 혁신'에 대한 것이다.

그렇다면 디지털 시대에 맞는 근본적인 혁신이 무엇인지 생각해보자. 급속도로 변화의 물결을 타고 있는 디지털 시대에는 지금까지 바람직하게 여겨지던 사고와 행동 양식을 버려야 한다. 전통과는 완전히 반대되는 새로운 스타일이 필요한 것이다. 과연 새로운 스타일에는 어떤 것들이 있을까?

첫째, 데이터로 실험하는 조직이 되어야 한다. 그동안은 직관과 감각이 좋은 리더가 훌륭한 리더였고 이에 기반한 의사결정이 때로는 더 혁신적이었다. 하지만 동일한 지식을 가지고 비슷한 경력과 감각이 있는 리더들도 서로 다른 인사이트를 가진다. 즉, 두뇌가 정말 좋은 리더들도 각자의 경험이 조금씩 다르기 때문에 주관적인 인사이트를 가질 수밖에 없다.

이럴 때 리더의 인사이트에 데이터가 더해지면 의사결정의 품질이 좋아질 수 있다. 즉, 디지털 시대에 데이터로 일하는 조직은 데이터를 읽어내는 감각과 직관이 필요하고, 의사결정을 할 때와 조직원들을 설득할 때 데이터로 인한 실험과 데이터 기반 가설 검증을 활용할 줄 알아야 하는 것이다. 물론 데이터에 기반한 의사결정의 문화는 단번에 만들어지지는 않는다. 이 문화를 기반으로 데이터로 실험하는 조직에 대한 이야기는 다음 챕터인 〈디지털 시대의 뉴타입(1)〉에서 자세히 설명한다.

둘째, 아이디어의 구현은 애자일하고 빨라야 한다. 과거에는 아이디어 구현이 매우 어렵고, 비싸고, 느리다고 여겨왔다. 예를 들어 가전 회사들은 새로운 상품을 기획하고 출시하기까지 보통 아주 빠르면 3년, 길면 5년이 걸리는 매우 어렵고, 돈이 많이 들고, 엄청난 의사결정을 해야 하는 프로세스였다. 디지털 시대에 경험 디자인을 예전 속도대로 의사결정을 하고 아이디어를 구현하면 이미 그 아이디어는 옛것이 되고 만다. 또한 니즈가 빠르게 바뀌고 있는 고객들에게 끌림을 주지 못한다. 빠른 구현을 위해서는 애자일한 조직 구조를 가져야 하는데, 이 부분에 대해서는 〈디지털 시대의 뉴타입(2)〉에서 좀 더 자세히 다룰 예정이다.

셋째, 누구나 데이터를 다룰 수 있는 조직이 되어야 한다. 과거 데이터 기반 실험을 통한 가설 검증은 데이터 전문가가 나타나서 간혹 필요한 실험만 수행했던 구조였다. 그러나 이제는 누구나 데이터를 만지고 읽을 수 있어서 해당 도메인 지식을 갖춘 현업 담당자가 직접 실험할 수 있어야 한다. 이를 위해서는 우리 조직의 데이터 리터러시 data literacy(데이터를 읽고 쓰는 능력) 역량부터 키워야 하는데, 그 방법에 대해서는 〈디지털 시대의 뉴타입(3)〉에서 살펴보도록 하겠다.

넷째, 데이터로 풀어야 할 문제를 찾는 조직이 되어야 한다. 정답을 잘 찾는 것이 아니라 풀어야 할 질문을 찾는 것이 혁신인 시대가 왔다. 가치 창출의 원천이 문제를 해결하는 데에서 나오는 것이 아니라, 문제를 발견하고 의미를 창조하는 능력으로 옮겨가고 있다. 세상에 문제를 해결하는 인재는 많다. 기존에는 문제해결 능력이 우수

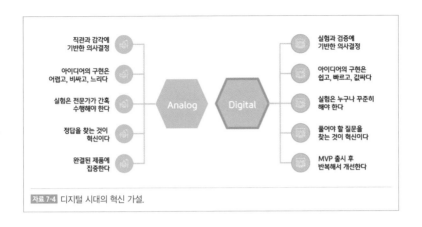

자료 7-4 디지털 시대의 혁신 가설.

한 인재가 인정받았다면, 이제는 익숙해 보이는 문제를 끄집어내고 이에 새로운 의미를 부여할 줄 아는 창의적인 인재가 필요한 때이다. 이에 대해서는 〈디지털 시대의 뉴타입⑷〉에서 다룬다.

마지막으로 앞서 설명한 바 있는 지속가능한 가치 루프 설계이다. 고객의 마음을 얻는 일은 한 번의 완결품으로 끝나지 않는다. 데이터 기반 가치 창출 루프를 한 번 돌고 난 후엔 조금 더 빠르게 고객의 니즈에 맞춰 더 깊고 정밀하게 반복할 수 있다. 이렇게 반복적으로 개선된 루프가 만들어내는 프로세스의 차이는 경쟁기업이 따라하고 싶어도 쉽게 따라할 수 없는 지속가능한 경쟁력이 된다. 디지털 시대에 맞는 뉴 스타일은 남들이 따라올 수 없는 가치 창출 루프 프로세스를 만드는 것이다.

디지털 시대의 뉴타입 ❶
: 데이터로 실험하는 조직

2021년 3월 11일, 쿠팡이 세계 최대 규모의 증권거래소인 뉴욕증권거래소^{NYSE}에 상장했다. 이날 뉴욕증권거래소에 상장된 쿠팡은 공모가인 주당 35달러보다 40.71% 급등한 49.25달러에 거래를 마감했는데, 쿠팡 시가총액이 단숨에 881억 달러(한화 약 99조 7,000억 원)에 달하게 됐다. 쿠팡의 이런 엄청난 성과는 어쩌다 하루아침에 그냥 달성된 것은 아니다. 그 성공의 현장에서 쿠팡은 매일 데이터로 실험을 한다. 2021년 상반기에만 무려 3천 번이 넘는 실험을 했다고 하는데, 그들은 쿠팡 모바일앱에 쌓이는 고객의 로그 데이터로 어떤 실험을 하는 것일까?

그 전에 쿠폰이 고객에게 어떻게 배포되는지를 먼저 살펴보자. 고객별로 어떤 쿠폰에 민감하게 반응하는지는 고객이 가진 상황과 과

데이터로 경험을 디자인하라

거 구매 패턴에 따라 다르게 나타난다. 따라서 기존에 있던 할인 쿠폰들에 대해서는 충분히 쌓여있는 고객들의 반응 데이터를 이용하면 된다. 반응이 있는 그룹에만 해당 쿠폰을 뿌리는 것이다. 그러나 항상 모든 고객이 만족하는 쿠폰이 존재하기란 어려운 법, 해당 쿠폰들도 고객에게 매력을 잃고 반응이 사라질 수 있다. 그렇다면 새로운 쿠폰을 만들어야 하는데, 만약 기존 반응 데이터가 전혀 없다면 어떤 고객에게 나누어주면 좋을까?

이런 상황에서 할 수 있는 것이 바로 A/B 테스트이다. A/B 테스트는 동일한 웹 또는 웹 페이지에 하나의 그룹에는 A 버전(원본/대조군)의 페이지를, 또 다른 그룹에는 B 버전(일부 변형/실험군)의 페이지를 보여준 뒤 어떤 그룹에서 더 높은 성과를 보이는지 평가하는 방법이다. 예를 들면, 먼저 구매 성향별로 고객을 세밀하게 나눈다. 각각의 그룹에 할인율을 강조한 A 쿠폰과 과거에 고객이 만족했던 물품을 언급하여 만든 B 쿠폰을 나눠주고 반응률과 구매 전환율을 데이터로 분석한다. 이후에는 실험을 거듭하면서 점차 쿠폰의 성과를 높여가는 과정이 필요하다.

쿠팡의 성장에 큰 기여를 했던 '로켓배송'에 관한 의사결정에도 쿠팡은 먼저 실험부터 했다. 모 지역의 아파트 단지를 A와 B 지역으로 나눠 A 지역에는 기존의 외주 배송 물류 업체들을 이용하게 했고, B 지역에는 쿠팡 자체의 초창기 물류 시스템으로 직접 배송했다. 그리고 성공 지표인 고객의 재구매율을 분석해나갔는데, 놀라운 것은 한

달 정도 지난 후 B 지역 고객의 재구매율이 월등히 높았던 것이었다. 쿠팡은 고객들이 쿠팡 앱에 들어와서 '물건을 골랐다가도 배송기간을 보고 포기하여 집 앞에서 사거나 더 빨리 배송되는 업체들을 찾느라 고생하고 있는' 고객의 맥락을 정확히 알았다.

막연히 '직접배송/익일배송으로 페인 포인트를 해결해볼까?'가 아니라, 결과를 측정할 수 있는 '고객의 재구매율'이라는 평가척도를 가지고 A/B 테스트를 해본 것이 지금의 쿠팡을 만든 결정적인 고객 경험의 출발점이었다.

데이터로 '배송에 걸리는 시간을 줄여주면 고객의 재구매율이 올라가지 않을까?'라는 비즈니스의 핵심 가설을 만들고, 데이터로 검증하는 것. 이것은 우리가 만들어 나가는 고객 경험을 더 깊고 선명하게 만들어준다. 이런 데이터 기반 실험은 가설 없이 접근하는 것보다

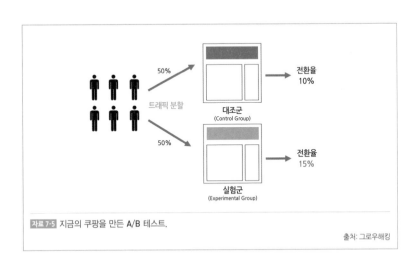

자료 7-5 지금의 쿠팡을 만든 A/B 테스트.

출처: 그로우해킹

데이터로 경험을 디자인하라

시간과 비용이 적고, 빠른 결과를 보게 한다. 쿠팡은 분기마다 이와 같은 데이터 실험을 몇천 개씩 돌린다. 때로는 쿠팡 앱 내 결제 버튼의 위치를 바꾸는 실험, 색깔을 다르게 하는 실험 같은 마이너한 것부터 매 기능 개선 건마다 어떤 지표들이 움직이는지 분석해내고, 발견한 인사이트를 바탕으로 성공 확률이 높은 또 다른 실험을 한다. 어떤 변수들이 고객의 마음을 움직이는지 수많은 실험을 통해 이미 알고 있는 것이다.

고객이 온라인과 오프라인에서 어떤 행동을 보이는지 데이터로 수집하자. 쿠폰, 새로운 배송 시스템, 라이브 방송 같은 새로운 구매 채널을 기획해 실행한 뒤 고객의 어떤 행동이 유도되었는지 반복적으로 센싱해 보자. 고객 경험은 한 번의 기획으로 이루어지는 것이 아니라, 기획 이후 다시 고객의 행동을 센싱하여 그 반응을 분석해서 이뤄진다. 설정한 목표인 디지털 고객의 체류시간이나 구매 전환율 등을 보고 계속 개선하는 사이클이 작동해야 한다.

데이터로 A/B 테스트를 진행하고 분석하는 가치 창출 루프는 꼭 데이터 과학자만 하는 것은 아니다. 요즘 등장한 구글 애널리틱스나 파이어베이스 같은 솔루션들을 보면 로그 분석뿐만 아니라 트리거 기능까지 갖고 있다. 특정 성향을 지닌 고객을 타기팅 해 자동으로 정해진 시나리오의 쿠폰이나 메시지를 보내도록 지원하고, 결과 또한 분석해준다. 하지만 안타깝게도 대부분의 기업은 고객이 어떤 페이지를 주로 방문하고 머무르는지 등의 단편적인 분석은 진행하지만 필자가 이야기하는, 사실은 가장 중요한 '고객을 움직이게 만드는 실험'에는 매우 미온적이다.

　데이터 기반 실험을 온라인 기업만 하는 것은 아니다. 오프라인 기업 또한 구매 경험을 모바일앱을 통해 바꿔나가고 있다. 스타벅스의 멤버십, 사이렌 오더 등이 그 예이다. 스타벅스가 출시한 굿즈가 어떤 고객들에게 효과적이었는지 멤버십을 통해 찾고 분석하면 앞으로 선보이는 굿즈들은 해당 고객군에 맞춤형으로 제안될 것이고, 이런 개인화된 경험은 고객의 방문율을 높이는 경험으로 동작된다.

　오프라인 매장에서 이뤄지는 구매 과정을 데이터로 추적해볼 수도 있다. 예를 들면, 육류 코너에서 구매한 고객이 항상 채소 코너로 되돌아가 상추를 사오는 동선이 관찰된다면, 육류 코너 바로 옆에 상추 코너를 만들어두고 고객의 동선 변화와 구매율을 비교하는 실험을 설계해볼 수 있다. 이렇게 오프라인에서의 실험이 쌓이면 우리 고객에게 꼭 맞춘 매장의 경험을 만들어낼 수 있다.

　이런 식으로 데이터 기반 오프라인 경험 혁신을 잘하고 있는 기업이 바로 아마존고이다. 아마존고는 오프라인 매장에 쌓이는 데이터를 수집하면서, 고객의 오프라인 구매 패턴 데이터와 온라인의 데이터를 결합해 수많은 데이터 변수들로 실험을 한다. 이런 실험들이 쌓이면 아마존은 이제 곧 다른 오프라인 유통회사에서는 절대 따라올 수 없는 온·오프라인이 연결된 고객 경험의 혁신을 가져올 것이다. 그 어떤 오프라인 유통사도 아마존처럼 데이터를 가지고 있지는 않지만, 아마존처럼 고객 경험 혁신에 집착하며 데이터로 끊임없이 실

　　　　　　　　　　　　　　데이터로 경험을 디자인하라

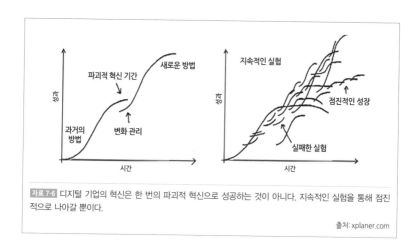

자료 7-6 디지털 기업의 혁신은 한 번의 파괴적 혁신으로 성공하는 것이 아니다. 지속적인 실험을 통해 점진적으로 나아갈 뿐이다.

출처: xplaner.com

험하지도 않는다.

[자료 7-6]에서 볼 수 있는 것처럼 디지털 기업의 혁신은 한 번의 파괴적 혁신이 가져다 주는 것이 아니다. 때로는 실패하고, 때로는 성공하는 지속적인 실험들을 통해 점진적으로 고객 경험을 강화시켜 나가는 것, 이것이야말로 지금의 디지털 시대에 데이터 기반으로 고객 경험을 만들어가는 가장 중요한 핵심 전략이다.

디지털 시대의 뉴타입 ②
: 아이디어의 구현은 애자일하게

창조적인 고객 경험을 만들기 위해 엄청나게 위대한 전략가가 필요한 것이 아니다. 무엇이든 당장에 실행하고, 실패해도 오히려 칭찬받으며 계속 새로운 시도를 이어가는 문화가 필요하다. 앞에서 살펴본 가치 루프를 잘 돌리려면 한 번의 혁신에서 멈추지 않고, 지속적으로 고객의 문제를 발견하고 끊임없이 도전하는 조직 문화가 필수적이다.

데이터 기반 경험 디자인은 무엇보다 고객의 맥락에서 시작해 아이디어를 빠르게 구현해내고, 해당 아이디어와 관련해 쌓인 고객의 데이터를 반복적으로 학습하고 개선해 그 경험을 더 깊게 만들어내는 것이 중요하다. 무슨 일이든 처음부터 완벽할 수는 없다. 특히나 대기업은 실수 없이 리스크 관리를 해야 하기 때문에 처음부터 대단히 완벽한, 그러나 혁신적이지는 않은 것을 오랫동안 준비해서 내놓는다. 하지만 빠르게 고객의 니즈와 맥락이 바뀌는 디지털 시대에 오래 준비한 '완벽한' 경험은 이미 평범하고 지나가 버린 것으로 고객에게 다가갈 수 있다. 그래서 빠르게 구현해내는 애자일한 프로세스가 그 어느 때보다 중요하다. 빠르게 구현해냈다면 이제 그 경험이 더 개선될 수 있도록 데이터로 개선되어야 할 사항을 도출하고, 개선된 아이디어를 다음번 실행에 반영해야 한다. 특히 해당 경험이 AI 기반이라면 더더욱 데이터 기반 알고리즘의 성능 개선이 이루어져야 한다. AI가 더 많은 고객의 데이터를 학습할수록 해당 인공지능 서비스는 더 개인화된 경험을 주게 될 것이다.

새로운 아이디어를 빠르게 구현해내는 조직이 되려면 새로운 시도를 장려하고, 새로운 것을 배우는 것을 칭찬하는 문화가 핵심이다. 작은 새로운 시도들이 쌓이면 쌓일수록 우리가 고객에게 줄 수 있는 경험은 더 다양해지고, 건드리고자 하는 고객의 맥락들도 더 늘어난다. 때로는 새롭게 만들어낸 경험이 별로일 수 있다. 그런 경우에는 왜 그런지 데이터로 그 이유를 들여다보고, 개선할 방법에 대해서도 데이터에서 힌트를 찾아보자. 데이터는 우리 고객에 대한 생각의 폭을 넓혀주고, 더 다양한 기회의 영역을 보여준다.

지금부터라도 데이터로 고객에 대한 인사이트를 뽑아내고 실행하자. 그리고 결과 또한 데이터로 살펴보자. 이것이 일상화가 되면 새로운 경험에 대한 의사결정도, 평가도, 일하는 방식도 더 편해진다.

처음부터 데이터가 해답을 주진 못한다. 데이터는 분석하는 자의 관점에 따라 답이 보이기도 하고 보이지 않기도 한다. 이제부터라도 데이터로부터 고객의 문제를 찾아내고, 더 다양한 고객의 맥락과 고객의 숨겨진 마음을 읽기 위해 데이터를 활용해보자.

디지털 시대의 뉴타입 ③
: 데이터를 누구나 다룰 수 있는 조직

엄청난 실력의 데이터 과학자들만 데이터 분석을 할 수 있는 것이 아니다. 사실 실무자들이 현업에 대한 전공 지식과 경험이 있어서 어떤 정보가 중요한지, 왜 분석해야 하는지에 대해 더 잘 알고 있다. 따라서 현업 담당자가 데이터를 만지고 분석했을 때, 매우 혁신적인 가치로 나타날 가능성이 높다고 할 수 있다.

필자는 학교에서 공과대학이나 인공지능대학원이 아닌, 경영대학 소속이다. 그리고 우리 경영대학 학생들은 학부 1학년 때부터 파이썬을 필수적으로 배우고, 데이터 분석과 AI 예측 모델 개발까지 선택적으로 배운다. 공대생이 아닌 경영대생들에게 프로그래밍을 가르치는 이유는 경영 현장에서 엄청나게 발생하는 고객 데이터를 상품

기획 프로세스, 재무 관리 프로세스, 회계 처리 프로세스, 인사 관리와 인재 개발 프로세스에 녹여내지 못하고 있다는 문제 인식에서 시작됐다.

기업에서도 이 문제를 인식하고 그동안 데이터 전문가를 채용하기 위해 엄청난 노력을 해왔지만 시장에는 데이터 분석가가 없었다. 분석가를 어떻게 잘 구했더라도 이들은 AI 모델은 잘 만들지만 해당 현업의 경험이 없기 때문에 데이터로 쓸만한 비즈니스적 가치를 만들어내기가 매우 어렵다. 그래서 요즘 기업은 전 직원을 대상으로 데이터 리터러시 교육을 시작하고 있다. 그동안 엄청난 비용을 들여 데이터 레이크 사업과 클라우드 기술에 투자해왔고, 이제는 이 수많은 데이터들의 결합을 통해, 때로는 데이터 예측 모델과 시각화를 통해 찾아낸 인사이트들이 현업 담당자들의 비즈니스 프로세스에 스며들기 시작하고 있다.

그렇다면 데이터 조직은 이 과정에서 무엇을 할 수 있을까? 디지털 트랜스포메이션이 화두가 되면서 기업에는 전에 없었던 DX 조직과 데이터 조직이 생겨나기 시작했다. 그들은 현업의 담당자들을 만나러 다니면서 디지털 기술로 왜 혁신해야 하는지를 설명하고, 디지털 기술로 해결 가능한 현업의 문제를 찾으러 다닌다. 발굴한 문제를 다 풀 수는 없다. 때문에 그 문제들 중에서 데이터로 풀 수 있고, 풀었을 때 성과가 가시적으로 단시간에 잘 보이는 문제를 선별해서 푼다. 이러한 접근은 당연히 혁신적인 가치로 이어지기 어렵다. DX팀이나 데이터 조직이 해당 문제에 대한 현업 지식이 깊을리 만무하고,

그동안 쌓은 데이터도 이 문제를 풀기 위해서 센싱해 온 것이 아니기 때문에 성과를 보더라도 품질 개선, 의사결정의 도움이 되는 정도의 수준에 그칠 뿐, 현업에서의 가치 있는 혁신으로 이어지기 힘든 것이다.

그렇다면 DX 조직이나 데이터 조직이 어떻게 데이터 기반으로 혁신을 만들 수 있을까? 정말 고객에게 감동을 주는 혁신을 만들고 싶다면 DX 조직과 데이터 조직은 스스로 성과를 내기보다는, 현업의 부서들이 성과를 낼 수 있도록 도와주는 서비스 조직이 되어야 한다. 예를 들면 영업 담당자의 전통적인 '감'에 의한 영업 방식을 획기적으로 바꿀 수 있는 아이디어를 데이터에서 찾을 수 있도록 데이터를 설계해 주고, 영업 사원이 데이터를 보고 싶을 때 얼마든지 다운로드할 수 있도록 데이터 파이프라인을 만든다. 분석하는데 있어서 결합해야 할 데이터가 있다면 데이터를 결합해주고, 때로는 쓸데없는 데이터를 지우고 전처리 하는데 시간 낭비를 하지 않도록 전처리 과정을 도와주는 역할을 해야 하는 것이다. 이는 조직의 전체적인 데이터 리터러시 역량을 끌어올리는, 즉 데이터를 누구나 다룰 수 있는 조직이 되는 데 있어 그 어떤 재교육이나 투자보다도 매우 중요한 부분이라고 할 수 있다.

마지막으로, 데이터 기반으로 의사결정을 하는 조직의 문화 또한 매우 중요하다. 스타트업은 기존의 전통적인 의사결정 체계도, 사업 경험도 부족하기 때문에 오히려 데이터에 의지하는 특징이 있다. 갑

자기 주문 취소가 많이 일어나면 왜 그럴까 이유와 답을 데이터를 통해 찾고, 데이터를 보면서 데이터 기반으로 의사결정을 한다.

특히나 데이터 기반 경험 디자인은 고객에 대한 '좋은 질문'과 고객의 문제에 대해서 갖는 '호기심'에서 나온다. 왜 그런지를 계속 질문하다 보면 분석해야 할 데이터가 보이고, 그런 데이터를 결합해서 분석하다 보면 괜찮은 인사이트와 아이디어가 찾아진다. 고객의 문제가 보일수록, 호기심이 많을수록 궁금증의 해결을 위한 데이터가 보이고, 분석의 관점도 다양해진다. 또한, 분석의 결과에서 나온 인사이트로 또 다른 궁금증이 생길 때 고객의 문제를 데이터를 통해 더 깊숙하게 찾을 수 있게 될 것이다.

데이터로 경험을 디자인하라

디지털 시대의 뉴타입 ④
: 데이터로 풀어야 할 문제를 찾는 조직

과거에는 문제가 많았기 때문에 이것을 해결하는 사람이나 정답을 찾는 사람이 노동 시장에서 높이 평가받고 많은 보수를 받았다. 하지만 요즘 시대는 문제는 적고, 해결 능력이 과잉인 시대이다. 문제가 희소해진 지금에는 이 보틀넥의 관계가 역전되어, '문제'를 어떻게 발견하고 제기하느냐가 중요한 시대가 되었다.

눈에 잘 보이지 않는 문제를 찾는 데에는 데이터 만한 것이 없다. 데이터로 분석을 하다 보면 전혀 생각지도 못한 인사이트가 보이고, 기존에는 인식되지 않았던 것들이 문제로 보이기 시작한다. 바야흐로 '데이터로 문제를 해결하는 조직'에서 '데이터에서 풀어야 할 문제를 찾는 조직'으로 변해야 할 때가 된 것이다.

무작정 데이터 분석을 시작하지 말고 목적부터 찾아야 데이터라는 망망대해에서 헤매지 않는다는 말이 있다. 그런데 그 목적은 어떻게 정해야 할까? 단순히 매출, 이익과 같은 비즈니스 목적이라고 생각할 수도 있다. 하지만 사실 모든 비즈니스 목적은 고객으로부터 시작되고, 고객이 우리의 제품을 사주고 서비스를 이용해줘야 달성된다. 즉, 모든 비즈니스에서 우리가 타깃으로 하는 고객을 명확히 알고, 그 고객이 가지고 있는 문제를 찾는 것이 매우 중요하다.

풀고 싶은 문제를 먼저 설정하고 데이터를 분석하라고 하는데, 현실은 생각보다 고객이 가지고 있는 문제가 잘 보이지 않고, 문제를 해결하는 것보다 찾아내는 것이 더 어렵다. 그 찾기 어려운 고객의 문제를 고객의 데이터에서 찾는 것이 고객 경험 혁신의 가장 중요한 시작이다.

예를 들면, 고객이 세탁기를 어떻게 사용하는지 알 수 있는 세탁기 로그 데이터가 있다고 가정해보자. 데이터를 분석할 때 단순히 '대부분의 고객은 오전과 주말에 세탁기를 돌리는구나, 주로 표준을 더 많이 쓰네?'와 같은 정도의 목적성 없는 분석은 우리에게 설명적 분석 이외에 혁신적 가치를 주지 못한다.

자, 그럼 이번에는 고객의 문제를 찾는 관점으로 바꿔서 분석을 진행하면 어떤 것들이 보이기 시작할까? 과거 모 기업과 진행한 교육 프로그램 중 한 팀에서 실행한 프로젝트에서 우리는 중요한 문제를 찾아냈다. 유럽 지역 고객의 로그 데이터를 살펴보니 '표준' 버튼만 쓰는 다른 나라들의 고객과는 다르게 유럽의 고객들은 탈수, 건조, 헹굼 등의 조정을 많이 하는 행동을 보였다. 즉, 우리는 간편하게 버튼 하나로 해결해주지 못하고, 힘겹게 여러 버튼을 눌러서 조작해야 하는 유럽 지역 고객의 불편함을 찾아낸 것이다.

그다음으로 유럽 지역의 고객들이 왜 버튼을 많이 누르는지를 알기 위해 유럽 지역의 쿼라Quara라는 커뮤니티 사이트에서 세탁과 관련된 다양한 고객의 질문과 답변 관련 데이터를 수집했다. 해당 커뮤니티 소셜 데이터에서 버튼 조작과 관련한 다양한 맥락을 발견할 수 있었다. 예를 들면 '세탁물이 적은데 표준으로 돌리면 너무 낭비라고 생각이 돼서', '아기 빨래는 왠지 더 뜨거운 물로 헹궈야 할 것 같아서', '세탁을 빨리 끝내고 빨리 쉬고 싶어서', '청바지, 니트 등 다양한 빨래를 한꺼번에 빨아야하는데 표준으로 하면 세탁물이 상할까봐' 등 크롤링한 소셜 데이터에서 고객의 다양한 맥락을 발견해낼 수 있었다.

자료 7-7 맥락 기반 세탁기 버튼 설계 과정.

그 후 각각의 맥락은 얼마나 많은 사람이 언급하는지, 또 여러 고객의 글에서 해당 맥락이 얼마큼의 불편함으로 느껴지는지를 딥러닝 기술을 활용해 우리가 집중해야 할 중요한 맥락을 계산해냈다. 결과적으로는, 현재의 세탁물 소재 기반 버튼에서 벗어나 우리가 찾은 맥락 기반의 새로운 세탁 버튼들이 기획될 수 있었다.

고객의 데이터에서 출발하고, 데이터의 분석은 고객의 문제를 찾기 위해서 하자. 그것이 바로 데이터 기반 경험 디자인이다. 일단 가지고 있는 고객 데이터를 들여다보고 문제를 찾자.

고객의 문제를 입체적으로 바라보는 것이 중요하다. '얼마나 많은 유럽 지역 사람들이 미세먼지에 대해서 민감한가?', '왜 유럽 지역 사람들은 다른 나라 사람들보다 버튼을 더 많이 조작할까?', '세탁물이 상하는 문제에 민감한 사람들은 그 문제를 어떻게 해결하고 있을까?'와 같은 질문을 통해 고객에 관해 알고 싶은 문제들을 끄집어내는 것이 중요하다.

해당 문제를 더 깊이 입체적으로 알고 싶다면 기존에는 센싱하고 있지 않았던 새로운 사이트를 타깃해서 데이터를 더 수집해야 할 수도 있고, 기존의 소셜 리스닝에서 수집하던 키워드 쿼리문을 바꿔야 할 수도 있으며, 어쩌면 우리가 이전에 설치해놓은 기기 센서의 센싱 설계를 바꿔야 할 수도 있다.

알고 싶은 문제가 명확해지면 확보해야 하는 데이터와 분석 방법도 더 명확해진다. 우리 기업이 가지고 있는 데이터와 가지고 있지 않은 데이터가 명확해지면, 가지고 있지 않은 데이터를 확보하기 위한 전략을 세워야 할 것이다.

DCX, 고객에 '의한'
가치를 만들어 내는 힘

지금까지 데이터를 통해 고객 경험을 만들어가는 다양한 사례를 살펴보았다. 고객 경험 디자인은 그동안 만들었던 제품과 서비스의 차별화가 아니라, 새로운 의미의 차별화이기 때문에 경험 디자인 방법이 변화하고 발전해야 한다. 하지만 안타깝게도 아직 많은 CX 담당자들이 기존의 차별화를 만들어 내는 작업에만 몰두하고, 혁신을 가져올 수 있는 다양한 방법들을 활용하지 못하고 있다.

새로운 의미적 가치를 찾는 작업은 제품과 기술 중심에서 벗어나, 고객의 문제와 맥락 변화를 깊이 있게 살펴봐야 비로소 할 수 있는 일이다. 따라서 그동안의 상품기획 프로세스로는 할 수 없는 일이다.

현실에서는 아직까지 전통적인 경영 원칙을 고수하는 기업이 많다. 때문에 대게는 일관되고, 예측 가능하며, 정해진 프로세스 안에 존재하는 상품·서비스 기획을 선호한다. 이런 이유로 CX 담당자들은 기존의 마켓 리서치 방법에서 벗어나 고객에게서 제품의 새로운 의미와 가치를 찾아내는 다양한 활동을 할 수 있는 기회가 없을 때가 있다. CX 담당자들에게 있어 가장 중요한 활동은 고객의 데이터로부터 그들을 공감해 내고, 그들의 다양한 맥락과 문제를 찾아내는 것임을 잊지 말아야 한다.

한양대 DCX연구실은 그동안 수많은 고객 경험 프로젝트를 자문하고 직접 수행해 왔다. 그 과정을 통해 결국 고객 경험 디자인은 데이터에서 찾아낸 고객의 고유한 맥락에 있으며, 각자의 고객군에서 보이는 맥락이 매우 다양하게 관찰된다는 결론에 도달했다. 과거에는 핵심이 되는 맥락 하나를 찾아 거기서부터 콘셉트를 만들고 경험 설계를 했다면, 이제는 특정 의미적 가치를 주는 새로운 콘셉트를 데이터로부터 찾아내고, 이를 다양한 고객군에게 개인화된 맥락적 경험으로 어떻게 전달할지를 고민해야 하는 것이다.

또한 이렇게 찾아낸 새로운 의미적 가치를 주는 고객 경험 디자인은 단 한 번의 혁신으로 끝나지 않는다는 점을 간과해서는 안 된다. 데이터로 끊임없이 고객을 센싱하고 분석하여, 이를 기반으로 해당 경험을 개선해 내는 디지털 가치 루프가 작동하는 것이 중요하다. 해당 경험을 각각 다른 고객들이 어떻게 느끼고 반응하는지를 지속적으로 수집하고 분석해서, 이를 다양한 맥락에서 더 깊은 개인화된 경험으로 만들어 내야 하는 것이다.

이때 필요한 데이터 수집 방법은 비단 기기 센서, 모바일 클릭 데이터 등 자동으로 남는 로그 데이터만이 아니다. 고객들이 스스로 데이터를 적극적으로 입력input하게 해서 고객들 스스로 그 의미적 가치를 더해갈 수 있도록 이끌어 내는 것도 좋은 방법이다. 고객이 본인 냉장고에 '우리 아이 아토피를 완화하고 더 건강하게 해주는 푸드 스타일러'라는 의미를 더하기 위해 냉장고가 추천해주는 음식을 아이에게 먹이고, 아이의 아토피 상태를 적극적으로 입력하고, 아이의 알레르기 테스트 결과를 푸드 스타일러에 입력하고, 푸드 스타일러가 추천해준 해당 음식을 아이가 좋아했는지, 아이가 싫어하는 향이 있었는지, 특정 식재료에 어떻게 반응했는지를 적극적으로 알려줄 수 있도록 즉, 고객을 '적극적인 데이터 입력자'로서 제품의 의미적 가치 활동에 참여시키는 것이다.

고객이 데이터를 더할수록 푸드 스타일러에게 더 깊은 개인화된 추천을 받을 수 있으며, 이러한 의미 때문에 고객이 해당 제품에 록인되는 효과가 생길 것이다. 더 이상 일반 냉장고는 쓸 수 없어서, 또는 새로운 푸드 스타일러를 다시 학습시켜야 하는 번거로움이 싫어

데이터로 경험을 디자인하라

서라도 말이다.

또한 고객을 푸드 스타일러의 의미를 더할 수 있는 아이디어를 내는 참여자로 만드는 것도 좋은 방법이다. 마치 이케아가 공간을 활용하고 가구를 만들기 위한 아이디어를 고객에게 직접 얻기 위해 오픈 소스 디지털 플랫폼을 만들어낸 것처럼 말이다. 고객을 단순히 '제품을 한 번 구입하는 소비자'로 보지 않고, '아토피라는 문제를 가지고 살고 있는 사람, 그리고 이를 적극적으로 우리 플랫폼을 통해 해결하고자 하는 액터'로 보고 고객의 참여를 이끌어 낸다면 제품과 서비스의 의미를 더해갈 수 있을 것이다. 이제 기업은 고객의 데이터를 읽어내는 분석 역량만큼이나 고객에 '의한' 가치(고객을 '위한'이 아니다)를 만들어내는 힘이 디지털 세계에서 점점 더 중요해질 것이다.

이에 더하여 고객과 고객을 연결하여 서로 정보를 공유하고, 아토피에 좋은 자신만의 레시피를 소개하고, '좋아요'를 많이 받기 위해 아토피 극복기를 구체적인 스토리가 있는 사진과 함께 올릴 수 있도록 선의의 경쟁을 유도하는 공간을 만들어 고객을 해당 생태계에 묶어두는 전략도 디지털 세계의 고객 경험에서는 매우 유용하다.

물론 커뮤니티를 만들어 고객을 팬덤으로 확보하는 전략이 새로운 것은 아니다. 그러나 앞서 살펴봤던 사례들처럼 이들의 높은 충성도는 기업이 제품에 대한 의미와 가치를 디자인하는 전 과정에서 아이디어와 영감을 제시하는 역할을 해왔다. 마치 펠로톤의 성공 비결이 홈트레이닝 기구의 기능성에 있지 않고, 고객들이 서로 격려하고 은근히 경쟁하며 강력한 동기 부여를 하도록 커뮤니티에 묶어두는 문화적 경험이 이들의 핵심 역량이었던 것처럼 말이다.

이때 제품을 쓰는 모든 사람을 연결할 필요는 없다. 오히려 그 대신 비슷한 문제를 가지고 있는 동네 사람들을 지역 커뮤니티로 묶는 폐쇄적 연결을 통해, 인터넷 카페 커뮤니티에서는 가질 수 없는 소속감을 선사해야 한다. 기업의 제품과 서비스에 깊게 몰입하고 참여한 고객일수록 더 큰 의미적 가치를 스스로 만들어 낼 것이다.

우리가 데이터를 들여다봐야 하는 이유는 단 하나, 바로 고객을 이해할 수 있는 다양한 맥락을 보여주기 때문이다. 다양한 맥락을 파악해 고객을 공감하고 이해한 다음 우리가 할 일은 해당 맥락에 제품과 서비스로 '의미'를 부여하는 일이다. 그리고 그 의미는 고객 데이터의 지속적인 센싱과 셰이핑으로 더 깊어지고, 넓어지고, 선명해지고, 커질 수 있을 것이다.

이 책이 상품기획에서 고객 경험 설계로의 길을 걷고 싶은 CX 담당자들에게, 고객의 데이터를 분석해서 어떠한 인사이트를 도출해야 하는 데이터 분석가들에게, 그리고 고객 경험이 중요한 과제가 되었지만 어디서부터 조직을 재정비해야 할지 막막했던 리더들에게 고객

데이터로 경험을 디자인하라

경험 디자인에 있어서 '데이터'의 역할은 무엇이고 '경험' 설계를 어떻게 입체적으로 설계할 수 있을지 새로운 관점을 제시하는 책이 되었으면 좋겠다.

이 책에서 제시하는 프레임이 어느 기업에게나 공통적으로 적용할 수 있는 솔루션은 아니지만, 데이터를 바라보는 관점과 경험 디자인을 이해하는 폭을 넓혀주는 신선한 책으로 느껴진다면 더 바랄 게 없겠다.

지금은 바야흐로 '제품'이 아니라 '의미'를 소비하는 시대이다. 또한 고객에 대한 데이터가 수많은 접점에서 수집되고 있는 데이터의 시대이기도 하다. 우리는 이 데이터로부터 고객의 맥락을 찾아내고, 이를 통해 맥락 기반 경험과 의미까지 디자인해내야 한다. 갑자기 찾아온 데이터의 시대 그리고 의미의 시대는 지금 우리 기업에 수많은 새로운 도전 과제를 던져 주고 있다. 부디 이 책이 그 도전 과제를 맞닥뜨리고 있는 수많은 분들에게 조금이라도 도움이 될 수 있기를 소망하며.

2022년, 봄이 찾아오고 있는 한양대 연구실에서
차경진

감사의 말

이 책이 완성되기까지 많은 이들이 수고와 노력을 해주었다. 특히 필자의 한양대 DCX연구실에서 지난 몇 년간 진행한 실증 연구와 데이터 실험, 기업 컨설팅 프로젝트 결과물, 수많은 학문적인 연구 결과와 선행 연구 논문들이 활용되었다. 무엇보다 데이터 분석 기술을 갖추기 위해 연구실 내 여러 개의 스터디 그룹에 참여해서 발표하고, 이와 동시에 기업 컨설팅 프로젝트에서 첫 사회생활을 매우 프로답게 해내는 우리 DCX연구실 학생들에게 진심으로 감사 인사를 전한다.

우리의 방법론을 더 견고하게 하기 위해서 수많은 논문을 읽고 스터디 그룹을 리딩해주던 우리의 브레인 창현이와 비판적 사고로 방법론을 챌린지해주는 연구실의 최고 고참 운찬이, 성실함으로 똘똘

데이터로 경험을 디자인하라

뭉친 영범이, 우리의 첫 DCX 프로젝트를 엄청난 아이디어와 열정으로 리딩해준 현진이, 처음 연구실에 와서 누구도 예상치 못한 코딩 실력을 보여준 진수와 단비, 디자인씽킹의 고객 경험 맵을 지금의 CAM(고객 맥락 맵)으로 만드는데 기여해 준 지연이, 아픈데도 불구하고 끝까지 새로운 방법론을 함께 고민해준 민지, 무엇보다 이 책을 위해 그동안의 프로젝트 아웃풋들을 정리해 준 최민하 연구원은 내가 본 PM 중에서 가장 책임감이 강하고 성실한 친구다.

입체적 사고관점을 알려주신 Lab4DX와 페타소나의 김진웅 대표님에게도 깊은 감사를 전한다. 대표님이 계셔서 이 책의 DCX 방법론이 더 견고해질 수 있었다. 특히 대표님은 경험을 입체적으로 디자인해내는 방법을 찾는데 통합 이론이라는 새로운 접근 방법으로 큰 인사이트를 주셨다.

데이터 기반 고객 경험 디자인에 대한 리서치가 지금 CX 영역에 매우 필요한, 의미 있는 리서치임을 확신할 수 있도록 용기를 북돋아준 LG전자의 인재육성팀 배성심 책임님에게도 특별한 감사를 드리고 싶다. 데이터 분석과 AI 예측모델과 같은 기술 연구만 하던 필자에게 데이터 기반 CX 영역에 도전할 수 있도록 많은 용기와 조언을 아끼지 않았다.

또한 본격적으로 데이터 기반 혁신의 길에 들어설 수 있도록 나에게 데이터 분석 역량과 AI 기술을 전수해주시고, 항상 즐겁게 배우고 연구하는 방법을 알려주신 정신적인 스승 김화종 교수님. 끊임없이 공부하고 책을 가까이하시는 교수님의 모습은 앞으로도 내가 교수 생활을 하면서 계속 닮아가고 싶은 부분이다.

필자가 소속되어 있는 한양대 경영대학 경영정보시스템전공에 함께 재직하고 있는 장석권 교수님, 조남재 교수님, 김종우 교수님, 신민수 교수님, 이상용 교수님, 백승익 교수님, 임규건 교수님께도 깊은 감사를 전하고 싶다. 전공 교수님들 중 가장 막내인 내가 전공 주임교수로서 서투르고 부족해도 항상 격려해주시고 교수로서, 학자로서 성장할 수 있도록 아낌없는 지원과 사랑을 베풀어주신 분들이다.

그리고 이 책의 내용에 영향을 주신 분들이 추천사를 써주셨다. 먼저 《포노 사피엔스》의 저자 성균관대 최재붕 교수님은 내가 디지털 고객에 대한 고민을 시작하게 해주신 분이고, 그분의 글에서 느껴지는 디지털 세대에 대한 진심이 나에게도 용기가 되었다. 우리나라 최고이자 최초의 데이터 과학자 서울대 조성준 교수님은 처음 뵈었던 강연부터 데이터로부터 혁신적인 가치를 찾아내는 방법에 대한 수많은 인사이트를 주셨다. 또한 우리 한양대와 LG전자가 함께 일할 수 있도록 많은 협력의 기회를 만들어주신 LG전자 H&A사업본부 류재철 본부장님, 나에게 기업 현장의 다양한 데이터 프로젝트 사례를 들려주시고, 여러 가지 주제와 관점의 대화를 통해 데이터에 대한 나의 생각이 넓어지는데 도움을 주셨던 전 삼성전자 임원이자 현 모멘티코리아의 이진욱 부사장님, 소셜 데이터로부터 사람들의 가치관의 변화와 행위의 변화, 소통 방식의 변화까지 관측해 내며 데이터를 바라보는 새로운 관점을 갖도록 영감을 주신 바이브컴퍼니 김경서 의장님, 그리고 내가 초창기 산학협력 프로젝트를 시작할 때 관련 지식과 연구 경험을 아낌없이 나누어주셨던 우리나라 AI 실용 분야의 선구자 경희대 이경전 교수님. 이분들이 계셔서 지금의 나의 전문성도, 이 책의 DCX 방법론도 깊어질 수 있었다.

또한 이 책이 나오기까지 때로는 매우 꼼꼼하게, 때로는 진지하고 부드럽게 편집과 교정에 엄청난 힘을 써준 시크릿하우스의 황혜정 편집부장님에게 감사한다. 아울러 이 책의 초고를 보시고 지금 우리 기업들에게 꼭 필요한 내용이라며 단번에 그 가치를 알아봐 주신 시크릿하우스 전준석 대표님께도 감사의 마음을 전한다. 어쩌면 생소할 수 있는 CX 관련 책을 나를 만나기 전 이미 두 권이나 출간했을 정도로 경험 있는 출판사를 만난 것은 나에게도 큰 행운이었다.

마지막으로 사랑하는 가족들의 노고에 고맙다는 인사를 전하고 싶다. 마치 본인 일인 것처럼 책 전체를 감수하고 조언해준, 때로는 엄마와 친구가 되어주는 '영원한 내 편' 사랑하는 화진 언니, 거의 매일 밤 12시 넘어서 들어가는 엄마에게 넘치는 애교와 사랑으로 안아주는 개구쟁이 두 아들 시우와 지우, 내가 학자로서 교수로서 또 워킹맘으로서 갖고 있는 어려움을 누구보다 이해해주고 내가 하고 싶은 일과 학문에 열정을 쏟을 수 있도록 아낌없는 지원을 해주는 나의 남편 Terry에게도 마음 깊은 감사를 보낸다.